KB070368

기사쓰기 워크북

나남
nanam

나남신서 2177

개정판
기사쓰기 워크북

2007년 7월 25일 초판 발행
2017년 3월 5일 초판 5쇄
2024년 9월 5일 개정판 발행
2024년 9월 5일 개정판 1쇄

저자   하준우
발행자   趙相浩
발행처   (주) 나남
주소   10881 경기도 파주시 회동길 193
전화   (031) 955-4601 (代)
FAX   (031) 955-4555
등록   제 1-71호 (1979.5.12)
홈페이지 http://www.nanam.net
전자우편 post@nanam.net

ISBN   978-89-300-4177-5
ISBN   978-89-300-8001-9 (세트)

나남신서 2177

개정판

기사쓰기 워크북

하준우 지음

나남
nanam

개정판 머리말

이 개정판은 2007년 초판 이후 변화상을 담았다. 그동안 기사쓰기를 익히는 세대와 언론 환경이 급속히 변했다. 필자는 온라인과 오프라인 매체의 젊은 기자와 대학생에게 강의하면서 이들이 무엇을 원하는지 체험했다. 개정판은 기사쓰기를 손쉽게 익힌다는 초판의 취지를 살리면서 젊은 세대의 애로점을 해소하고자 했다.

개정판은 보도자료 등 취재 내용을 정리하는 법과 기사를 구성하는 방법에 보다 신경을 썼다. 강의 현장에서 기사쓰기를 익히는 대학생이나 기자 초년병의 잘못된 습관을 심심찮게 봤다. 기사를 쓰려는 의지는 강했지만 기사쓰기 준비에 소홀한 점이 있었다. 취재와 구성이라는 단추를 잘 꿰어야 다음 단추를 쉽고 예쁘게 채울 수 있다. 실제 사례를 통해 이를 실감할 수 있도록 했다.

개정판은 스트레이트, 르포, 인터뷰 기사를 쓰는 법을 보다 정교하게 정리했다. 초판은 스트레이트 쓰는 법에 중점을 뒀다. 기사의 기본인 스트레이트를 익히고 르포와 인터뷰도 잘 쓸 수 있다면 모든 기사를 잘 다룰 수 있다. 스트레이트는 핵심을 잘 정리할 수 있는 능력을, 르포는 사안을 객관적이면서도 문학적 수사를 통해 설명할 수 있는 능력을, 인터뷰는 취재원에게 말을 끌어내고 정리하는 능력을 키워 준다. 이 세 가지에 익숙하면 어떤 기사도 잘 쓸 수 있다는 게 오랜 기자 생활을 통해 얻은 결론이다. 예컨대 문학에 가까운 기사인 내러티브(narrative)는 르포를 통해 묘사하는 훈련이나 인터뷰로 현장감을 생생하게 살리는 훈련이 되어 있지 않으면 쓰기 힘들다.

1장은 가상 사례를 통해 손쉽게 기사를 쓰는 방법과 기사의 가치를 높이는 과정을 설명한다. 한 사건이 어떻게 다양하게 기사화되고 심층적인 기사로 발전할 수 있는지를 보여 준다. 2장은 기사가 지닌 속성과 기사가 갖춰야 할 요건을 정리했다. 3장은 기삿거리를 어떻게 찾아낼 것인가에 대한 설명이다. 보도자료나 취재 내용을 정리하고 초점을 찾아내는 쉬운 방법을 제시하고 있다. 4장은 기사의 구성에 대한 이야기다. 기사를 쓰기 직전 얼개를 만드는 방법을 실제 사례를 통해 제시했다. 5장은 기사 쓰는 원칙에 대한 설명이다. 기사 문장론에 해당한다. 6장은 스트레이트의 리드와 본문, 리드의 유형에 대한 설명이다. 피처의 리드 유형도 소개하고 있다. 실습을 위한 자료도 들어가 있다. 제시된 자료로 실제 기사를 써 보고 이를 비교해 보면 더욱 충실한 공부가 될 것이다. 7장은 현장감을 살리는 르포를 쓰는 방법과 기사 사례를 제시하고 이를 어떻게 고칠 것인가를 상술했다. 8장은 인터뷰의 다양한 유형을 다루고 인터뷰 기획부터 인터뷰 현장에서 벌어질 수 있는 일까지를 담았다.

　초판의 일부 내용은 중학교 국어 교과서와 교사용 지도서에 실리기도 했다. 지학사가 발행한《중학교 생활국어 2-2》(2010년 7월 검정) 107~108쪽에 5W1H에 대한 설명, 114~115쪽에 기사문의 7가지 원칙이 게재됐다. 교사용 지도서에는 기사의 초점 찾기와 구성하기의 내용이 실렸다. 이 책이 중학생도 이해할 수 있는 쉬운 수준이라는 이야기다.

　개정판은 초판과 마찬가지로 기사쓰기는 공식으로 해결할 수 없으며 평소 친구에게 이야기하듯이 쓰면 쉽다는 기조를 유지하고 있다. 실전과 사례 위주인 초판 이후로 기사쓰기 실무서가 많이 출간됐다. 일부 실무서는 스트레이트를 공식화하는 시도를 하기도 했으나 호평을 받지 못했다. 공식은 처음엔 편해 보일지 몰라도 기사쓰기의 발전에 도움이 되지 않는다. 취지를 잘 살려서 기사를 쓰는 방식은 내재적인 발전 동력을 지니고 있다.

　이 개정판은 기사쓰기를 배우는 대학생이나 기자 초년병뿐만 아니라 보도자료를 써야 하는 홍보 업무 종사자, 기사 활용 교육인 NIE 관계자, 언론의 세계를 이해하려는 사람에게 유용하다. 언론의 핵심은 기사다. 언론을 이해하기 위해서는 기사의 생산 과정을 살펴볼 필요가 있다.

초판에 이어 개정판을 내는 데 수고를 아끼지 않으신 나남출판의 조상호 발행인, 신윤섭 편집장, 이자영 차장, 김재린 편집자에게 감사드린다. 아울러 필자의 강의를 들으면서 많은 걸 깨우쳐 준 젊은 기자와 대학생 등 수강생에게도 깊이 감사드린다.

2024년 9월

하 준 우

초판 머리말

기사쓰기는 1986년 12월 〈동아일보〉에서 기자 생활을 시작한 이래 고민거리다. 이 고민은 여러 모습으로 나타났다 잠시 사라진 뒤 다시 시작된다.

기자 초년병 시절엔 선배들에게 '깨지는' 게 싫었다. 내가 보기엔 멀쩡한 글이 난도질당하는 일에 진저리가 났다. 선배의 질책에서 빨리 탈출하는 게 기사쓰기의 최고 목표가 됐다. 질책이 잦아지자 스스로 기사의 완성도를 따지게 됐다. 독자에 대한 두려움이 생기게 되자 스스로 생각하기에 부끄럽지 않은 기사를 썼느냐가 고민의 중심이 됐다.

약 10년 전부터 한국언론재단에서 수습기자에게 기사쓰기에 대해 강의하고 〈동아일보〉 인턴기자나 수습기자를 가르치면서 새로운 고민이 시작됐다. 기사 쓰는 법을 쉽게 설명하기란 결코 쉽지 않았다. 서점에서 뒤져 본 기사쓰기에 대한 책은 별 도움이 되지 않았다. 너무 학술적이어서 난해했을 뿐만 아니라 언론 현장과 동떨어져 있다는 생각이 들었다. 생생한 현장감을 살린 강의안을 만들기 위해 고심해야 했다.

한국언론재단이 2003년 개설한 '예비 언론인 과정'에서 20여 시간에 걸쳐 강의할 기회를 얻게 됐다. 스트레이트 기사 쓰기를 주제로 한 연속 강의에 걸맞은 체계적인 강의안을 만들어야 했다. 해가 갈수록 강의안의 내용이 풍부해졌으며 수강생의 반응은 강의안의 효용성을 높이는 스승이었다.

2004년 스코틀랜드의 고도 스털링에서 1년간 미디어경영학을 공부하면서 드나든 도서관 서가의 한 구석에는 기사쓰기에 대한 다양한 책이 있었다. 기자나 기자 경력이 있는 학자들이 실전 위주로 정리한 책을 뒤적이면서 누구나 혼자서도 기사 쓰는 법을 익힐 수 있는 워크북을 만들고 싶은 욕구를 느꼈다.

국내에선 첫 시도라 할 만한 기사쓰기 워크북은 사례 및 실전 위주로 짜여 있다는 점에서 기사쓰기 이론서와는 크게 다르다. 대학에서 언론학을 공부하는 학생이나 기자 지망생에게 현장에서 활용 가능한 실전법을 다양한 사례를 통해 알려 주는 것이 일차적인 목적이다. 언론사에 막 입사해 초년병의 티를 벗지 못한 기자나 기사쓰기에 대해 알고 싶은 홍보 담당자 등 언론 관련 분야 종사자들에게도 도움이 될 것이다.

이 책은 자연스런 기사쓰기를 중시한다. 생활 속에서 친근한 언어로 이야기하는 듯한 기사, 독자에게 편안한 느낌을 주는 기사를 만드는 손쉬운 방법을 차근차근 설명했다. 하지만 특정한 방법론을 절대적인 것으로 고집하지는 않았다. 한 가지 틀에 집착하면 기사의 발전이란 이뤄지기 힘들기 때문이다.

1장은 기사가 자연스럽게 발전하는 과정을 보여 줌으로써 다양한 기사쓰기가 결코 어렵지 않다는 것을 가상의 사례를 통해 설명했다. 우연하게 목격한 사건이 어떻게 다양하게 기사화되고 심층적인 기사로 발전할 수 있는지를 보여준다. 2장은 기사의 속성을 실제 사례를 통해 보여 줌으로써 기사 및 기사쓰기에 대한 이해를 돕는다. 3장은 혼자서 기사 쓰는 법을 익힐 수 있도록 했다. 몇 가지 간단한 방법을 사용하면 기사 공부는 훨씬 쉬워진다. 4장은 기사의 필수 요소를 이해하고 기사를 구성하는 법을 보여 준다. 5W1H, 기사 구성법과 리드 쓰기를 사례를 들어 설명했다. 5장은 기사 문장을 쓰는 방법을 기사쓰기 초보자들이 많이 저지르는 실수를 기준으로 설명했다. 실용적인 문장을 쓰는 사람이라면 한번쯤 읽어 볼 만한 내용이다. 이어 스트레이트 기사 쓰기 실습과 르포 기사 쓰기 실습에선 기자 지망생 등이 쓴 기사를 비교하고 고치면서 기사 쓰는 법을 보여 주고 있다. 직접 기사를 써 본 뒤 비교해 보면 더욱 효과가 있을 것이다.

이 책은 기사쓰기에 대한 모든 것을 담고 있지는 않다. 기사가 갖춰야 할 모든 요소나 세부 기술, 모든 종류의 기사 쓰는 법을 일일이 열거하지는 않았다. 혼자서 기사쓰기 공부를 하는 데 긴요한 대목만을 간추렸다. 이 정도만으로도 상당한 수준의 기사를 만들어내는 데 별 무리가 없을 것이라 생각한다. 이 책은 스트레이트 기사 쓰기에 초점을 맞추고 있다. 간결 명료 정확성을 특징으로 하는 스트레이트 기사는 온갖 종류의 기사를 쓰는 데 필요한 자질을 키울 수 있는 수단이기도 하다.

이 책을 내놓음으로써 새 고민이 시작됐다. 독자에게 평가를 받게 되는 두려움이 클 뿐만 아니라 이 책이 나오도록 도와주신 분들의 기대를 저버리지나 않았는지 하는 조바심도 크다.

기자로서 다양한 경험을 하도록 배려해 준 동아일보사, 많은 수습기자와 기자 지망생을 강의를 통해 만날 수 있는 소중한 기회를 준 한국언론재단, 이 책을 쓰는 데 지원을 아끼지 않은 방일영문화재단에 감사드린다. 강의를 들으며 귀중한 비평을 해 주고 연습 기사를 통해 자료를 제공해 준 수강생이 없었더라면 이 책은 태어날 수 없었을 것이다. 조상호 사장과 방순영 편집장, 정유진 씨 등 나남출판 관계자에게도 감사드린다.

2007년 7월
하준우

차 례

1장 손쉬운 기사쓰기

1

손쉬운 기사쓰기

1. 누구나 좋은 기사를 쓸 수 있다

누구나 이야기를 하며 산다. 문자로 쓰인 이야기는 글이다. 평소 재미난 이야기로 주변 사람을 즐겁게 하는 사람에게 글을 써 보라고 하면 멈칫하기 일쑤다. 이 사람이 평소 하는 말처럼 쓴다면 흥미로운 글이 나올 것이다. 방학 때 일기 쓰기 숙제를 미뤘다 개학을 며칠 앞두고 부랴부랴 일기장 빈칸을 메우던 기억이 있거나 백일장에서 붓방아를 찧던 고통을 겪어 본 사람이 적지 않다. 억지로 글을 쓰던 경험이 글은 어렵다는 생각을 만든다.

글쓰기를 피하기는 힘들다. 어떤 형식으로든 써야 한다. 학생은 과제물을, 직장인은 보고서를 써야 한다. 부모는 자녀의 학교통신문이나 성적표에 한두 마디 적어 선생님에게 보내야 한다. 이런 글을 쓸 때는 대부분 긴장한다. 학교 과제물은 성적과, 업무 보고서는 근무평가와 직결되기 때문이다. '자식 가진 죄인'인 학부모는 선생님에게 보내는 글에 성의를 담아야 마음이 편하다. 자신의 마음이나 머릿속에 있는 생각을 끄집어내서 글로 표현하는 일은 긴장감을 준다.

모든 글이 항상 어려운 건 아니다. 실생활에서는 누구나 쉽게 글을 써서 주고받는다. 모바일 시대가 가져다준 글의 일상화다. 친구, 동료, 가족끼리 인터넷으로 연결된 세상에서 주고받는 문자를 어렵다고 느끼는 사람은 별로 없다. 대다수가 무시무시한 속도로 글을 쓴다. 그 원동력은 무엇일까. 글에 대한 두려움, 글쓰기의 긴장감을 한꺼번에 날려 버린 비결은 무엇일까. 자연스러움이다. 갈대가 바람에 흔들리듯 손을 자연스러운 흐름에 맡기면 마음이 편해진다. 이 흐름에 충실하면 글쓰기의 고통이나 긴장감이 배어들 틈이 없어진다.

기사도 글이다. 친구와 나누는 이야기처럼 자연스럽게 쓰면 잘 써진다. '어떻게 쓰나' 또는 '첫 문장을 무엇으로 시작할까'라고 고민하기보다 **'어떤 이야기를 들려줄까'를 생각**해야 한다. 친구와 이야기하거나 메신저로 소통할 때 대부분 소재에 집중한다. 어떻게 이야기하느냐는 방법론보다는 대화의 핵심 메시지를 담고 있는 소재가 중요하기 때문이다. 글이나 말은 메시지 전달이 가장 큰 목적이다.

문장이 뒤죽박죽이어도, 맞춤법이 엉망이어도 메시지를 잘 전달한다면 좋은 글이다. 문장이 반듯하고 맞춤법이 정확해도 메시지를 잘 전달하지 못한다면 나쁜 글이다. 다소 서투르게 느껴지더라도 핵심(메시지) 전달에 성공했다면 좋은 글이다.

많은 사람이 핵심이 무엇인지 알지만 치장법(문장 만들기)을 고민하다 좋은 글을 쓸 기회를 날린다. 어떤 마을에 불이 난 순간 "불이야!"라는 큰 소리는 많은 핵심 메시지를 지니고 있다. 이 한마디에는 '불이 났다', '구조에 나서자', '불을 끄자', '피해라' 등 다양한 메시지가 담겨 있다. '불이야'는 글이 아니라고 주장할 사람도 있겠지만 매우 중요하고 시의적절한 메시지를 담고 있다는 걸 부인할 수는 없을 것이다.

핵심(메시지) 전달법을 고민할 필요가 없다. 우리가 평소 하는 대화와 이야기에 모든 해법이 담겨 있다. 우리가 일상에서 어떻게 대화하는가를 주목하면 답이 나온다. 가상의 사례를 통해 우리가 대화를 나누는 방식을 알아보고 이 대화를 그대로 글로 옮기면 기사가 된다는 걸 알아보자.

2. 권력세 대통령의 교통법규 위반 사건

　　2024년 6월 13일 오후 3시경 서울 광화문 사거리. 사거리 한가운데에서 교통경찰관 김철저 경사가 서서 교통정리를 하고 있었다. 신호등이 빨간색에서 파란색으로 바뀌자 서 있던 차들이 앞으로 진행하기 시작했다. 김 경사는 누군가와 휴대전화로 통화하면서 흐뭇한 표정을 짓고 있었다. 신호등이 파란색에서 다시 빨간색으로 바뀌자 차량들이 멈췄다. 이때 갑자기 01나2345호 에쿠스 승용차가 시속 100km로 광화문 방향으로 질주했다.

　　김 경사가 깜짝 놀라 호각을 불어대며 달려갔다. 이 차는 약 30여m를 더 가다 멈춰 섰다. 김 경사는 화가 잔뜩 났다. 하지만 그는 운전자에게 깍듯이 경례하며 "신호를 위반하고 과속을 하셨습니다"면서 운전면허증 제시를 요구했다. 운전자가 내민 운전면허증에는 '주민등록번호 ○○○○○○-○○○○○○○, 성명 이길동'이라고 적혀 있었다.

　　김 경사는 교통법규 위반 내용을 자세히 설명하고 이길동 씨에게 범칙금 10만 원짜리 스티커를 발부하려고 했다. 이때 이 씨가 "대통령을 모시고 급히 가는데…"라고 말했다. 김 경사는 깜짝 놀라 차 안을 들여다봤다. 차 뒷좌석에는 권력세 대통령이 타고 있었다. 하지만 김 경사는 원칙대로 범칙금을 부과했다.

　　이 과정을 지켜본 권 대통령은 김 경사가 업무를 친절하게 처리했다면서 그를 일계급 특진시킬 것을 동승한 비서관에게 현장에서 지시했다.

　　이 사건을 직접 봤다고 가정하고 다른 사람에게 이야기하듯이 설명해 보자. 이야기의 첫 대목을 어떻게 시작하겠는가. 기자 지망생이나 수습기자에게도 똑같은 질문을 던진 적이 있다. 이들은 대개 다음과 같이 이야기했다.

①	"권력세 대통령이 타고 있던 차가 경찰에게 걸렸는데 그 경찰관이 권 대통령이 탄 걸 보고 그대로 봐줘서 권력세 대통령이 특진을 시켜 줬대"
②	"오빠, 권력세 대통령에게 실망했다. 들은 얘긴데 이번에 그 경찰이 봐줬다고 경찰관 특진시켜 줬대"
③	"6월 13일 오후 3시경 서울 광화문 네거리에서 권력세가 탄 차가 신호위반으로 경찰관에게 적발됐는데…"

①, ②, ③ 가운데 어떤 이야기가 가장 기사와 가까울까.

아마 ①일 것이다. 왜 그럴까. 질문을 다시 생각해 보자. 이야기하듯이 설명하라는 주문이었다. **듣는 사람(청자)의 관심을 끌어야 이야기는 생명력을 얻는다.** 첫 대목에서 흥미를 느껴야 다음 이야기에 귀를 기울인다. 첫 마디가 궁금증을 자아내지 못하면 청자는 흥미를 잃는다.

이야기꾼은 사람을 지루하게 만들지 않아야 한다. 1시간짜리 영화를 보고 2시간 동안이나 영화 내용을 풀어서 이야기하는 사람이 있다. 이런 이야기꾼의 말을 듣고 있으면 시간이 가는 줄 모른다. 이야기꾼의 가장 중요한 자질은 상대방의 관심을 계속 끌면서 말을 이어가는 재주다.

이 사건을 이야기할 때 청자가 지루하게 느끼지 않으려면 핵심(메시지)을 먼저 던져야 한다. 이 관점에서 위 3가지 답변을 분석해 보자. ①은 권력세 대통령이 탄 차가 경찰에 걸렸다고 말하고 있다. ②는 권 대통령에게 실망했다고 말하고 있다. 이는 권 대통령에 대한 화자의 평가나 감정이다. 무슨 일이 벌어졌는지를 말하고 있지 않다. ③은 시간과 장소에 대해 먼저 말하고 있다. 권 대통령이 탄 차가 신호위반 등으로 경찰에 걸린 사실은 조금 지나서 나올 것이다. '언제 어디서 무엇을…'이란 기사 형식에 익숙한 사람은 ③이 기사에 가깝다고 답한다.

이 사건에서 사람의 관심을 끌 수 있는 핵심은 무엇일까. 그것은 바로 권력세 대통령이다. 권 대통령이 아닌 평범한 회사원이 신호위반과 과속으로 교통 경찰관에게 적발됐다면 이야깃거리(기삿거리)가 되지 않는다. 너무 흔한 일이라 일반인의 관심을 끌기에 부족하다. 한 걸음 더 나아가 평범한 회사원이 교통 경찰관을 일계급 특진시키라고 지시했다면 우스개가 될 뿐이다. 이야기와 기사는 일반인의 관심을 끌 수 있는 대목에서 시작되어야 한다. 이런 관점에서 본다면 ①이 기사에 가장 근접한 이야기다.

여기서 한 가지 짚고 넘어갈 점이 있다. 위 이야기는 상당히 짧은 편이다. 700자를 넘지 않는다. 이 짧은 사례를 읽은 사람 대다수가 김 경사가 승진했다고 생각한다. 대통령이 지시했으니 승진했을 것이라 믿고, 이를 기정사실처럼 여긴다. ①에서도 "승진시켜 줬대"라고 했다. 대통령의 지시와 승진(지시의 실행)은 별개다. 김 경사가 승진했다는 생각은 추정이다. 실제 승진했는지는 이 단계에선 알 수 없다. 기사를 쓸 때는 명확한 사실만을 기초로 해야 한다. 김 경사가 승진했을 것이라고 추정되더라도 승진이 확인되지 않는 한 승진했다고 쓸 수는 없다. 사실에 기초한 이야기를 하기 위해선, 기사를 쓰기 위해선 정확하게 읽어야 한다. 많은 사람이 A4 용지 한 장도 안 되는 분량의 글을 읽으면서 세부 사실을 꼼꼼히 챙기지 못한다. 집중해서 읽지 않기 때문이다. **이야기하기 위한 첫 준비는 정확한 사실 파악이다.**

3. 기사는 이야기다

이 사건을 목격한 사람이 다른 사람에게 이 사건을 이야기한다고 가정해 보자. 어떤 순서로 이야기를 풀어가야 듣는 사람이 흥미를 잃지 않도록 할 수 있을까. 다음과 같은 대화가 이뤄질 수도 있다.

대화문 권력세 대통령의 교통법규 위반 사건

A: 권력세 대통령이 걸렸대.
B: 무슨 이야기야.
A: 권 대통령이 탄 차가 교통단속에 걸렸어.
B: 언제 어디서 그랬는데.
A: 어제 오후 광화문 사거리.
B: 그 차가 어떻게 했기에 그런 일이 벌어졌지.
A: 교통신호가 빨간색으로 바뀌었는데 시속 100km로 교차로를 건넜다네.
B: 그래서.
A: 범칙금 10만 원짜리 스티커를 받았지.
B: 권 대통령이 뭐라고 했는지 궁금하군.

A: 경찰관이 깍듯이 경례하고 친절하게 스티커를 발부하는 것을 보고 일계급 특진시키라고 지시했어.

B: 그래, 거 참 대단하군.

위 대화에서 A는 기자(화자), B는 독자(청자)라고 가정하자. 이 대화가 사건의 요점을 제대로 짚어서 설명했는지 생각해 보자. 사건의 주요 내용을 빠짐없이 담았다면 이 대화는 좋은 이야기다. 또 대화 내용마저 흥미롭다면 훌륭한 이야기다.

이 대화의 순서대로 이야기를 풀어가면 기사가 된다. 대화 진행 순서대로 키워드를 적으면 기사 얼개가 짜인다. 이 대화는 ① 권 대통령(이 탄 차의 교통위반) ② 사건이 일어난 일시와 장소 ③ 교통 법규 위반 내용 ④ 적발 결과 ⑤ 권 대통령의 행동 등의 순이다. 이 얼개대로 써 보자. 기사는 글이란 특성이 있어 주어, 술어, 목적어 등을 갖춰 문법과 어법에 맞게 써야 하는 것이 대화와 다를 뿐이다.

①	권력세 대통령이 탄 차가 신호 위반과 과속으로 적발됐다.
②, ③	13일 오후 3시경 서울 광화문 사거리에서 권 대통령이 탄 01나 2345호 에쿠스 승용차(운전사 이길동)가 정지 신호를 무시하고 광화문 쪽으로 시속 100km로 달리다 김철저 경사에게 적발됐다.
④	김 경사는 이 차에 권 대통령이 타고 있다는 것을 알고도 이 씨에게 범칙금 10만 원짜리 스티커를 발부했다.
⑤	이 차의 뒷좌석에 앉아 있던 권 대통령은 운전자 이 씨에게 깍듯이 경례를 하고 위반 내용을 친절히 설명한 김 경사를 일 계급 특진시킬 것을 동승한 비서관에게 현장에서 지시했다.

이 기사를 읽고 앞의 대화와 비교해 보자. 좋은 이야기의 순서대로 쓰면 기사가 된다는 걸 알 수 있다. 기사를 쓰기 전에 기사에 나오는 작은 이야기의 순서를 생각해 보자. 전체가 하나의 큰 이야기라면 각 문단은 작은 이야기라고 생각하면 쉽다. 작은 이야기가 모여서 하나의 큰 이야기를 이룬다. 이는 기사나 소설이나 마찬가지다.

기사를 쓰려면 **이야기의 순서를 정해야 한다. 작은 이야기를 어떤 순서로 늘어놓을지 정해야 한다.** 이 순서만 정해지면 곧바로 쓰면 된다. 순서를 정하는 일이 구성이다. 아주 간단한 구성의 원칙이 있다. 청자(독자)의 흥미나 궁금증을 따라가면 된다. 독자의 큰 궁금증부터 풀어 주는 순서로 이야기하면 된다. 이야기가 진행됨에 따라 궁금증의 크기는 줄어들게 된다. 다행히 우리는 이야기에 능숙한 편이다. 누가 무엇을 궁금해할지, 특정 상황에서 어떤 것이 중요한지를 알고 있다. 누구나 이야기를 할 수 있는, 나아가 기사를 쓸 수 있는 자질을 갖추고 있다.

4. 생동감 불어넣기

요점만 짚는 간략한 기사가 마음에 들지 않는 사람이 있을 것이다. 이런 기사는 어떤 일이 현장에서 벌어졌는지를 생생하게 전달하기에 한계가 있다. 독자들은 김 경사가 권 대통령이 차에 타고 있다는 말을 들었을 때 어떤 반응을 보였는지, 권 대통령은 무슨 말을 했는지에 대해 궁금할 수 있다. 등장인물의 구체적인 말과 행동, 모습을 차근히 설명해 주면 기사에 생동감을 불어넣는 데 도움이 된다.

어떤 문장에 생동감을 불어넣을 수 있을까. ①~③번 문장은 김 경사가 권 대통령이 탄 차가 신호위반을 하는 걸 적발했다는 사실만을 담고 있다. 다른 요소가 끼어들 여지가 없다. ④~⑤번 문장은 등장인물이 어떤 행동을 했는지를 말하고 있다. ④~⑤번 문장은 행동을 설명할 수 있는 대목이다.

④번 문장에 생명력을 불어넣어 보자. **문장을 생생하게 만드는 요소로 행동, 대화, (상황) 묘사를 꼽을 수 있다.** 이 문장을 "김 경사는 운전사 이 씨에게 범칙금 10만 원짜리 스티커를 발부하려고 했다. 이때 이 씨가 '대통령을 모시고 가는데…'라고 말했다(대화). 김 경사가 깜짝 놀라 승용차 안을 들여다보니(행동) 권 대통령이 뒷좌석에 앉아 있었다(상황). 하지만 그는 원칙대로 이 씨에게 스티커를 발부했다"라고 길게 고쳐 쓸 수 있다. ④번 문장을 "김 경사는 운전자 이 씨에게 깍듯이 경례하고 위반 내용을 설명한 뒤 범칙금 10만 원짜리 스티커를 발부하려고

했다"라고 시작해 김 경사의 행동 순서에 따라서 고쳐 쓸 수도 있다. 이럴 경우 그다음 문장도 자연스럽게 바뀌게 된다.

⑤번 문장도 바꿔 쓸 수 있다. 위 사례에서 권 대통령의 행동에 대한 정보는 김 경사의 경우처럼 많지 않다. 기사가 만들어질 수 있는 원료인 사실(팩트)이 부족하다. 사실이 부족하면 길게 쓰기 힘들다. 사실을 더 긁어모아야 ⑤번 문장을 고쳐 쓸 수 있기에 현재 상태로선 약간의 변화만이 가능하다. ④번 문장을 늘리면서 '권 대통령이 뒷좌석에 앉아 있었다'는 사실을 이미 밝혔기 때문에 '이 차의 뒷좌석에 앉아 있던'이란 수식구는 사라져야 한다. 권 대통령의 말을 따옴표로 처리하면 이 문장은 〈권 대통령은 김 경사가 친절하게 업무를 처리하는 것을 보고 그 자리에서 동승한 비서관에게 "김 경사를 일계급 특진시켜라"라고 지시했다.〉로 고쳐질 수 있다. 권 대통령의 말을 직접 인용한 점이 다르다.

이렇게 고친 기사를 읽어 보며 첫 번째 기사와 비교해 보자.

①	권력세 대통령이 탄 차가 신호 위반과 과속으로 적발됐다.
②, ③	13일 오후 3시 경 서울 광화문 사거리에서 권 대통령이 탄 01나2345호 에쿠스 승용차(운전사 이길동)가 정지 신호를 무시하고 광화문 쪽으로 시속 100km로 달리다 김철저 경사에게 적발됐다.
④	김 경사는 운전사 이 씨에게 범칙금 10만 원짜리 스티커를 발부하려고 했다. 이때 이 씨가 "대통령을 모시고 가는데…"라고 말했다. 김 경사가 깜짝 놀라 승용차 안을 들여다

	보니 권 대통령이 뒷좌석에 앉아 있었다. 그는 원칙대로 이 씨에게 스티커를 발부했다.
⑤	권 대통령은 김 경사가 친절하게 업무를 처리하는 것을 보고 그 자리에서 동승한 비서관에게 "김 경사를 일계급 특진 시켜라"라고 지시했다.

위 기사는 첫 번째 기사와 같은 얼개를 갖고 있다. 기사의 얼개는 기사의 길이와 큰 관련성이 없다. 일단 얼개가 짜이면 기사의 길이를 늘이고 줄이는 것은 어렵지 않다. 누구나 필요한 분량만큼 기사의 길이를 조정할 수 있다.

5. 정답은 없다

이 기사가 권 대통령 사건 기사화 사례의 정답일까. 아니다. 기사에는 정답이 없다. 기사는 독자에게 해당 사건을 쉽게 이해할 수 있도록 설명하면 그 기능을 충실히 했다고 볼 수 있다. 이런 조건에서 답을 찾자면 매우 많다.

이 기사의 첫 문장은 '차가 적발됐다'로 무생물이 주어다. 사람을 주어로 삼아 바꿔 써 보자. '권력세 대통령이 자신이 탄 승용차의 교통 법규 위반을 단속한 경찰관의 일계급 특진을 지시했다'고 하면 어떨까. 이 문장도 손색이 없어 보인다.

권 대통령을 주어로 삼아 다음과 같이 기사를 쓸 수도 있다.

권력세 대통령이 자신이 탄 승용차의 교통 법규 위반을 친절히 단속한 경찰관을 일계급 특진시킬 것을 지시했다.

권 대통령이 탄 에쿠스 승용차(운전사 이길동)는 13일 오후 3시경 서울 광화문 사거리에서 정지 신호를 무시하고 광화문 쪽으로 시속 100km로 달리다 김철저 경사에게 적발됐다.

김 경사는 운전사 이 씨에게 깍듯이 경례하며 위반 내용을 친절히 설명하고 범칙금 10만 원짜리 스티커를 발부하려고 했다. 이때 운전사 이 씨가 "대통령을 모시고 가는데…"라고 말했다. 김 경사는 깜짝 놀라 승용차 안을 들여다보니 권 대통령이 뒷좌석에 앉아 있었다. 하지만 그는 원칙대로 이 씨에게 스티커를 발부했다.

권 대통령은 김 경사가 친절하게 업무를 처리하는 것을 보고 그 자리에서 동승한 비서관에게 "김 경사를 일계급 특진시켜라"라고 지시했다.

첫 기사와 이 기사 중 어떤 게 좋은가. 필자의 강의를 들은 대학생이나 기자 대다수가 이 기사에 대한 선호도가 높았다. 이들은 주로 '권 대통령이 특진을 지시한 것까지 한 문장에 다 들어 있어 좋다'고 말했다. 일부 수강생은 첫 기사를 좋아했다. 이들은 '짧아서 좋다'고 그 이유를 설명했다. 다 맞는 말이다. 독자의 취향에 따라 기사에 대한 평가는 달라질 수 있다.

다른 질문을 해 보자. 두 기사 중 더 좋은 기사는 무엇인가. 기사가 언제, 어디서, 무슨 일이 벌어졌다는 **정보(팩트)를 전달한다는 관점이라면 두 기사의 가치는 동일**하다. 두 기사에 담긴 정보의 양이 같기 때문이다. 경제성의 원칙을 적용한다면 첫 기사가 더 좋다고 할 수 있다. 동일한 정보량이지만 기사 길이가 짧기 때문이다. 독자가 기사를 읽는 시간이 덜 걸린다는 걸 의미한다. 적은 시간에 동일한 정보를 얻으면 효과적이고 경제적이다. 기사에도 경제성의 원칙이 적용된다.

첫 기사와 둘째 기사의 첫 문장에서 알 수 있는 정보는 몇 개인가. 첫 기사에서는 '권 대통령이 차를 탔다', '이 차가 교통 법규를 어겼다' 등 2개다. 둘째 기사에선 '경찰관이 (친절히) 단속했다', '권 대통령이 특진을 지시했다' 등을 포함해 4개다. **일반적으로 정보가 적으면 문장은 길이가 짧아 강한 느낌을 준다. 정보가 많으면 문장은 길이가 늘어나고 강도가 약해진다.**

기사를 쓸 때 첫 문장에 어떤 정보, 몇 가지 정보를 담을 것인지 정해야 한다. 또 문장 길이에도 신경을 써야 한다. 여기에도 정답이 있는 건 아니다. 기자의 판단에 따라 자유롭게 할 수 있다. 독자가 어떻게 느끼는지가 중요하다.

6. 누가 주어가 되는가

권 대통령 사건에서 등장인물은 몇 명인가. 이런 질문에 대부분 3명이라고 답한다. 실제로는 4명이다. 대통령, 경찰관, 운전사, 비서관 등 4명이다. 이들 중 사건 전개와 직접적으로 관련이 있는 사람은 경찰관, 대통령, 운전사 등 3명이다. 비서관은 대통령의 지시만 받았을 뿐 아무런 행동을 하지 않아 사건 전개에 개입하지 않았다. 많은 사람이 사건 전개와 직접적인 관련이 없는 인물을 잘 기억하지 못한다. 이 때문에 3명이라는 답이 많이 나온다.

이들 중 누가 기사의 주어가 되어야 하는가. 사건에 개입하지 않은 비서관은 주어가 될 수 없다. **기사는 일반적으로 사람의 행위(변화)를 다룬다.** 어제와 오늘이 똑같다면 기사로 쓸 가치가 없다. 윤석열 대통령이 담화문을 내면 기삿거리가 된다. 변화가 있기 때문이다. 기사를 쓸 때는 변화를 어떻게 담을 것인가를 고민해야 한다.

권 대통령이 주어인 기사는 이미 봤다. 이 기사를 사건 전개에 개입한 경찰관 또는 운전사를 주어로 내세워 쓸 수 있을까. 물론 가능하다. 기사의 주어를 중심으로 사건을 볼 때는 그 행위와 결과를 함께 생각해야 한다. 이 사건에서 경찰관은 대통령이 탄 차의 교통법규 위반을 단속한 결과 일계급 특진 기회를 얻었다. 운전사는 권 대통령이 승용차에 타고 있다는 말을 하면서 단속을 피하려는 것으로 해석될 여지가 있는 행동을 했지만 경찰관은 봐주지 않았다. 첫 문장에 주인공의 행위 일부분만 쓸 것인지, 그 결과도 함께 쓸 것인지는 기자의 판단에 달려 있다.

많은 기사가 행위와 결과를 함께 제시한다. 권 대통령 주어 기사에 대한 선호도가 높았던 것도 같은 맥락이다. **독자는 행위와 그 결과까지 한꺼번에 알고 싶어 하는 욕심쟁이일 때가 많다.**

경찰관과 운전사를 주어로 한 기사의 첫 문장을 작성해 보자.

권력세 대통령이 탄 차의 교통 법규 위반을 단속한 경찰관이 일계급 특진의 기회를 얻었다.

권력세 대통령이 탄 차를 몰던 운전사가 교통 법규를 위반하고도 단속을 피하려 했다.

권력세 대통령이 탄 차를 몰던 운전사가 교통 법규를 위반하고도 단속을 피하려 했으나 결국 범칙금을 내게 됐다.

권력세 대통령이 탄 차를 몰던 운전사가 교통 법규를 위반하고도 대통령을 들먹이며 단속을 피하려 했으나 결국 범칙금 스티커를 발부 받았다.

위의 예시가 역시 정답은 아니다. 이보다 좋은 기사가 얼마든지 있을 수 있다. 독자들이 이를 어떻게 받아들이느냐가 관건이다.

기사는 쓰는 이에 따라 다른 모습으로 나타난다. 매체에 따라서도 달라질 수 있다. 경찰관 소식지에 쓰는 기사라면 경찰관 주어의 기사가, 청와대 소식지에 쓰는 기사라면 권 대통령 주어의 기사가, 권력을 감시하는 시민단체의 소식지에 쓰는 기사라면 운전사 주어의 기사가 좋은 기사일 수 있다. 독자층에 따라 기사는 달라지기 마련이다. 이는 기사의 주관성과도 관련 있다. 똑같은 사실이라도 기자의 성향이나 매체의 성격에 따라 기사의 관점은 달라질 수 있다.

어느 주어의 기사든지, 어느 매체이든지 기사에 들어가 있는 정보(팩트)는 실제와 어긋남이 없어야 한다. 첫 기사와 권 대통령 주어 기사에 대한 가치 판단에 있어서와 마찬가지로 기사의 팩트가 동일하다면 사실 전달이란 측면에서 가치는 동일하다고 할 수 있다. 이는 기사의 객관성이다. **기사란 있는 사실을 그대로 전달한다는 점에서는 객관적이지만 특정 부분을 강조해 쓰일 수 있다는 점에서 주관적이다.** 주관성이 높은 기사라도 탄탄한 객관성에 의해 뒷받침되어야 독자에게 설득력이 있을 수 있다. 이런 점에서 기사의 주관성은 객관성의 바탕 위에서만 유효하다.

7. 아직도 배가 고프다

히딩크 2002년 한국 월드컵대표팀 감독은 경기에서 이기고도 "I am still hungry(나는 아직도 배가 고프다)"라고 말해 화제가 됐다. 독자가 위 기사를 읽으면서 비슷한 말을 할 수 있다. 이 사건은 지금까지는 완결형이 아니라 진행형이어서 의문을 남긴다. 독자는 김 경사가 정말 승진했는지, 비서관이 권 대통령 지시를 어떻게 이행했는지에 대해 궁금할 수도 있다.

기자는 현장에서 벌어진 일만 쓰지는 않는다. 기자는 현장 목격자나 사건 당사자, 관련 기관 보고서 등을 통해 사건의 전모를 하나씩 파악해 나간다. 기자는 대개 현장에 없다. 사건이 벌어졌다는 소식을 듣고 현장으로 가기도 하지만 이미 끝난 사건이 눈앞에서 다시 전개되는 건 아니다. 기자는 사건을 직접 본 사람의 목격담을 찾고, 사건 당사자를 만나서 이야기를 들어야 한다. 일반적으로는 경찰관, 소방관 등 사건을 조사할 책임이 있는 기관의 보고서 등을 통해 기초적인 사항을 챙긴다. 보고서가 아무리 뛰어나더라도 기자의 관점에서 보면 기사에 필요한 요소가 빠져있기 일쑤다. 보고서가 사실과 달라 보완 취재를 해야 하는 경우가 적지 않다. 사건을 직접 보거나 겪은 사람을 만나야 하는 이유다.

보고서 등 언론에 배포되는 자료는 기자뿐만 아니라 누구든지 볼 수 있다. 많은 기관이 홈페이지를 통해 보도자료나 언론 반박 자료 등을 공개하기 때문이다. 이런 자료만을 토대로 한 기사는 얼추 비슷해 우열을 가리기 힘들다. 자료에 없는 소재를 더 얻는다면 양상이 달라질 개연성이 높다. 벽돌 1만 장으로 집을 짓는 사람과 벽돌 2만 장으로 집을 짓는 사람 중 누가 더 멋진 집을 지을까. 후자다. **기사에 쓰일 소재를 더 많이 캐낼수록, 그 소재가 다른 기자는 모르는 것일수록 기사의 부가가치는 높아진다.**

권 대통령 사건으로 다시 돌아가 보자. 권 대통령의 승진 지시까지가 현장에서 벌어진 일이다. 김 경사가 실제 승진했는지, 비서관이 권 대통령의 지시를 어떻게 이행했는지는 기자가 취재를 통해 챙겨야 한다. 모든 기자가 다 아는 현장 상황 이후의 전개를 알아내면 기자는 상대적으로 멋진 집을 지을 소재를 챙긴 셈이다. 이 소재가 기사에 들어가면 다른 기사에 비해 부가가치가 높아진다.

한 기자가 이 사건의 진행을 쫓다 다음 같은 일을 알아냈다고 가정하자.

취 재

비서관은 청와대로 들어간 뒤 경찰청에 이 지시를 전화로 전달했다.

경찰청은 인사위원회를 소집했다. 인사위원들은 김 경사의 인사 서류를 검토하다가 김 경사가 최근 민원인에게 돈을 받은 혐의로 징계위원회에 회부된 사실을 알게 됐다.

이들은 격론을 벌였다. 한 위원이 "아무리 대통령의 지시라지만 비리 혐의가 있는 사람이 특진하는 것은 말이 안된다"고 말했다. 다른 위원은 "김 경사는 근무자세가 좋아 대통령이 감동했고 특진을 지시하셨기 때문에 특진시켜야 한다"고 주장했다. 이들은 논란 끝에 김 경사를 특진시키기로 한다.

이 사실이 뒤늦게 알려지자 인터넷 사이트에서 논란이 벌어졌다. 한 누리꾼은 "비리 혐의가 있는 사람이 특진하다니 이게 말이나 되는 일이냐"고 말했다. "대부분 교통 경찰관이 김 경사처럼 친절하게 일을 처리한다. 운이 좋아 대통령이 탄 차의 교통법규 위반을 단속했을 뿐이다. 김 경사가 그 차에 대통령이 탄 줄을 알았으면 단속했겠느냐"고 말한 누리꾼도 있었다. 다른 누리꾼은 "내가 교통 신호를 위반했을 때 교통경찰관이 반말을 해서 약이 잔뜩 오른 적이 있는데 김 경사는 비리 혐의가 있더라도 특진시켜 다른 경찰관들에게 친절의 중요성을 강조해야 한다"고 주장했다.

사건은 진행되면서 전혀 예상하지 못했던 상황으로 전개되는 경우가 비일비재하다. 기자들은 '만지면 커진다'라는 말을 가끔 한다. 작은 사건도 이리저리 살펴보고 취재하면 큰 사건의 단초가 될 수 있다는 의미다. 미국 최악의 정치 스캔들인 워터게이트 사건도 처음에는 단순한 절도 사건으로 여겨졌다. 〈워싱턴포스트〉의 칼 번스타인과 밥 우드워드 기자는 이 사건을 캐고 들어가 닉슨 대통령이 사임하는 계기를 만들었다.

권 대통령 사건은 시작은 단순한 교통법규 위반이지만 진행 상황에 따라 경찰관 승진을 둘러싼 사회적 논란으로 번질 수도 있다. 이런 전개는 취재에 나선 기자의 끈질긴 노력이 있어야 가능하다. 사건을 끝까지 파헤치는 열정과 의지가 기사 소재를 풍부하게 만들고 다른 기사에 비해 부가가치를 높이는 원동력이 된다.

위 상황을 반영해 기사를 다시 써 보자.

첫 번째 기사의 얼개를 유지하면서 써 보기로 하자. 첫 번째 기사는 '① 권 대통령(이 탄 차의 교통단속) ② 사건 발생 일시와 장소 ③ 위반 내용 ④ 적발 결과 ⑤ 권 대통령의 행동'이라는 얼개를 가지고 있다. 여기에 새로 취재한 내용을 덧붙이면 된다. '⑥ 지시 전달 ⑦ 인사위의 논란 및 승진 결정 ⑧ 누리꾼의 반응'을 순서대로 쓰는 식이다. 이 얼개대로 기사를 써 보자.

①	권력세 대통령이 탄 차가 신호 위반과 과속으로 적발됐다.
②, ③	13일 오후 3시 경 서울 광화문 사거리에서 권 대통령이 탄 01나2345호 에쿠스 승용차(운전사 이길동)가 정지 신호를 무시하고 광화문 쪽으로 시속 100km로 달리다 김철저 경사에게 적발됐다.
④	김 경사는 이 차에 권 대통령이 타고 있다는 것을 알고도 이 씨에게 범칙금 10만 원짜리 스티커를 발부했다.
⑤	이 차의 뒷좌석에 앉아 있던 권 대통령은 운전자 이 씨에게 깍듯이 경례를 하고 위반 내용을 친절히 설명한 김 경사를 일계급 특진시킬 것을 동승한 비서관에게 현장에서 지시했다.
⑥	이 비서관은 경찰청에 전화를 걸어 권 대통령의 지시 사항을 전달했다.
⑦	경찰청은 인사위원회를 열었으나 김 경사가 민원인에게 돈을 받은 혐의로 징계위원회에 회부된 사실이 있다는 것을 발견하곤 논란 끝에 김 경사를 일계급 특진시키기로 했다.
⑧	이 사실이 뒤늦게 알려지자 누리꾼들 사이에 이에 대한 찬반 격론이 일었다.

독자가 이 기사로 사건 내용을 충분히 알 수 없다고 보이면 더 자세히 쓰면 된다. ⑦번 문장에서 논란이 된 양쪽 주장을 소개할 수도 있다. 또 ⑧번 문장을 '이 사실이 뒤늦게 알려지자 누리꾼 사이에 이에 대한 찬반 격론이 일었다. 누리꾼들은 비리 혐의자를 특진시킨 경찰청을 비난하는 등 부정적 반응을 보였다. 일부 누리꾼은 경찰관의 친절한 업무 태도를 진작하기 위해 특진은 당연한 일이란 반응을 보였다'라고 고쳐 써도 된다.

이 역시 정답은 아니다. 앞에서와 마찬가지로 주어를 달리

해서 쓸 수도 있다. 상황이 진전됨에 따라 행위자에는 권 대통령, 김 경사, 운전자 이 씨 외에도 경찰청 인사위원회 위원과 누리꾼이 추가된다. 비서관은 지시 전달이 사건 전개에 영향을 미치는 행위는 아니어서 주어가 되기에 부적절하다.

권 대통령이 주어일 경우 '권력세 대통령이 자신이 탄 승용차의 교통 법규 위반을 친절히 단속한 경찰관을 일계급 특진시켰다'고 쓸 수 있다. 앞에선 '특진시킬 것을 지시했다'였지만 실제 특진이란 결과가 확인됐으니 '특진시켰다'로 쓸 수 있는 근거가 마련됐다. 이 문장에 특진 과정에서 일어날 일을 담아서 문장을 더 길게 할 수도 있다. 정보가 많아지면 문장이 길어지고 독자에게 주는 강도가 약해진다는 점을 감안해 몇 가지 정보를 첫 문장에 담을 것인지 신중히 생각해야 한다. '권력세 대통령이 자신이 탄 승용차의 교통 법규 위반을 친절히 단속한 경찰관을 일계급 특진시켰으나 이에 대해 논란이 일고 있다', '권력세 대통령이 자신이 탄 승용차의 교통 법규 위반을 친절히 단속한 비위 혐의 경찰관을 일계급 특진시켰다' 등 다양한 시도가 가능하다.

이번에는 경찰관을 주어로 해 보자. '권력세 대통령이 탄 차의 교통 법규 위반을 단속한 경찰관이 대통령의 지시로 일계급 특진했다'고 쓸 수도 있다. 특진에 대한 논란도 담아 보자. '권력세 대통령이 탄 차의 교통 법규 위반을 단속한 경찰관이 비위 혐의가 있었지만 대통령 지시로 일계급 특진한 데 대해 논란이 일고 있다'고 쓰면 된다. 어떤 기사가 좋을지는 기자가 판단해야 한다. 물론 독자의 선호와 반응을 감안해야 한다.

8. 한 걸음 더 나가자

이 사건이 한국 사회에 어떤 의미를 지니는지 생각해 보자. 권 대통령의 지시가 정당한가, 김 경사의 승진 결정이 올바른가, 누리꾼의 반응이 적절한가. 이외에도 여러 가지 질문을 던질 수 있다. 특정 사안을 검토할 때는 역사적 경험이나 다른 나라의 사례가 참고 자료가 된다. 취재는 발로만 하는 건 아니다. 책이나 문서 등 자료, 인터넷 서핑을 통한 자료 검색, 생성형 AI를 활용한 취재도 가능하다. 실제로 인터넷 검색을 하면 영국 수상을 지낸 처칠의 사례를 찾아볼 수 있다.

사 례 영국 수상 처칠의 이야기

영국 수상 처칠이 탄 차가 과속했다. 교통 경찰관이 호각을 불어 이 차를 세웠다.

처칠은 "이봐, 내가 누군 줄 아나? 각료회의에 가는 중이네"라고 말했다. 이 교통경찰관은 "예, 얼굴은 수상 각하와 비슷합니다. 하지만 법을 지키는 것은 비슷하지 않습니다"고 말했다.

처칠은 자신의 집무실에 도착하자 비서에서 경시총감을 부르라고 지시했다. 경시총감이 들어오자 처칠은 자신이 겪은 일을 이야기한 뒤 "그 경찰관을 찾아서 특진시키게"라고 지시했다.

경시총감은 "교통단속을 했다고 특진시키라는 규정은 없습니다"라고 말했다.

권력세 대통령 사건이 국가 원수의 지시가 통하는 한국 사회를 그렸다면, 이 실화는 수상의 지시라도 규정에 없으면 거부하는 영국 사회를 보여준다. 이 사건은 대통령의 법적 권한 등 한국의 법 문화를 다른 나라와 비교하는 기사를 쓰는 계기로 작용할 수도 있다. 이와 관련된 해설 기사나 사설, 기획 시리즈를 만들 수도 있다. 확보한 정보량이 많고 다양할수록 새로운 기사, 파괴력이 있는 기사를 쓸 수 있는 역량이 커진다.

기사는 개인의 노력에 따라 얼마든지 새로운 문장으로 표현될 수 있고 새로운 형식으로 발전될 수 있다. 다양한 형식의 기사는 이런 노력의 산물이다. 독자를 이야기 속으로 끌어들이려는 시도이기도 하다. 자연스러운 대화에서 기사의 얼개가 짜이고, 쓰일 소재와 버릴 소재가 구분된다. 또 강조점을 둬서 상세하게 서술할 대목과 간략하게 개요만을 쓸 대목도 가려진다. 사건을 처음 접하는 독자의 호기심이 거침없이 흐르도록 하는 것이 기사쓰기의 요체다.

한국 사회에 사는 사람들은 한국인의 정서에 익숙하다. 바꿔 말하면 기사를 쓰는 이가 독자에 대해 잘 알고 있다. 독자가 무엇을 원하는지, 무엇을 싫어하는지를 알고 있다. 모든 사람은 기사의 독자로서 출발한다. 처음부터 기자로서 출발할 수는 없는 일이다. 독자로서 기사를 읽으면서 가졌던 생각을 바탕으로 어떤 기사가 자연스럽고 어떤 기사가 부자연스러운지를 구분할 수 있다. 누구든지 기사를 쓸 수 있는 자질을 갖추고 있는 셈이다.

처음 기사를 쓰는 사람은 어렵다고 느끼기 마련이다. 익숙하지 않기 때문이다. 누구나 첫 기사에 좀처럼 만족하지 못한다. 이는 베테랑 기자도 마찬가지다. 기사를 잘 쓰는 기자일수록 자신의 원고를 많이 가다듬는다. 좋은 기사인가 아닌가는 초고를 얼마나 많이 고쳐 썼는가에 따라 결정된다고 해도 과언이 아니다. 처음 기사를 쓰는 사람도 자연스러운 흐름이 살아나도록 초고를 자주 고쳐 써야 한다. 디지털 시대에 기사쓰기나 고치기는 예전 원고지 시대에 비해 훨씬 쉽다. 자판이나 커서 조작만으로도 가능하다. 누구나 기사를 손쉽게 쓰고 업그레이드할 수 있는 시대다.

2
기사란 무엇인가

1. 보여 주기 위한 글

1) 기자의 책임

기사는 불특정 다수에게 보여 주기 위한 목적으로 쓰인다. 독자를 가정하고 쓰는 글이란 점에서 일기, 편지 등과는 확연히 구분된다. 물론《안네의 일기》처럼 전 세계인에게 읽히는 일기도 있다. 1940년대 초반 독일군이 점령한 네덜란드 암스테르담의 은신처에 숨어 있던 사춘기 소녀 안네 프랑크가 일기를 남에게 보여 주기 위한 목적으로 썼다고 가정하기는 힘들다. 기사는 남에게 읽힌다는 가정 아래 취재부터 기사 작성에 이르기까지 전 과정이 이뤄진다는 점에서 다른 글과 차이가 난다.

편지나 보고서가 독자를 가정하고 작성되더라도 독자는 대개 특정 소수다. 가끔 '국민 여러분께 드리는 글'이란 서한이 공개되지만 이런 글도 언론이 전달해야 불특정 다수에게 읽힌다. 소설, 시 등 문예 창작물의 독자도 기사에 비하면 제한적이다.

기사에는 이해관계가 얽힌 실존 인물이 자주 등장한다. 그릇된 사실이나 보도는 당사자에게 피해를 줄 우려가 있을 뿐만 아니라 수많은 독자를 오도할 위험성도 있다. 기사는 불특정 다수인 독자와의 직간접 접촉이 힘들기에 정정 효과를 기대하기 어려운 글이다. 이 때문에 기사는 다른 글에 비해 필자의 책임이 크다.

2) 독자의 궁금증 해소

'한국말은 끝까지 들어봐야 한다'는 말이 유행한 적이 있었다. 에둘러 말하는 한국인의 언어 습관을 이르는 말이다. 췌언을 한참 늘어놓은 뒤 핵심을 이야기하거나, 언저리만을 이야기하는 습관이다. 청자(독자)가 핵심을 이해해주길 바라는 화자의 언어 방식이다. 청자가 일반적으로 이해할 수준인지를 고려하지 않고 충분히 이야기했으니 핵심 파악은 '독자의 책임'이라는 투다.

기사는 핵심을 정확히 전달해야 하며 기자는 이에 대한 책임이 있다. 기사가 '독자가 알아서 이해하라'는 식이면 곤란하다. 기자는 **독자가 지닐 수 있는 오해를 없애고 궁금증이나 호기심을 해소할 수 있는 방식**으로 기사를 써야 한다. 비록 짧은 기사라도 독자의 궁금증과 호기심을 충족할 수 있는 최소한의 정보를 전달하는 완결된 구조를 지녀야 한다.

실제 기사를 통해 자기 완결적 구조에 대해 알아보자. 다음은 〈경향신문〉 2006년 12월 1일 자 '무안기업도시 개발 본격화'란 제목의 기사다.

전남 무안군에 들어설 산업교역형 기업도시 개발 사업 추진이 본격화된다.

건설교통부는 30일 무안기업도시 사업시행자인 무안기업도시개발이 개발구역 지정 및 개발계획 승인신청서를 제출, 관계부처 협의 등 관련 절차에 본격 착수했다고 밝혔다.

무안, 태안, 충주, 원주, 해남·영암, 무주 등 6개 기업도시 시범사업지 중 구역 지정을 신청한 곳은 지난 5월 태안에 이어 이번이 2번째.

① 무안기업도시개발측은 "시범사업지 중 유일한 산업교역형인 무안기업도시는 2025년까지 무안군 무안읍과 망운·현경·청계면 일원 1,214만 평에 상주 인구 15만 명의 산업 및 물류형 자족도시로 건설된다"고 설명했다.

② 이번에 신청한 구역은 국내 기업 등을 유치할 526만 평으로 총사업비 1조 4,220억 원을 들여 상주 인구 5만 5,000명을 수용하는 도시로 조성될 계획이다.

이 기사의 ①은 무안기업도시의 규모와 특징에 대해 말하고 있다. 이 문장을 빼면 다음과 같아진다.

> 전남 무안군에 들어설 산업교역형 기업도시 개발 사업 추진이
> 본격화된다.
> 건설교통부는 30일 무안기업도시 사업시행자인 무안기업도시개
> 발이 <u>개발구역 지정 및 개발계획 승인신청서를 제출</u>, 관계부처 협
> 의 등 관련 절차에 본격 착수했다고 밝혔다.
> 무안, 태안, 충주, 원주, 해남 · 영암, 무주 등 6개 기업도시 시범사업
> 지 중 구역 지정을 신청한 곳은 지난 5월 태안에 이어 이번이 2번째다.
>
> ② 이번에 신청한 구역은 국내 기업 등을 유치할 526만 평으로 총
> 사업비 1조 4,220억 원을 들여 상주 인구 5만 5,000명을 수용
> 하는 도시로 조성될 계획이다.

①이 빠진 기사의 독자는 ②를 읽으면서 무안기업도시 전체 규모를 궁금해 할 것이다. 독자는 기사를 이해하는 데 필요한 최소한의 정보는 있어야 기사를 읽으며 의문을 제기하지 않는다.

이번에는 첫째 기사에서 ①을 살려 두고 ②를 삭제해 보자.

> 전남 무안군에 들어설 산업교역형 기업도시 개발 사업 추진이 본
> 격화된다.
> 건설교통부는 30일 무안기업도시 사업시행자인 무안기업도시개발
> 이 <u>개발구역 지정 및 개발계획 승인신청서를 제출</u>, 관계부처 협의 등
> 관련 절차에 본격 착수했다고 밝혔다.
> 무안, 태안, 충주, 원주, 해남 · 영암, 무주 등 6개 기업도시 시범사업
> 지 중 구역 지정을 신청한 곳은 지난 5월 태안에 이어 이번이 2번째다.

① 무안기업도시개발측은 "시범사업지 중 유일한 산업교역형인 무안기업도시는 2025년까지 무안군 무안읍과 망운·현경·청계면 일원 1,214만 평에 상주 인구 15만 명의 산업 및 물류형 자족도시로 건설된다"고 설명했다.

셋째 기사는 무안기업도시의 전체 규모에 대한 설명이 없다. 기사의 완결구조 측면에서만 본다면 셋째 기사가 둘째 기사보다 낫다. 이 기사는 개발구역 지정 신청을 계기로 쓰인 것으로 추정되기 때문에 (기사의 밑줄 친 부분) 개발구역에 대한 정보를 담아야 한다. ②에서 해당 정보를 제공했다. 여기서 '이번에 신청한 구역'(밑줄 친 부분)이란 대목은 전체 구역이 있다는 걸 짐작케 한다. 전체 규모에 대한 설명이 있다면 더 친절한 기사가 된다.

독자의 의문을 풀어 주는 기사가 좋은 기사다. 기사가 자기완결적인 형식으로 사안의 핵심을 전달하더라도 독자는 갈증을 느낄 수 있다. 기사에 모든 걸 다 담을 수는 없다. 기사는 현실의 요약이며 편집이다. 기사를 보고 더 많은 정보를 원하는 독자는 추가 정보를 다른 방식으로 얻어야 한다. 이런 한계가 있더라도 기사는 길이, 시간 등 여러 제약 속에서 독자의 의문을 최소화해야 한다.

3) 기사의 상품성

미디어 경제학에선 언론을 이중상품으로 본다. 기사를 독자에게 팔고, 구독자를 기반으로 광고를 팔기 때문이다. 디지털 시대에는 이런 성격이 더욱 강해졌다. 이른바 '낚시 기사', 제목이나 내용만 약간 바꿔서 또 내보내는 '어뷰징 기사' 등이 이를 잘 보여 주는 부정적 현상 중 하나다.

기사가 상품성이 없다면 소중한 가치가 사장될 운명에 놓이게 된다. **기사는 독자가 선택할 만한 가치, 즉 상품으로서 경쟁력이 없으면 읽히지 않기 때문이다.**

기사의 배포 채널은 다양하다. 과거 매체 수가 적었던 시절 기사는 그 자체로 독자나 시청자의 관심을 끌 수 있었다. 기사의 홍수 시대에 이런 '특혜'는 없다. 독자는 기사를 예전보다 더 쉽게 취사선택한다. 알고리즘을 통해 포털이 맞춤형 뉴스를 골라 주거나, 독자가 알고리즘을 스스로 설정할 수 있는 시대에 관심을 끌지 못하면 기사는 언제든지 외면당할 수 있다.

다양한 채널로 인해 특정 기사는 가치가 더 높아지는 역설도 성립한다. 아날로그 시대에는 기사가 상품성이 있더라도 한 매체에서만 활용됐다. 디지털 시대에는 기사가 다양한 채널로 여러 매체에 공급된다. 독자가 SNS에 기사를 퍼서 나르면 그 전파력은 더욱 강해진다. 비슷한 내용이라도 상품성이 높으면 기사 가치가 높아진다. 상품성을 제외한 다른 내재적 가치가 실현될 가능성도 더욱 커진다.

상품성이 없는 기사는 모든 효용성을 잃게 되어 쓰레기통에 버려지는 휴지 쪼가리 신세가 된다. **이 때문에 기자는 기사를 쓸 때 '독자에게 어떤 가치가 있는가'라는 질문을 수없이 던져야 한다.** 자신이 쓴 기사가 독자에게 읽힐 것인가에 대한 자문이다. 많은 기자가 동일한 보도자료만으로 기사를 쓴다. 동일한 소재로 다른 기사보다 부가 가치가 높은 기사를 만들어 내야 하는 건 기자의 숙명이 됐다. 기사의 전개 방식이나 문체의 발전사는 기사의 상품성, 독자 접근도를 높이려는 노력의 역사다.

4) 기사의 경제성

인간은 경제적 동물이어서 최소 비용으로 최대 효과를 얻으려 한다. 독자도 마찬가지다. 기사를 읽는 데 들인 시간과 노력이 투입량이라면 기사로부터 얻은 효과는 산출량이다. **독자는 최소 투입량으로 최대 산출량을 얻고자 한다.** 읽는 데 10분 걸리는 기사와 20분 걸리는 기사가 있고 이들 기사가 같은 양의 정보를 담고 있다면 독자는 주저 없이 10분짜리 기사를 고를 게 뻔하다. 읽는 시간이 같은 기사라면 독자는 정보량이 풍부한 기사를 선택한다. 독자는 시간을 투자할 만한 가치가 없는 기사, 경제성이 없는 기사는 가차 없이 외면한다.

기사의 경제성은 **압축과 축약**에서 나온다. 기자는 독자가 이미 알고 있는 내용을 과감히 줄이고, 새로운 내용을 추린 결정체를 기사에 담아야 한다. '꼭 짜면 한 줄도 안 되는 기사'란 표현이 있다. 길게 늘여 쓴 기사나 별다른 가치가 없는 사실을 장황하게 늘어놓은 기사를 이르는 말이다. 자질구레한 내용까지 모두 담은 기사는 친절한 기사가 아니다. 독자가 원하는 정보를 경제적으로 담은 기사가 친절한 기사다. 기사는 독자가 읽기에 적당한 분량이란 느낌을 줘야 한다.

기사의 경제성과 관련된 단적인 사례가 호칭이다. 대부분 기사는 '권력세 대통령'이란 표현을 처음 쓰고 난 다음에는 '권 대통령'이라고 줄여 쓴다. 읽는 데 걸리는 시간을 줄이는 것이다. 소리 내어 '권력세 대통령'이라고 읽은 뒤 '권 대통령'이라고 읽어보면 축약된 표현이 얼마나 경제적인지 알 수 있다.

2. 독자를 위한 봉사

1) 독자가 원하는 정보

정부가 '공시가격 현실화 계획' 전면 폐지를 추진한다. 공시가격의 시세 반영률을 2030년까지 90%(공동주택 기준) 수준으로 높이겠다는 계획으로 2020년 도입 후 국민 조세 부담이 급격히 오르는 문제가 지적돼 왔다. 하지만 이는 부동산공시법 개정이 필요한 사안이어서 야당의 협조를 얻어야만 국회 문턱을 넘을 수 있다. 이 때문에 구체적 실행 계획 없이 총선 전 '폐지 방침'부터 밝힌 것을 두고 조세 포퓰리즘이라는 지적이 나온다. (중략)

전문가들은 시세의 90%라는 기존 목표치가 지나치게 과도하다는 점에는 동의하고 있다. 다만 시세를 제대로 반영할 수 있도록 부동산 간 형평성을 맞춰야 한다고 지적했다. 조주현 건국대 부동산학과 교수는 "공시가격 현실화율을 그때그때 정하는 것이 아니라 시세를 기반으로 일정 비율로 고정시킬 필요가 있다"면서 "동시에 각종 정책 목적에 따라 과세표준을 달리 적용하는 것이 대안이 될 수 있다"고 했다.

야당과의 합의를 거쳐 국회 문턱을 넘어야 하는 것도 과제다. 현재 부동산공시법 26조는 '현실화 목표치를 설정해야 한다'고 명시돼 있다. 현실화 계획을 폐기하려면 이 조항을 전면 개정해야 한다. 국토부는 "내년도 공시가격 산정 절차 시작 전에 법이 개정되지 않으면 올해처럼 현실화율을 고정할 계획"이라고 밝혔다. (후략)

– 〈동아일보〉 2024년 3월 20일 자

이 신문이 집값 기사를 신문의 얼굴이라 할 수 있는 1면에 실은 것은 기사 가치가 높다고 판단했기 때문이다. 독자들은 신문을 1면부터 훑고 지나간다. 이 때문에 신문은 독자의 주목도가 높은, 독자가 원하는 정보를 1면에 담으려고 노력한다.

한국언론진흥재단의 빅카인즈를 통해 언론의 집값 기사 빈도를 보고자 2023년 12월 20일부터 2024년 3월 20일까지 〈동아일보〉, 〈중앙일보〉, 〈한겨레〉, 〈한국일보〉 기사 중 '집값'이 들어 있는 기사를 검색했다. 각각 89건, 149건, 45건, 72건이 있었다. 신문 미발행일이 있는 걸 감안하면 〈동아일보〉는 매일 1건씩은 집값에 관한 기사를 쓴 셈이다. 〈중앙일보〉는 이보다 훨씬 많고 〈한겨레〉와 〈한국일보〉는 이보다는 적지만 역시 많은 기사를 실었다.

집값 기사는 다양했다. 집값 동향, 정부 대책, 지역별 집값 차이, 비교적 싼 집을 고르는 법 등 집값과 관련돼 연상할 수 있는 여러 현상을 다뤘다. 이들 기사는 주로 아파트 값을 다뤘다. 단독주택이나 전원주택, 빌라 등 다양한 집이 있지만 아파트가 한국인의 대표적인 주거형태이기 때문이다. 독자가 관심을 쏟는 소재다.

기자는 자신이 쓰고 싶은 것을 쓰는 사람이 아니다. 초보 기자들은 대개 자신의 관심사를 추적한다. 자신이 잘 아는 분야라면 전문성이 있어 다른 사람보다 심도 있는 기사를 쓸 수 있는 장점이 있다. 깊이가 있다고 좋은 기사, 독자가 원하는 기사는 아니다. **기사에는 독자의 관심을 자극하는 요소가 있어야 한다.** 특정 분야에 관심 있는 소수의 독자를 위한 기사가 나쁜 기사라는 의미는 아니다.

기자는 독자가 원하는 기사를 쓰는 사람이다. 독자의 관심사를 추적하고 그 결과를 독자에게 내놓아야 한다. 사안을 독자의 눈높이에서 보고 생각해야 한다. 한 기사가 모든 독자에게 유의미하고 중요하게 받아들여지기는 쉽지 않다. 독자의 계층과 관심사는 다양하다. 기자는 독자의 최대 관심사에 초점을 맞춰서 활동해야 한다. 기자는 독자의 종이다.

2) 독자가 기사를 읽는 이유

독자는 왜 기사를 읽을까. 독자가 기사를 읽는 이유가 바로 독자가 언론에 바라는 점이다. 미국 노스웨스턴대(Northwestern University)의 리더십연구소(Readership Institute)는 신문을 읽는 이유를 광범위하게 연구해 보고서에 담았다. 요즘은 아날로그 매체보다 디지털 매체를 통해 기사를 읽는 경우가 많지만 그 이유는 비슷하다.

습관적 읽기(Regular Part of My Life)

기사 읽기가 습관이 된 사람도 있다. 매일 아침에 기사부터 보는 사람이 이런 경우다. 이런 독자는 읽는 시간과 방식이 대개 일정하다. 영국의 〈더 타임스〉를 소유한 신문재벌 루퍼트 머독은 "신문은 습관을 먹고 산다"고 말한다. 신문업계는 청소년층에게 신문읽기를 권한다. 정보 루트로서 신문이 일상생활의 한 부분이 되길 원하는 것이다. 신문 활용 교육(NIE: Newspapers in Education)도 이와 관련이 있다.

관심사 알아보기(Looks out for My Interests)

공동체 일원으로 반드시 알아야 할 정보를 얻어야 공동체 활동에 참여할 수 있다. 2024년 아시안컵 축구에 참가한 한국팀에서 벌어진 일을 알지 못하는 사람들은 왜 클린스만 감독이 경질됐는지, 축구협회장의 거취를 논하는지 알 수 없다. 친구와의 대화에서 '왕따'가 될지도 모른다. 사람들이 바쁜 시간에 기사 제목이라도 훑어보고 관심이 가는 기사를 찾아 읽는 이유다. 기사에서 얻은 정보는 사회적으로 필요한 행동을 하는 데 도움이 된다.

이야깃거리(Something to Talk about)

기사는 특정 사안에 대해 생각을 자극하고 다른 사람과 말을 나눌 수 있는 이야깃거리를 제공한다. 독자는 자신이 읽은 기사 내용을 다른 사람에게 이야기할 수도 있다. 기사는 다른 사람이 하는 이야기의 배경을 이해할 수 있도록 도와준다.

지식 얻기(Makes Me Smarter)

기사는 교육 효과가 있다. 칼럼에서 새 시각을 접하고 광고에서 정보를 얻기도 한다. 기사는 세상사에 대한 통찰력을 주며 아이디어를 주기도 한다. 또 복잡한 사안을 알기 쉽게 정리해 준다. 북한의 ICBM 개발에 대한 상세한 해설은 미국이나 일본이 민감하게 반응하는 이유를 손쉽게 이해할 수 있도록 만든다.

지인에 대한 정보(People I Know)

독자가 아는 사람의 개인사를 전해준다. 개인적 친분이 있는 사람만이 아니라 유명인도 아는 사람의 범주에 속한다. 연예인의 교제나 결혼, 건강 등에 관한 기사가 넘쳐나는 것은 많은 사람들이 이런 이야기에 관심이 있다는 걸 말해 준다.

감동 및 고무(Touchs & Inspires Me)

기사는 진한 감동을 주기도 한다. 다섯 살 아이가 산타에게 보내는 손편지를 받고 답장을 하며 선물을 준 집배원, 자신의 장기를 기증하고 떠난 자원봉사자 등의 이야기는 퍽퍽한 세상을 살아가는 사람의 마음을 따뜻하게 해 주기도 한다.

고품질, 독특한 내용(High Quality, Unique Content)

기사는 고급 상품이란 이미지를 준다. 다른 곳에서는 얻기가 힘든 매우 전문적이고 시사적인 내용을 다루기도 한다.

특정 기자에 대한 선호(I Connect with the Writers)

좋아하는 기자나 칼럼리스트의 글이 나오길 기다려 읽는다.

리더십연구소의 조사 보고서는 이외에도 **시간 보내기**(my personal time out), **신문에 푹 빠짐**(commands my attention), **균형감**(all sides of story), **다양성**(shows me diversity), **식사할 때 동반자**(my dining companion), **놀람과 농담** (turned on by surprise and humor), **스크랩하기**(clip & save), **시각적 효과**(grabs me visually) 등의 요인도 들었다.

이런 요인에 모두 동의하지 않는 사람도 몇 개의 요인에는 고개를 끄덕일 것이다. 신문이 많은 욕구를 충족할 수 있는 요인은 백화점식 편집이다. 정치, 경제, 사회, 문화, 스포츠 등 다양한 종류의 기사가 신문 한 부에 있다. 쇼핑 정보나 낚시꾼을 위한 조황, 영어 한마디 배우기 등 다품종 기사가 있다. 신문은 1950~60년대부터 TV가 대중화되기 시작하자 독자를 끌기 위해 보도 영역을 넓혀 왔다. 종합일간지가 경제면을 발행하고, 경제지가 사회문제도 보도하는 등 신문 내부의 경쟁도 치열해졌다. 그 결과 독자들은 신문 한 부에서 여러 가지 기사를 볼 수 있게 됐다. 디지털 시대에 알고리즘의 발달로 자주 찾는 종류의 기사만 보거나, 조회수가 높은 기사를 보는 '뉴스 편식'이 일어난다. 이 때문에 여러 분야 뉴스를 담은 신문의 효용성이 주목받기도 한다.

20~30대는 '뉴스 없는 세대'라는 일반적 통념과 달리 기사를 다른 방식으로 이용하고 있다. 20~30대는 전통적 방식의 기사만을 뉴스로 보는 것이 아니라 다양한 형태의 '정보'도 뉴스로 생각한다는 게 연구 결과다.

밀레니얼 세대는 공적 이슈보다 자신의 관심사나 이해와 관련된 뉴스에 반응하고, 의견과 사실의 분리를 선호했다. 색다른 형식을 제공하는 매체와 복잡한 이슈를 간략하게 정리해주거나 발췌해 주는 서비스를 좋아한다. 이런 특징은 한국언론진흥재단이 〈2023년 언론수용자 조사〉와 함께 실시한 MZ세대 32명 대상 포커스 그룹 인터뷰 결과로도 확인됐다.

3) 독자 코 꿰기

기사가 독자에게 외면당하지 않으려면 어떻게 해야 할까. 독자가 원하는 정보만 담으면 많은 사람이 기사를 읽게 될 것인가. 이것만으론 부족하다. 같은 정보라도 어떤 방식으로 주느냐가 중요하다. **대다수는 기사의 제목이나 첫 몇 문장만으로 기사를 더 읽을지를 결정한다. 기사의 첫 단락이 독자를 유혹할 수 있어야 한다.** 독자가 다음 이야기가 궁금해 기사를 끝까지 읽게 만드는 방식이다. 이를 영어로 hooking이라고 한다. hook은 갈고리처럼 생긴 낚시 바늘이며 hooking은 '낚시 바늘 던지기' 또는 '낚시 바늘로 꿰기' 쯤으로 해석된다. 기사의 첫 단락으로 독자의 코를 꿰어야 한다.

　미국의 기자 훈련 기관인 포인터연구소(The Poynter Institute)의 교수 크리스토퍼 스칼란(Christoper Scalan)이 쓴 기사의 일부를 예로 들어 보자.

①　존 헤딘은 6살 난 아들의 양육비를 주지 않는다. 그는 누가 이 사실을 알건 말건 개의치 않는다. 그는 "나를 악질 아비라고 불러라"면서 "나는 양육비 실사에 당당히 맞서겠소"라고 말했다.

②　벌링턴 출신 이혼남인 헤딘은 자녀양육제도에 질린 남자들 가운데 하나다. 요즘 이런 남자들이 늘어나고 있다.

③　그들은 자신이 악질이 아니라고 말한다. 불공평한 정형, 비현실

적인 양육 명령, 엄격한 법, 그리고 자녀 방문과 보육에 간섭하며 양육비를 자신을 위해 쓰는 전처의 희생자라고 주장한다.

④ "현행 정책은 아이를 키우지 않는 부모를 달아난 사람이라고 가정하고 있습니다. 실은 많은 이들이 버려진 사람입니다. 이들은 아이들에게 양육자와 제재가 필요하다고 가정하는 법원 명령의 희생자입니다." 워싱턴 변호사 로널드 헨리(Ronald K. Henry)의 말이다.

⑤ 헤딘은 "나는 전처의 돈지갑이 아닌 아들의 아버지이길 원한다"고 말했다.

⑥ 두 번 이혼한 헤딘은 이스트코스트에 사는 나이든 아이 2명의 엄마에게 정기적으로 양육비를 보낸다. 그의 6살 난 아들의 엄마는 재혼해서 캘리포니아로 이주했다.

⑦ 그는 "전처에게 양육비를 주라고 강요받는다면 단 하나의 고통스런 선택만이 있을 뿐입니다"라고 말했다. 직업을 버리고 서쪽으로 이주하거나 현재의 장소에 있으면서 아들 보기를 포기하는 것이다. 그는 감당할 수 없는 수준의 양육비 때문에 법정투쟁을 하고 있으며, 아들과의 의미 있는 만남을 위해 여행 경비, 옷, 선물, 전화 통화에 수천 달러를 쓰고 있다.

이 기사를 분석해 보자. ①에서 등장한 '악질 아비'인 헤딘의 사례는 독자에게 '왜 이런 일이 벌어졌을까?'라는 의문을 제기하게 만든다. 아들에게 양육비를 주지 않으면서도 당당하게 말하는 헤딘의 모습에서 독자들은 분노 또는 궁금증을 느낄지도 모른다. ②는 '악질 아비'가 늘고 있어 헤딘이 특수한 사례가 아니라는 점을 명확히 했다. 독자들은 '이런 현상이 일반화된 이유는 무엇일까?'라는 의문을 던지게 된다. ③, ④는 '악질 아비'의 주장을 소개했지만 그 실체에 대해 말하지 않는다. 독자들의 궁금증을 한꺼번에 채워 주지 않는 것이다. ⑤는 헤딘이 아이에 대해 무관심한 사람이 아니며 단지 전처의 돈 사용처를 못마땅하게 생각하고 있다는 것을 보여 줌으로써 '양육비는 어떻게 쓰이고 있을까?'라는 의문을 갖게 만든다. ⑥에서부터 헤딘의 구체적인 이야기가 시작된다. 양파 안에 있는 알맹이를 확인하기 위해 칼로 양파를 단번에 자르지 않고 껍질을 하나씩 벗겨 내는 식이다. 이 기사는 여섯 살 난 아들의 양육비를 주지 않는 '비정상적인 인물'의 이야기를 '낚시 바늘'(hook)로 사용했다. 독자의 호기심을 잔뜩 자극하면서 독자가 계속 의문을 던지게 만든다.

3. 쉬운 글이다

1) 중학생도 이해할 수 있는 글

영아(嬰兒)를 척추(脊椎)에 등재(登載)하고 우수(右手)로 좌하안면(左下顏面)을 가격(加擊)해 지면(地面)에 전도(顚倒)케 하다.

이게 도대체 무슨 말인가. 기자 선배가 수습기자 시절 봤다는 경찰 조서의 한 대목이다. 기상천외한 단어의 연속인 이 문장은 사람을 당혹하게 만든다. 이 문장은 '아이를 등에 업고 오른손으로 얼굴 왼쪽 아랫부분을 쳐 땅에 넘어뜨리다'는 뜻이다.

실소가 나온다. 별다른 내용이 아닌데 어려운 용어로 해독하기 어렵게 만들었다는 느낌이 든다. 이 선배가 실제 본 내용인지 의문이 들 정도다. 어려운 용어가 잔뜩 들어 있어 이해하기 힘든 문장이 요즘도 적지 않다.

기자는 자료를 해독할 수 있는 능력이 있어야 한다. 전문가의 도움을 받아서라도 해독해야 한다. **기자는 난해한 내용도 어느 독자나 이해할 수 있도록 쉽게 기사를 써야 한다.** 기사 문장은 어느 수준이어야 적당할까. 어떤 기자는 '초등학교 졸업 수준'이라고 말한다. '중학생 수준'이라고 말하는 기자도 있다. '고교생 수준'이란 답을 들어본 적은 없다. 세계적인 석학을 인터뷰한 기사도, 대통령의 중대 발언에 대한 기사도 중학생 수준이면 이해할 수 있어야 한다. 이를 위해선 어려운 단어나 복잡한 문장을 쉽게 풀어써야 한다.

초보자는 자신이 쓰는 단어의 의미도 모른 채 기사를 쓰기도 한다. 그 결과 기자도 모르고 독자도 알 수 없는 이상한 기사가 태어난다. 이런 '재앙'을 피하려면 의미를 명확히 파악한 뒤 평범한 일상 언어로 풀어써야 한다.

법무부가 2006년 10월 27일 '개정 성폭력범죄의 처벌 및 피해자 보호 등에 관한 법률 보도자료'를 예로 들어 보자. 이 보도자료의 한 대목이다.

보도자료 개정 성폭력범죄의 처벌 및 피해자 보호 등에 관한 법률

피해자와 신뢰관계 있는 자의 동석범위 확대

모든 성폭력범죄 피해자에 대한 수사·재판에 있어서 신청이 있
는 때에는 부득이한 경우를 제외하고 의무적으로 피해자와 신뢰관
계 있는 자를 동석하게 함

⇨ 종전에는 피해자가 13세미만자 또는 심신미약자인 경우에만 신뢰
관계인 동석을 의무화하고 그 외 피해자에 대하여는 임의적으로
동석시킬 수 있도록 하였으나,

⇨ 이번 개정으로 위 요건에 해당하는 피해자가 아니더라도 수사·재
판 시 신뢰관계인을 동석시켜 심리적 안정을 도모할 수 있게 됨

이 자료에서 독자들이 이해하기 어려운 단어나 문장은 무엇
일까. 우선 '신뢰관계 있는 자', '동석범위', '임의적으로', '부
득이한 경우', '심신미약자' 등을 들 수 있다. '부득이한 경우'
는 말 그대로 '어쩔 수 없는 경우'로 해석될 수 있지만 그 실체
는 모호하다. 또 '신청이 있는 때에는'이란 대목은 누가 무엇
을 어떻게 신청하는지에 대한 의문을 낳는다.

기자가 각종 용어를 해독하는 방법은 대개 두 가지다. 사전이
나 관련 자료를 참조할 수도 있고, 전문가에게 물어볼 수도 있
다. 자료를 참조할 때는 정통한 자료를 골라야 한다. 전문가는
자료의 신빙성을 판단할 수도 있고 용어를 쉽게 풀어 주는 능력
을 지니고 있다. 자료를 직접 만든 사람에게 물어보면 의미를
정확하게 파악할 수 있다. 법무부 측에 직접 문의한 결과 '신뢰
관계가 있는 자'는 '가족, 친척, 친구, 변호인 등 피해자가 믿을

만한 사람'이란 뜻이었다. 하지만 '신청이 있는 때에는'에 대해
선 신청 절차나 방법은 실무 지침과 연관되어 있어 만들어지지
않았다고 설명했다. 나머지 용어는 사전을 찾아보면 된다. 이런
과정을 마치면 어려운 자료를 쉽게 풀어쓸 수 있게 된다.

　자료를 고쳐 써 보자. '성폭력범죄 피해자가 수사나 재판을
받을 때 신청하면 수사기관이나 법원은 어쩔 수 없는 경우를
제외하곤 의무적으로 가족, 친척, 친구, 변호인 등 피해자가
믿을 만한 사람이 피해자와 함께 있도록 해야 한다'라고 고칠
수 있다. 용어만이 아니라 그 내용을 명확히 해서 독자가 쉽게
이해할 수 있도록 만들어야 한다.

보도자료　출소 후 사회재활 연계 과정 실시

　　법무부는 마약류 사범에 대한 효과적인 치료·재활로 재범을 근절
하기 위해 회복단계별 맞춤형 프로그램인 '마약류 회복이음*' 과정 등
을 실시하는 마약사범재활 전담교정시설을 1월부터 정식 운영합니다.
* 교정시설 수용 중 치료·재활을 통해 마약류 중독에서 회복시키고, 출소
후 사회재활로 이어질 수 있도록 연계한다는 의미

　이는 2024년 1월 19일 법무부 보도자료의 한 대목이다.
'마약류 회복이음'이란 대목에 별표를 붙이고 그 뜻을 풀이해
놓았다. 어려운 용어를 해설하는 보도자료 작성 기법이다. 이
런 보도자료가 늘고 있지만 여전히 많은 자료가 난해한 형태
로 기자에게 던져진다.

쉽게 풀어쓰기 어려운 말도 있다. 전문 용어가 대표적인 사례다. 황우석 전 서울대 교수의 논문조작 사건 기사에서는 생소한 생명과학 용어가 많이 등장했다. 줄기세포, 배반포, 테라토마, 처녀생식 등 어려운 용어가 많았다. 언론은 독자에게 이들 용어가 무엇을 의미하는지 설명해야 했다. 기사 안에 그 뜻을 녹여 내기 힘들어 별도의 용어 해설을 덧붙였다. 배아줄기세포에 대한 두 신문의 용어 해설을 살펴보자.

> 배아줄기세포='배아'는 일반적으로 수정란이 수정된 후 조직과 기관으로 분화가 마무리되는 8주까지의 단계를 가리킨다. 배아는 보통 5~7일 동안 세포분열을 거쳐 100~200여 개의 세포로 구성된 '배반포기배아'로 자궁에 착상하게 되며 계속해서 세포분열과 분화 과정을 통해 인간 개체로 발생하게 된다. 배아줄기세포는 착상 직전의 배반포기배아나 임신 8~12주 사이에 유산된 태아에서 추출한 줄기세포를 의미하는 것으로, 인체를 구성하는 모든 세포로 분화가 가능하다. 이 과정에서 줄기세포의 분화를 억제시켜 210여 개의 장기로 발달할 수 있는 능력을 가진 원시세포로 유지시킨 상태를 '배아줄기세포주'라고 한다.
>
> — 〈국민일보〉 2005년 12월 19일 자
>
> 복제배아줄기세포
>
> 난자 내의 핵을 제거한 자리에 체세포의 핵을 넣어 만든다. 체세포 제공자의 유전형질만 발현이 된다. 황우석 교수의 2005년 논문에 나오는 줄기세포는 한 단계 더 진전된 것으로 불치병 환자로부터 체세포를 얻었다. 줄기세포에서 장기로 분화하는 세포를 떼어 배양해 체세포 제공자에게 이식하면 면역거부 반응이 적어진다.
>
> — 〈경향신문〉 2005년 12월 17일 자

두 신문의 용어 해설 가운데 어느 것이 이해하기 쉬운가. 두 신문의 해설이 모두 어렵다는 반응도 있을 수 있고, 어느 한 신문의 용어 해설이 다른 신문보다 낫다는 반응도 있을 수 있다. 해설의 효용성은 독자가 얼마나 손쉽게 이해할 수 있는가에 따라 평가될 것이다.

2) 입말체가 편하다

구어(口語)의 우리말은 입말이다. 입말은 입으로 주고받는 말이니 입말체(구어체)는 우리가 평소 하는 말처럼 쓰는 문체다. 각종 공문서나 격식을 갖춘 문서의 글말(문어)체는 입말체에 비하면 딱딱하다. 입말체는 일상 대화에서 많이 접할 수 있어 친근한 느낌을 준다.

기사는 입말체를 주로 써야 읽고 이해하기에 편하다. 글말체를 입말체로 의도적으로 바꾸어 쓰고, 이해하기 힘든 글말체를 알기 쉽게 풀어써야 한다. 각종 부고나 인사장에는 글말체가 많이 쓰인다. 한자어 뒤범벅인 글말체 인사장을 받으면 가슴이 턱 막힌다. 문상을 다녀온 뒤 받은 감사장의 일부분이다.

今般 先親 喪事時 公私多忙하신 中에도 遠近을 不問하시고 鄭重하신 弔慰와 厚意를 베풀어 주신 德澤으로 葬禮를 無事히 마쳤음을 眞心으로 感謝드립니다.

이를 입말체로 풀어 써 보자. '이번에 아버님이 돌아가셨을 때 바쁘신 중에도 찾아오셔서 따뜻하게 위로해 주셔서 감사합니다. 여러분의 도타운 마음 씀씀이에 힘입어 장례를 무사히 마칠 수 있었습니다'로 풀 수 있다. 입말체가 훨씬 편하다는 느낌이 들 것이다.

전체 문장뿐만 아니라 글말체 또는 한자체 단어를 입말체로 풀어쓰면 글 전체가 쉽고 부드럽다는 느낌이 든다. 몇 가지 예를 들어보자. 밑줄 친 이탤릭체 부분을 화살표 오른쪽에 있는 말로 고쳐서 몇 차례 읽어 보면 느낌이 다르다는 것을 알 수 있다.

고쳐쓰기   **입말체로 풀어쓰기**

이 공사로 운행시간이 6시간에서 5시간 반으로 30분 *단축됐다.*
⇨ 줄었다
지난 5년간 경제성장률이 4.5%에서 10%로 크게 *증가했다.*
⇨ 늘었다
정부가 *개최한* 국가성장동력 세미나에서 ⇨ 연
승하차 시 주의할 사항에 대해 설명하다 ⇨ 차를 타고 내릴 때
민주적이고 합리적인 인사행정을 *구현하고* ⇨ 펴고
뼛조각이 발견된 미국산 쇠고기를 *전량 반송키로* ⇨ 모두 돌려보내기로
국민이 실험용 쥐가 되어야 할 *하등의* 이유가 없다 ⇨ 아무런
입장을 *표명해야* 한다 ⇨ 밝혀야
정부는 장관 합동 담화를 발표*하였다* ⇨ 했다
행태가 조금도 변하지 않았음을 *심히 우려하는 바이다* ⇨ 매우 걱정한다

---

3) 뉴스 공급자의 용어를 다시 생각하자

보도자료는 자신의 주장이나 행위가 언론을 통해 널리 알려지길 바라는 사람이 언론에 보낸다. 이들은 자신에게 유리한 방향으로 사안을 해석하고 주장하며, 자신들의 용어를 주로 사용한다. **이런 용어를 무비판적으로 받아들여 사용하면 독자가 이해하기 힘들 뿐만 아니라 독자를 오도할 위험성이 있다.**

이해찬 전 교육부장관이 김대중 정권 초기에 '무시험 전형'이라는 용어를 만들었다. 이 전 장관이 대학입시제도를 고치면서 만든 단어다. 수험생이 시험을 치르지 않고 대학에 갈 수 있다는 어감을 강하게 풍긴다. 당시 교육부에서 근무했던 한 간부는 "이 장관에게 '무시험 전형' 대신 '다양한 전형'이란 용어를 써야 한다고 몇 번이나 말했지만 받아들여지지 않았다"고 말했다. 실제 '학교생활기록부 성적 우수자' 등 특별전형을 통해 시험을 치르지 않고 대학에 갈 수 있는 제도가 도입됐다. 대다수 학생은 여전히 대학수학능력시험과 면접이나 논술, 구술 등 대학별 고사를 치러야 대학에 입학할 수 있었다. 이 용어는 대다수 학생의 현실과 맞지 않았고, 많은 사람이 새로운 대학입시제도를 오해하게 할 소지가 다분했다. 이 때문에 공부를 소홀히 하는 학생이 많아져 '이해찬 세대'라는 용어까지 등장했다. 이처럼 뉴스 공급자가 실상과 맞지 않는 독특한 용어를 쓰면 심각한 부작용이 나타날 수 있다.

뉴스 공급자가 권한과 책임을 지니고 있다면 그 용어를 완전히 무시하기는 힘들다. 이럴 때는 의미를 정확히 풀어 써 줘야 한다. '무시험 전형'은 '일부 특별전형으로 시험 없이 대학에 진학하는 무시험 전형'으로 쓴 뒤 대다수 수험생은 여전히 시험을 치러야 한다는 사실을 명시해야 한다. 기자는 뉴스 공급자의 용어를 비판적으로 해석해야 독자에게 악영향을 미치는 언어중독 현상을 완화할 수 있다.

4. 뉴스는 활극이다

1) 독자와의 커뮤니케이션

독자는 능동적으로 기사를 해석한다. 독자가 기사를 읽어서 얻는 정보에 근거한 사실 판단이나 견해, 감정이 메시지다. 이 때문에 기자가 메시지를 의도적으로 조작하려는 노력은 실패하기 일쑤다. **기자가 메시지를 전달하고 싶으면 자신의 해석이 아니라 정보를 사용해야 한다.** 기자가 사실과 정보에 근거하지 않은 주장을 펴거나 무리한 해석을 시도하면 독자에게 외면당하기 십상이다.

초보자들은 기사를 쓰면서 무가치한 정보 해석을 할 때가 적지 않다. 기사가 담고 있는 사건에 자신의 감정을 담아 표출하기도 한다. 독자가 이런 친절함을 요구하지는 않는다. 기자의 직접적인 메시지 해석은 독자의 능동성을 무시한 결과이기

도 하다. 성추행에 대한 세 가지 간략한 기사를 비교해 보며 이
점에 대해 더 살펴보자.

①	홀로 사는 여자만을 골라 성추행하고 돈을 빼앗은 40대 남자가 경찰에 붙잡혔다. 서울○○경찰서는 평소 여자만 사는 집을 눈 여겨 봤다가 한밤중에 들어가 성추행하고 돈을 뺏은 뒤 경찰에 신고하지 못하도록 협박한 혐의로 김모(41 · 무직 · 서울 강동구 명일동)를 24일 구속했다. 경찰에 따르면 김 씨는 23일 오후 11시경 서울 강동구 명일동 박모(23 · 여) 씨 집의 문을 만능열쇠로 열고 들어가 잠을 자고 있던 박 씨를 추행한 뒤 신용카드를 빼앗고 비밀번호를 알아냈다. 김 씨는 이어 박 씨의 손발을 미리 준비한 끈으로 묶고 "경찰에 신고하면 가만두지 않겠다"고 협박한 뒤 달아나 인근 현금자동인출기에서 50만 원을 빼냈다. 김 씨는 비슷한 수법으로 6월경부터 지금까지 모두 6명의 여성을 성추행하고 700만 원을 빼앗은 혐의를 받고 있다.
②	홀로 사는 여자만을 골라 성추행하고 돈을 빼앗은 <u>흉악한 파렴치범</u>이 경찰에 붙잡혔다. (이하 동문)
③	홀로 사는 여자만을 골라 성추행하고 돈을 빼앗은 40대 남자가 경찰에 붙잡혔다. <u>최근 3달간 서울 강동구 일대 주택가에서 발생한 20여건의 성추행 사건 가운데 범인이 붙잡히기는 처음이다.</u> (이하 동문)

기사 ①은 범인 김 씨의 사건 내용만을 간략히 소개한다. 독자는 이 기사를 읽으면서 이런 사건이 있었다는 것을 알게 되고 주택가에서 일어난 성추행 사건에 대해 여러 가지 생각을 하게 될 것이다. 이 기사를 보고 치안이 불안하다든지, 또는 성추행범에 대한 경각심을 높여야 한다든지 하는 판단은 독자의 몫이다.

　기사 ②는 기사 ①과 밑줄 친 이탤릭체 부분만 다를 뿐이다. 이 기사는 범인을 '흉악한 파렴치범'이라고 묘사했다. 이 범인이 파렴치범인지 흉악범인지는 독자가 판단해야 할 몫이다. 기자의 자의적인 규정이나 판단은 독자에게 방해가 될 뿐이다. 독자가 '흉악한 파렴치범'이란 단어 때문에 김 씨가 얼마나 흉악하고 파렴치한가에 관심을 가질 수도 있다. 기자의 자의적 판단이 눈길 끌기에는 도움이 되겠지만 이 사건 자체의 내용만을 보고 독자가 직접 느끼는 것에는 방해가 될 개연성이 높다. 엄밀히 말하면 기자는 범인이 흉악한지 또는 파렴치범인지를 판단할 수 있는 권한이 없다. 더욱이 기사 내용을 통해 흉악하거나 파렴치하다는 해석의 근거로 작용할 수 있는 사실을 제공하지 못하면 기자의 판단은 우스워진다.

　기사 ③은 밑줄 친 이탤릭체 문장이 들어가 있는 것만 기사 ①과 다르다. 이는 정보라는 점에서 기사 ②의 자의적 판단과는 다르다. 3달간 주택가에서 20건의 성추행 사건 발생과 첫 범인 검거라는 사실이 있다. 기사 ③이 독자에게 주는 메시지는 기사 ①과 다르다. 이 메시지를 더 강하게 전달하려면 첫째 단락을 '최근 3달간 서울 강동구 일대 주택가에서 20여 건의 성추행

사건이 발생한 가운데 처음으로 40대 범인이 경찰에 붙잡혔다. 이 범인은 홀로 사는 여자만 골라 성추행하고 돈을 빼앗았다'라고 쓰면 독자가 느끼는 메시지의 강도는 달라진다.

메시지는 독자에게 기자가 직접 하는 이야기가 아니라 독자가 기사를 읽으면서 얻는 정보에 근거한 판단이나 감정이다. 기자는 독자에게 전달되는 정보를 취사선택하고 전달 분량을 조절하며 그 조합방식을 달리함으로써 독자에게 주는 느낌을 달리할 수 있다.

2) 메시지와 사실의 짜깁기

기사는 사실로 짜인다. 사실이란 실제 존재하거나 벌어진 일이다. 이 사실 가운데 대다수 독자에게 알려지지 않은 것이 바로 정보다. 기사를 쓰기 위해 독자에게 유용한 사실, 즉 정보를 고른 뒤 이를 어떻게 늘어놓느냐가 문제다. 정보를 늘어놓는 방법에 따라 독자가 기사에서 받는 메시지가 영향을 받는다.

메시지는 사실과 사실이 정합성 있게 짜일 때 형성된다. 마치 목수가 집을 지을 때 주춧돌을 놓은 뒤 기둥을 세우고 서까래를 얹듯이 차근차근 논리적인 순서에 따라 사실을 짜서 맞춰야 한다. 기둥이 없거나 지붕을 지지할 수 있는 구조물이 없는 집이라면 건물이 세워지는 것 자체가 불가능할 뿐만 아니라 세워졌더라도 곧 무너지게 된다. 논리적으로 들어맞지 않는 사실이 허술하게 엮인 기사는 독자에게 메시지를 줄 힘을 잃게 된다.

앞의 기사를 다시 살펴보도록 하자

홀로 사는 여자만을 골라 성추행하고 돈을 빼앗은 40대 남자가 경찰에 붙잡혔다.

서울○○경찰서는 평소 여자만 사는 집을 눈여겨봤다가 한밤중에 들어가 성추행하고 돈을 뺏은 뒤 경찰에 신고하지 못 하도록 협박한 혐의로 김모(41 · 무직 · 서울 강동구 명일동)를 24일 구속했다.

경찰에 따르면 김 씨는 23일 오후 11시경 서울 강동구 명일동 박모(23 · 여) 씨 집의 문을 만능열쇠로 열고 들어가 잠을 자고 있던 박 씨를 추행한 뒤 신용카드를 빼앗고 비밀번호를 알아냈다.

김 씨는 *이어 박 씨의 손발을 미리 준비한 끈으로 묶고* "경찰에 신고하면 가만두지 않겠다"고 협박한 뒤 달아나 인근 현금자동인출기에서 50만 원을 빼냈다.*

김 씨는 비슷한 수법으로 6월경부터 지금까지 모두 6명의 여성을 성추행하고 700만 원을 빼앗은 혐의를 받고 있다.

* 범행 수법은 기술하지 않는 게 일반적이다. 여기선 설명을 위해 수법을 넣었다.

이 기사에서 밑줄 친 이탤릭체 부분을 빼고 읽으면 '범인이 달아났는데 왜 즉시 경찰에 신고하거나 카드 회사에 신고해 돈이 인출되는 것을 막지 않았을까?'라는 의문이 들 수도 있다. 논리적인 구조를 갖추지 못하면 독자가 기사의 진실성이나 구체성을 의심한다. 이런 경우 독자는 굳이 메시지를 찾으려 하지 않는다. 기사 내용이 논리적으로 맞아 들어갈 때 독자는 기사에서 메시지를 얻을 여유를 갖게 된다.

사실은 한 문장에서만이 아니라 전체 기사에서 균형 있게 짜여야 한다. 그렇지 않다면 기자가 제시하는 정보가 사실일 거라는 믿음을 독자에게 줄 수 없다. 소설가 안정효 씨는《안정효의 글쓰기 만보》란 책에서 소설 〈하얀 전쟁〉의 한기주가 서울 사직공원에서 변진수를 권총으로 쏴 죽이는 장면을 쓰기 위해 한 노력에 대해 다음과 같이 설명한다.

장편소설의 마지막 두 쪽에 담긴 거짓말을 독자들로 하여금 믿도록 설득하기 위해 나는 300쪽이나 400쪽에 걸쳐 진실만을 이야기하려고 열심히 노력한다.…13년 동안 준비해 온 베트남 전의 소설을 마지막으로 정리하다가, 1984년 여름 이 장면을 쓰기에 앞서서 나는 사직공원으로 답사를 나갔다. 그곳 공원 안의 수영장을 자주 드나들었던 터라 워낙 낯익은 장소이기는 했지만, 한기주가 변진수를 죽이는 상황을 보다 정확하게 묘사하고 싶은 욕심에서였다.… 사직공원을 잘 아는 사람이 내 글을 읽으면 그곳 매점과 다른 모든 시설물의 위치가 당시 그대로라는 사실을 알겠고, 배경을 이루는 상황이 사진으로 찍어놓은 듯 똑같다 보니 독자는 그곳에서 벌어지는 사건도 실제로 그곳에서 벌어졌으리라고 착각하게 되기를 나는 바라고 계산했다. 대낮 그 시간이면 공원에 어떤 사람들이 얼마나 모이는지도 정확하게 옮겨놓았다.…그런 작업이 필요했던 까닭은 우리들의 생활에서 결코 흔하지 않은 살인사건이 실제로 발생한다는 상황을 독자가 사실이라고 믿게 만들려면 다른 모든 요소부터 '진짜'라고 믿게 만들어야 해서였다.

허구인 소설조차 앞뒤가 맞는 사실을 늘어놓지 않으면 독자들은 허술하다는 느낌을 받는다. 사실에 기초한 정보를 전달해야 하는 기사는 말할 것도 없다. 독자는 기사를 읽을 때는 소설을 읽을 때보다 더욱 비판적이다. 소설은 어차피 허구이기 때문이다. 탄탄하게 짜인 사실 관계가 독자에게 믿음을 줄 수 있고, 이 믿음이 있어야 메시지 전달력이 생긴다.

3) 기사는 동영상이다.

소설 〈하얀 전쟁〉의 마지막 장면을 읽어 보자.

나는 권총으로 변진수의 목을 겨누었다. 공중전화 옆에서 연애를 하던 아이들과, 벤치에 앉아 정체된 시간을 새김질하던 노인들과, 혹시 길을 잃으면 연락을 해달라고 국민학교 학생의 콧물손수건처럼 전화번호를 가슴팍에 달고 철책 앞에서 오락가락하던 풍 맞은 할머니와, 사철나무 울타리 앞에서 사진을 찍던 젊은 남녀와, 청량음료를 팔던 가게 주인이 무슨 영화라도 촬영하는 줄 알았는지 호기심이 어린 표정으로 우리 두 사람을 쳐다보거나 촬영기가 어디 있는지 두리번거렸다.

나는 방아쇠를 당겼다. 변진수의 얼굴이 마지막으로 또 한 번 공포와 경악의 표정을 짓더니 부서졌고, 총성이 아득하게 울렸고, 근처에 있던 사람들이 놀라서 도망치기 시작했다.

이 대목을 읽으면 권총을 겨누는 걸 본 사람들이 어리둥절하는 광경과 혼비백산하는 모습이 머릿속에 떠오른다. '호기심 어린 표정', '촬영기사가 어디 있는지 두리번거렸다', '도망치기 시작했다' 등의 표현에서 등장인물의 동작이 느껴진다. 만일 '무슨 영화라도 촬영하는 줄 알았는지 호기심이 어린 표정으로 우리 두 사람을 쳐다보거나 촬영기가 어디 있는지 두리번거렸다'는 문장을 '어리둥절했다'로 바꾸면 어떻게 될까. 독자의 상상력은 크게 떨어진다. 구체적인 동작이나 상황을 통해 독자가 상상으로 도달해야 할 감정을 직접 들이대면 독자는 감흥하지 않는다.

기사나 소설은 동영상이 아닌 글자지만 그 효과는 동영상과 비슷한 역할을 한다. 독자의 상상력을 자극하려면 사실을 충실히 옮겨 주어야 한다. **독자는 그 사실을 바탕으로 머릿속에서 동영상을 만들어내고, 그 인상을 오래 간직하게 된다.** 사실은 단지 정보만을 담지 않고, 정보에 담긴 인상을 독자들의 머릿속에 만들어 낸다.

서울지하철 노조의 파업을 예로 들어 보자. 파업이 일어나면 전동차의 운행간격이 넓어지고, 전철을 타려는 사람들로 승강장은 북적이게 된다. 이 광경을 묘사한 두 가지 기사를 보자.

①	서울지하철 노조가 파업에 들어간 29일 오전 서울 전철 1, 2호선 환승역인 신도림역은 하루 종일 붐볐다. 이날 오전 8시경 승강장은 발을 디딜 틈이 없었다. 청량리행 전동차가 승강장에 멈추자 승객들은 서로 타려고 아귀다툼을 벌였다. 이미 전동차 안은 만원이었지만 승객들은 비집고 들어가려고 애를 썼고, 전동차는 문을 닫지 못해 출발이 상당히 지연됐다.
②	서울지하철 노조가 파업에 들어간 29일 오전 서울 전철 1, 2호선 환승역인 신도림역. 이 역은 항상 붐비는 곳이지만 이날은 평소보다 2배 이상 많은 1,000여 명의 이용객이 승강장에서 전동차가 오기만을 기다렸다. 이날 오전 8시경 승객들이 승강장으로 이어지는 계단까지 들어찼다. 이미 만원이 된 청량리행 전동차가 멈춰 섰다. 전동차 안에 '아저씨 비켜 주세요. 내려야 해요'라는 아가씨의 숨찬 목소리가 들려왔다. 한 차량에서 10여 명이 간신히 내리자마자 승객 100여 명이 이 차량의 출입문으로 몰려들었다. 비집고 들어가려는 승객들로 인해 문을 닫지 못한 전동차가 2분 이상 멈춰 서자 안내 방송이 흘러나왔다. "다음 차량을 이용해 주시기 바랍니다." 갈 길이 바쁜 승객들은 이 방송을 듣지 못한 듯했다.

기사 ①은 기자가 현장에서 보고 느낀 걸 전달하고 있지만 기사 ②는 현장에서 벌어진 사실을 전달하고 있다. 첫 기사를 바탕으로 영화를 찍는다면 승강장을 메울 단역 배우를 얼마나 동원해야 할지 모를 것이다. 둘째 기사에선 배우의 수를 금세 알 수 있다. 또 둘째 기사에선 등장인물의 대사가 나와 있다. 평소 신도림역을 이용했던 독자는 파업 당일의 상황을 짐작하고, 머릿속에 그 모습을 그려볼 수 있을 것이다. 첫 기사를 본 독자는 이런 상상을 하기가 힘들다. 단지 신도림역이 많이 붐

벴다는 기자의 판단만을 전달 받았기 때문이다.

잘 짜인 사실은 독자를 생각하고 상상하게 한다. 기사가 제시한 사실을 바탕으로 독자가 실제 벌어진 일을 상상할 수 있는 토대를 제공한다면 좋은 기사다. 어떤 일이 벌어졌는지 구체적으로 알 수 없으며 기자의 느낀 점이 부각된 기사는 좋은 기사라 할 수 없다.

5. 스토리의 재구성

1) 기사는 불완전하다

2001년 미국 뉴욕에서 터진 9·11 테러를 알리는 기사의 앞부분을 살펴보자.

> 미국 뉴욕의 110층짜리 세계무역센터와 워싱턴의 미 국방부, 국무부, 펜실베이니아주 피츠버그의 공항 등 여러 곳의 대형빌딩과 시설물이 11일 거의 동시에 항공기 또는 폭탄을 실은 차량의 테러 공격을 받는 사상 초유의 대사건이 발생했다.
> 동시다발적인 테러가 발생하자 백악관을 비롯한 의사당 국방부 재무부 등 미 관청가와 유엔본부 등 주요건물에 비상 철수령이 내려졌고 워싱턴 및 뉴욕시민들도 지하실 등으로 대피하는 아수라장이 벌어졌다.
> － 〈동아일보〉 2001년 9월 12일 자

11일 오전(현지시각) 미국 뉴욕의 무역센터 건물과 워싱턴의 국방부 등 정부 건물이 동시다발 테러 공격을 받아, 무역센터 건물 2동이 붕괴하면서 1만 명 이상의 대규모 인명피해가 발생하고 대혼란이 야기되는 등 미국에서 대참사가 발생했다.

부시 미국 대통령은 이를 '명백한 테러 공격'으로 규정하고, 전군에 최고 수준의 경계령을 발령했다. 또 워싱턴 DC에 비상사태가 선포됐으며, 뉴욕 항에 항공모함이 급파됐다고 CNN이 보도했다.

– 〈조선일보〉 2001년 9월 12일 자

미국이 11일 뉴욕과 워싱턴 등에서 발생한 동시다발 테러로 역사상 최악의 혼란 상태에 빠졌다. 이날 오전 8시 42분(한국시간 밤9시42분)과 9시(한국시간 밤 10시)께 뉴욕의 세계무역센터 쌍둥이 건물이 각각 소형 비행기에 들이 받혀 붕괴됐으며 워싱턴의 의사당과 국무부와 국방부 건물 등도 테러 공격을 받았다.

현재까지 사상자의 숫자는 정확히 집계되지는 않았으나 수천 명의 사상자가 발생한 것으로 추정된다. 미국 언론들은 상상 할 수 없을 정도의 사상자와 피해가 발생했다고 보도했다.

– 〈한국일보〉 2001년 9월 12일 자

이들 세 신문의 기사는 차이가 있다. 우선, 사상자 수에 대해 〈조선일보〉는 1만 명 이상이라고 했으나 〈한국일보〉는 수천 명이라고 보도했다. 〈동아일보〉는 항공기 또는 폭탄을 실은 차량의 테러 공격이라고 보도했으나, 〈한국일보〉는 소형 비행기가 들이 받았다고 전했다. 〈동아일보〉는 피츠버그 공항도 테러 공격을 받은 것으로, 〈한국일보〉는 워싱턴의 국회의사당과 국무부 건물도 테러를 당한 것으로 보도했다. 몇 가지 사실이 다를 뿐더러 기사 구성에도 차이가 있다. 각 기사의 첫 번째 문단은 미국의 주요 기관이 테러 공격을 당했다는 데 초점을 맞췄지만 두 번째 문단의 초점은 다르다. 〈동아일보〉는 아수라장이 된 상황을, 〈조선일보〉는 미국의 대응을, 〈한국일보〉는 사상자 규모에 대해 썼다.

같은 사건을 보도하는데 왜 이런 차이가 나는 것일까. 사건이 터지자마자 마감 시간 때문에 전체 상황이 모두 드러나기 전에 보도된 기사의 한계다. 이 사건은 이슬람 테러조직이 여객기를 납치해 벌인 테러극이다. 이 기사가 보도될 당시 누가 어떤 경위로 테러를 했는지 알려지지 않은 상황이었다. 단 하나 명확한 것은 세계에서 높은 빌딩에 속하는 세계무역센터가 테러로 무너졌으며, 그 건물에 있던 많은 사람이 죽거나 다쳤다는 사실이다. 몇 명이나 숨졌는지, 세계무역센터를 들이받았다는 비행기는 여객기인지 소형 비행기인지도 불명확했다. 이런 상황에서 외신이 중구난방으로 전하는 소식을 모아서 쓴 기사가 실제와 차이가 나는 건 당연한 일이다.

기자는 사안을 정확히 파악해 사실과 한 치도 어긋남이 없는 기사를 써야 한다는 건 이상론이다. **언론은 중요한 사건이 터지자마자 보도한다. 진상이 밝혀지려면 최소한 며칠, 몇 달이 걸리기도 한다.** 기자가 알고도 못 쓰거나 안 쓰는 게 아니고 정말 모르기 때문에 세부 사항을 정확히 기술할 수 없는 기사는 언제든지 찾을 수 있다.

부정확한 사실로 뒤범벅이 된 기사가 독자에게 효용성 있는 정보를 전달할 수 있을까. 더 나아가 기사로서 가치를 지닐 수 있을까. 답부터 말한다면 독자에게 효용성이 있을 뿐만 아니라 기사 가치도 높다.

기사의 중요한 요소 가운데 하나는 시의성이다. 시쳇말로 타이밍을 놓쳐서는 안 된다. 김연아 선수가 금메달을 딴 사실을 곧바로 알리는 기사와 하루쯤 늦게 나온 기사는 어떤 차이가 있을까. 속보는 독자에게 신선한 뉴스, 다른 사람과 이야기할 수 있는 거리를 준 셈이다. 하루쯤 늦은 기사는 독자에게 낡은 뉴스, 다른 사람이 대부분 알고 있어 새로운 화제로 삼기에는 부적절한 이야기 거리를 준 셈이다.

분초를 다투는 사건이 아니더라도 첫 보도가 완벽한 보도보다 중요한 기사도 있다. 박종철 군 사망사건이 그런 경우다. 당시 공안당국은 박 군의 사망 사실 자체를 숨기려 했지만 언론 보도로 진상이 드러났다. 불완전하더라도 박 군이 공안당국의 조사를 받다 숨졌다는 기사는 정국을 뒤흔들 파괴력이 있었다. 이 사건의 진실은 이후 몇 년에 걸쳐 밝혀졌다. 집권 세력이나 특정 세력이 감추고 싶은 사건의 첫 보도는 불완전한 경우가 많다.

경기 성남시 대장동 개발에 관한 기사는 대통령 선거 정국에 영향을 미칠 정도로 큰 사안이었지만 첫 기사는 불완전했다. 이후 여러 언론의 후속 보도가 이어지고 검찰, 경찰이 수사에 나서면서 전모가 하나씩 드러나기 시작했다. 이 사건에 대한 법원의 판결이 확정되기까지 앞으로도 몇 년이 걸릴 것이다.

2) 기자는 현장에 없다

9·11 사건이나 박 군 사건을 기자가 현장에서 지켜봤다고 가정하자. 기자는 비행기가 날아와 세계무역센터를 들이받았는지 아니면 폭탄을 실은 차량이 건물을 들이받았는지를 명확히 알 수 있을 것이다. 박 군 사건에 대한 경찰의 첫 발표는 주먹으로 탁자를 '탁' 치니 박 군이 '억' 하고 죽었다는 것이었다. 이 말로 당시 정부는 웃음거리가 됐다. 수사관이 탁자를 '탁' 쳤는지, 박 군의 반응은 어땠는지 알 길이 없다. 기자(객관적 인물)가 현장을 보고 이를 밝히지 못했기에 생기는 일이다. 당시 그런 일이 일어나기 힘들다는 언론의 의혹 제기가 있었을 뿐이다.

불행히 기자가 현장을 직접 보고 쓴 기사는 거의 없다. 인터뷰나 르포 기사는 예외다. **기자는 어떤 일이 벌어졌다는 소식을 듣고 현장을 가거나 목격자나 사건 관계인을 인터뷰하거나 현장 보고서를 살펴서 사후 취재해 밝혀낸 사실을 바탕으로 기사를 쓰는 게 일반적이다.**

사후 취재를 통해 쓴 기사의 예를 살펴보자. 다음은 〈동아일보〉 1991년 4월 27일 자에 실린 명지대생 강경대 군의 사망 경위를 전한 필자의 기사다.

80

26일 오후 4시경 서울 서대문구 남가좌동 명지대 앞. '구속 학우 석방하라'는 등의 구호를 외치며 교문 밖 도로까지 진출한 명지대생 400여 명은 경찰이 최루탄을 쏘아대자 돌과 화염병으로 응수했다. 학교 앞 도로 200여m는 이들이 주고받은 최루탄과 화염병으로 순식간에 전쟁터로 변했다.

　　학생들은 300여 명의 시위 본대와 1백여 명의 선봉대로 나뉘어 있었다. 선봉대는 본대와 1백여m 이상의 거리를 두고 경찰과 최일선에서 대치하고 있어 본대로부터 전체적인 전황과 경찰의 동정을 연락받아야 했다. 이 학교 경제학과 1학년생 강경대군(19)은 동료 학생 2명과 함께 '연락조'로 시위에 참가했다. 강 군은 활동하기 편하도록 다른 시위 참가 학생과는 달리 화염병이나 돌을 들지 않았다.

　　경찰은 시위대와 직접 맞서는 진압복 차림의 의경 2개 중대와 사복체포조 1개 중대로 구성되어 있었다. 사복체포조는 학교 앞 골목에 2개 소대가, 학교 옆 골목에 1개 소대가 배치돼 학생들의 움직임을 살피고 있었다.

　　학생과 경찰은 일진일퇴의 공방을 주고받으며 치열한 접전을 계속했다. 오후 4시 15분 경 학생들이 던진 화염병 한 개가 사복체포조 중 한 명의 뒷머리에 맞아 사복 경찰관의 온몸이 화염에 휩싸였다. 이 광경을 본 사복체포조들은 흥분하기 시작했다. "다 죽여 버린다. 물러나지 말고 맞붙어…"는 등의 소리가 사복체포조의 대열에서 터져 나왔다.

　　오후 5시10분 경 학생들과 경찰은 10여m 거리를 두고 다시 대치했다. 강 군은 이때 최루탄으로 자욱한 도로를 뛰어다니며 본대와 선봉대 사이를 이어 주고 있었다. 갑자기 '와' 하는 함성과 함께 쇠파이프를 든 사복체포조 2개 소대가 학교 앞 골목길에서 뛰쳐나와 시위 본대와 선봉대 사이로 뛰어들었다. 이들은 검은색 테이프로 감은 1.2m길이의 쇠파이프를 휘둘렀다. 기습당한 학생들은 놀라 학교 안으로 도망치기 시작했다.

입학한 지 두 달이 채 지나지 않아 시위 경험이 별로 없는 강 군은 도주로를 차단당하자 순간적으로 당황해 어찌할 바를 몰라 하다가 오른쪽으로 50여m거리의 벽돌이 허물어져 높이가 1.5m밖에 되지 않는 담 쪽으로 뛰었다. 강 군을 담을 손으로 짚고 넘으려다 사복체포조에 의해 발목이 잡혔다.

강 군은 담 아래 인도로 나뒹굴었다. 사복체포조 5, 6명은 쓰러진 강 군을 둘러싸고 발길로 차고 쇠파이프로 내리쳤다. 강 군은 금방 축 늘어졌다. 그러자 사복체포조는 강 군의 양팔을 잡고 5, 6m가량 끌고 갔다. 이를 본 명지대생들은 화염병과 돌을 던져 이들을 쫓아냈다.

강 군은 벌떡 일어나 다시 담을 손으로 짚었으나 힘없이 쓰러졌다. 명지대생들은 쓰러진 강 군을 학교 내 보건소로 급히 옮겼으나 이때 강 군은 이미 숨진 뒤였다.

필자는 사건 당일 오후 6시경에야 서울 신촌 세브란스 병원 응급실로 가는 선배의 지시를 받았다. 무슨 급한 일이 벌어졌음을 직감했다. 선배는 다시 전화를 걸어 "무슨 일인지 아느냐"고 물었다. "모르는데요"란 대꾸에 "대학생이 시위 도중 숨졌다"는 답이 돌아왔다. 당시 응급실에 기자가 접근할 수 없었다. 〈동아일보〉 사건기자 팀은 강 군이 어떤 과정을 거쳐 숨졌는지를 기사화하기로 했다. 시위를 현장에서 지켜본 기자는 아무도 없었다. 10여 명의 기자들이 강 군이 숨진 명지대 앞으로 가서 취재를 시작했다. 명지대생들을 만나 당시 시위 진행 과정을 자세히 듣고 강 군이 시위에서 맡았던 역할 등에 대해 취재했다. 또 명지대 앞 상가 상인들로부터 당시 상황을 전해

들었다. 경찰에게도 시위 진행 상황을 취재했다. 기자들은 다시 모여 취재 내용 가운데 공통되는 부분만 간추렸다. 강 군이 시위대에서 맡은 역할 등은 시위를 주도한 명지대생만의 이야기로 충분히 확인할 수 있는 사안이었다. 하지만 강 군이 경찰에게 맞는 광경 등은 명지대생의 이야기만으론 불충분했다. 명지대생은 강 군에게 우호적일 수 있기에 제3자인 상인들의 증언이 필요했다.

취재 메모는 이 기사의 10배 분량 정도였다. 이 기사는 당시의 상황과 사건 경위를 시간 순으로 재구성한 것이다. 이 기사에선 시위 상황, 숨진 강 군의 역할, 경찰의 배치, 동료의 부상에 자극받은 경찰, 경찰의 시위대 갈라치기, 고립된 강 군, 강 군의 도주 시도, 경찰의 폭행, 명지대생의 대응 및 강 군의 사망 등이 이야기의 구성 요소가 됐다.

기사는 목격자 한두 명의 이야기보다 입체적이고 종합적일 수 있다. 큰 사건이 벌어지면 한 사람이 관찰할 수 있는 범위는 제한적이다. 건물의 앞과 뒤에서 동시에 사건이 발생했을 때 앞에 있던 목격자와 뒤에 있던 목격자가 본 사실은 다르다. 대부분 목격자는 자신이 본 사실을 진실이라고 믿는다. 이는 진실이지만 전부는 아니다.

기자가 현장에서 세계무역센터가 테러로 무너지는 장면을 봤더라도 자신의 눈과 귀만을 믿고 기사를 쓰면 반쪽짜리, 때로는 10분의 1쪽짜리 진실만 독자에게 전하게 된다. 기자가 직접 봤더라도 잘못 본 장면이 있거나 놓친 장면도 있을 수 있다. 기자는 자신이 본 것을 확인하기 위해 옆 사람에게 같은 장면을 보았는지를 물어봐야 한다. 또 자신이 보지 못한 일들이 벌어졌는지를 살펴야 한다. 비행기가 세계무역센터를 들이받을 때 이 건물 안에 있던 사람들은 어떤 충격을 받았는지, 어떻게 행동했는지도 취재해야 한다. 건물 안에 있던 사람들이 대피할 수 있었는지, 대피했다면 어떤 길을 통해 대피했는지도 캐물어야 한다. 이 비행기가 여객기인지, 이 비행기에 타고 있던 사람들은 누구였는지도 취재해야 한다. 이런 취재는 사안을 종합적으로 판단하고 기사를 쓰기 위한 필수 조건이다.

기사는 스토리의 재구성이다. 목격이나 취재는 모두 스토리의 재구성에 필요한 걸 모으는 과정이다. 관련된 사실을 비로 쓸어 담듯이 일단 모아 놓고 생각해야 한다. 이 사실의 유용성은 뒤에 판단할 일이다. 일반적으로 소재가 풍부해야 이야기를 잘 만들어 낼 수 있다. 소재를 찾으면서 이야기가 어떻게 흘러가는지 염두에 둬야 한다. 취재 중에 잠시 짬을 내서 모은 사실을 살펴보고 스토리를 구성할 때 필요한 것이 무엇인지 점검하는 게 좋다. 사건 현장에서 열심히 취재하고도 기사를 쓸 때 반드시 필요한 요소가 부족해 당황한 후일담을 늘어놓는 기자가 적지 않다.

3) 취재 내용을 다 쓰지 마라

애써 취재한 소재가 기사 작성에 쓸모없는 경우가 적지 않다. 실망할 일은 아니다. 남은 소재가 많을수록 좋은 기사일 가능성이 높다. 버려진 소재는 상황 파악에 이미 사용됐다. 기자는 스토리를 구성하는 데 필요한 소재를 취사선택한다. 역설적이지만 버려진 소재가 많을수록 채택된 소재는 그만큼 가치가 있다. 경쟁력이 있는 소재만 남았기 때문이다.

기사를 쓸 때는 모은 소재가 모두 사실이라 생각하고 무작정 사용하지 말아야 한다. 기자는 관찰자여서 내부 사정을 속속들이 알기에는 한계가 있다. 내부 사정을 아는 사람의 이야기도 중요한 사실은 다른 사람에게 재확인하는 게 안전하다. 당사자의 오해에서 비롯된 이야기일 수도 있기 때문이다. 불확실한 한두 개 사실이 기사 전체를 망치기도 한다.

어떤 소재를 버리고 어떤 소재를 취할 것인가. 우선 직접 목격자와 목격담의 전언이 있다면 직접 목격담을 더 중시해야 한다. 목격담은 전언 과정에서 왜곡될 개연성이 있다. 전달자가 이야기를 자신의 방식대로 해석해 전달하기 쉽다. 몇 가지 사실을 빼고 전달할 개연성도 있다. 현장의 생동감도 목격자의 이야기에 비해 부족할 것이다. 둘째, 가해자보다 피해자의 이야기에 무게를 둬야 한다. 때린 사람은 기억하지 못해도 맞은 사람은 기억한다. 피해자는 가해자에 비해 당시 상황을 정확히 기억하는 경우가 많다. 단, 사건의 단초에 대해서는 주장이 엇갈리는 경우가 흔하다. 서로에게 책임을 전가하고자 하기 때문이다. 셋째, 객관적인 관찰자의 이야기를 판단의 잣대로 삼아야 한다. 사건과 아무런 이해관계가 없는 사람은 객관적인 이야기를 할 가능성이 높다. 객관적이라고 여겨지는 여러 사람의 이야기가 일치하면 더욱 좋다. 넷째, 사건의 주요 흐름과 곁가지를 구분해 곁가지부터 버려야 한다. 사건의 주요 흐름이란 사건 구성의 필수 요소다. 이를 빼면 사건 전반에 대한 이해가 힘들어진다.

기자는 직접 취재한 소재에 대한 애착이 강한 편이다. 이 때문에 당연히 의심해 봐야 할 대목을 그냥 지나치기도 한다. 이를 버리기는 쉽지 않다. 들인 시간과 노력이 클수록 집착도 커진다. 해당 소재가 정말 필요한지는 일단 그 소재를 포함해 기사를 쓴 뒤 그 대목을 삭제해 보면 알 수 있다. 그 소재가 없더라도 기사가 훌륭히 구성되었다면 그 소재를 고집할 이유가 없다. 꼭 필요한 것이라 여기던 소재를 다른 소재로 바꿔 보면 소재의 필요성 여부는 더욱 명백해진다. 바꿔치기한 기사가 더 좋다면 그 소재는 효용성이 떨어진다고 간주할 수 있다.

6. 진실만을 담는 그릇이다

1) 사실을 조작하지 마라

기사를 쓰면서 소재가 부족하다고 느낄 때가 적지 않다. 충분히 취재했다고 생각했지만 더 필요한 소재가 한둘이 아니라는 걸 뒤늦게 깨닫기도 한다. 취재 과정에서 사건을 재구성하는 데 근간이 되는 요소를 때때로 챙기지 않았다면 이런 일이 벌어질 개연성이 커진다. 취재를 마치면 취재원이나 현장이 사라지기 일쑤여서 다시 취재하기도 쉽지 않다. 소재가 부족하다면 어떻게 해야 할까. 추가 취재가 유일한 답이다. 취재하면서 만일을 대비해 목격자나 취재원의 연락처를 확보해 두면 좋다. 기사를 둘러싼 분쟁에 대비해서도 이렇게 해야 한다.

취재 이후 상황이 바뀌거나 다른 일이 또 벌어진다면 기자는 다시 취재해야 한다. 목격자나 취재원의 증언과 다른 증거나 제3의 증언이 나온다면 진위를 가려야 할 때도 있다. 이해관계나 비리가 얽혀 있는 사건일수록 연속 취재 또는 추가 취재가 필요할 때가 많다.

소재가 부족하면 몇 가지 불미한 일이 벌어질 개연성이 있다. 첫째, 기사의 완성도가 떨어져 독자의 만족도가 낮아진다. 기사가 핵심을 제대로 설명하지 못하거나, 세부 묘사가 부족하면 기사의 가치가 낮아지고 기자는 독자의 신뢰를 잃게 된다.

둘째, 추정에 의한 기사의 생산이다. 기자가 소재가 부족해 스토리 구성에 있어 간극이 생기면 상식적으로 추정한 내용을 쓸 개연성이 있다. 이런 기사는 맞을 수도, 맞지 않을 수도 있다. 강도가 젊은 여자가 사는 집에 들어가 여자의 손발을 묶고 돈을 털어 달아난 사건이 발생했다고 치자. 한 기자가 강도가 집에 강제로 침입한 흔적(예: 떨어진 문고리, 마루의 신발 자국 등)이 없자 여자와 강도가 서로 아는 사이라고 추정해 기사를 썼다고 가정하자. 실제 피해자가 아는 남자에게 문을 열어 주고 이 남자가 강도로 돌변했을 수도 있다. 이 경우 이런 추정은 합리적이며 성공적이다. 피해자가 실수로 문을 잠그지 않고 잠들었으면 어떻게 될까. 강도가 유유히 문을 열고 들어와 신발을 벗고 마루를 거쳐 여자가 자는 방에 들어갈 때까지 여자가 몰랐을 수도 있다. 이 경우 이런 추정은 실패다.

기자가 추정을 기사화할 때는 독자가 이를 알 수 있게 해줘야 한다. 이는 독자의 혼선을 막는 장치다. 예컨대 '경찰은 여자가 평소 얼굴을 아는 범인에게 문을 열어 줬을 수도 있다고 보고 수사 중이다'라는 문장이 있다면 독자는 추정이란 걸 알 수 있을 것이다.

셋째, 가공의 인물이나 사실을 만들어 내는 조작이다. 한국에서도 이런 종류의 기사가 가끔 등장하지만 큰 사회문제가 된 적은 별로 없다. 1988년 88올림픽 당시 한 조간신문이 김포공항으로 입국한 아프리카의 유명 마라토너의 인터뷰 기사를 실었다. 이 마라토너는 입국 예정이었지만 비행 일정이 바꿔어 입국하지 않은 상태였다. 기자가 마라토너의 입국 예정일만 확인하고 인터뷰를 한 것처럼 지어서 쓴 기사였다.

1981년 4월 19일 자 〈워싱턴포스트〉의 1면 머리기사는 이렇게 시작한다.

"실존 인물이 아닌 지미(헤로인에 중독된 8세 소년)의 이야기는 워싱턴시를 뒤흔들고 추적보도로 워터게이트 사건을 밝혀낸 자랑스러운 전당인 〈워싱턴포스트〉를 모독했다. 그 기사는 영예를 차지했으나 거짓말이다. 독자들에게 엄청난 실수를 해명하지 않을 수 없다. 그런 일이 어떻게 일어났는가? 왜?"

〈워싱턴포스트〉의 여기자 재닛 쿡는 어머니의 남자 친구로 인해 헤로인에 중독된 8살 흑인 어린이 지미의 이야기로 마약에 대한 경각심을 불러일으켜 퓰리처상을 받게 됐다. 그는 지미를 찾는 데 사회의 관심이 집중되자 기사가 조작됐음을 시인하고 퓰리처상을 반납했다.

〈뉴욕타임스〉는 2003년 5월 11일 자 1면에 제이슨 블레어 기자가 작성한 기사 73건 가운데 36건이 기사의 발신지와 날짜를 허위로 적거나 취재원의 코멘트를 조작하는 등 문제가 있는 것으로 드러났다는 장문의 사과 기사를 실었다. 블레어 기자는 2002년 가을 미국을 뒤흔든 워싱턴 주변의 무차별 총격사건의 용의자 체포상황이나 범행 동기에 대해 특종을 했으나 취재경비 영수증을 조사한 결과 당시 사건 현장이 아닌 뉴욕에 있었던 사실이 드러나기도 했다. 이 밖에도 〈USA투데이〉의 잭 켈리가 가공의 취재원을 꾸며 내는 등 기사를 조작한 사실이 드러났는가 하면 〈보스턴글로브〉의 유명 칼럼니스트 패트리샤 스미스는 4편의 칼럼에 가공의 인물을 등장시켰다가 공개 사과를 해야 했다.

기사 소재의 가공이나 조작, 추정은 언론의 목을 조르는 행위다. 미국 하버드대 니먼언론재단의 큐레이터인 빌 코바치는《저널리즘의 기본요소》란 책에서 저널리즘의 첫째 의무는 진실 추구라고 단언한다. 독자는 자신이 읽은 기사에 실린 정보가 진실이기를 바란다. 뉴스는 자신의 힘이 미치지 않는 세계에 관해 알고 생각하는 재료이기 때문에 정보 자체가 쓸모 있고 신뢰할 수 있어야 한다. 진실과 정확성은 언론의 마케팅에서도 중요하다.

영국 최초의 일간지는 '가장 유익하고 가장 확실한 정보'에 의존한다고 주장했으며, 프랑스 최초의 신문은 창간호에서 '진실을 추구함에 있어 어느 누구에게도 양보하지 않을 것이다'라고 약속했다. 이러한 진실성에 대한 약속은 미국, 독일, 스페인 등 여러 나라의 신문에서 공통적으로 발견된다. 퓰리처는 자신이 운영하던 〈뉴욕 선〉(New York Sun)의 모토를 '정확성, 정확성, 정확성'으로 삼아 황색 저널리즘이 판치던 시대에 독자의 신뢰를 얻었다.

〈워싱턴포스트〉에는 '카이저-위긴스' 법칙이란 게 있다. 이 신문의 편집국장을 지낸 로버트 카이저는 편집인이었던 J. 러

셀 위긴스의 주장을 빌어 이 법칙을 소개했다. 그는 일반 독자에게 적어도 발생 당일의 뉴스 기사에서는 분석적이거나 주관적인 내용을 배제하고 오로지 사실만을 전달해야 한다는 강한 소신을 보였다. 사건의 동기나 계기를 찾거나 주관적인 판단을 전하기 전에 일어난 그대로의 사실만을 순수하게 전달한다면 독자들이 신문에 박수갈채를 보낼 것이라는 생각이다. 실제로 기자는 단순한 사실 그 자체를 넘어서는 내막이나 감춰진 진실을 기사에 담고 싶어 한다. 이런 욕망을 채워 줄 소재를 발견할 수 없으면 드러난 사실만을 그대로 전달하는 게 낫다. 추정이나 조작으로 기사를 부풀리면 본래 의도했던 완벽성은 사라지고 독자의 불신만이 남게 된다.

2) 기사는 정확해야 한다

기사의 공정성이란 무엇일까. 기자가 생각하는 공정성과 독자가 생각하는 공정성에는 차이가 있다. 미국 프리덤 포럼(Freedom Forum)은 언론의 공정성 기준을 끌어올리기 위해 1998년부터 1999년까지 '자유언론, 공정언론' 프로젝트를 수행해 두 건의 보고서를 냈다. 이 보고서에 따르면 독자는 공정성을 언론인보다 폭넓게 정의하고 있다. 독자는 언론인의 직업적 활동과 신문 편집에서도 공정성이 발휘되기를 기대한다. 기자들은 한쪽으로 치우치지 않는 보도를 공정한 보도라고 생각하지만 독자는 언론인의 전반적인 행태에서 공정성을 찾는다.

공정의 사전적 정의는 "한쪽으로 치우치지 않는, 공평한, 이치나 도의에 합당한, 편견 없는, 정실이나 편견에서 벗어난, 선입견을 갖지 않는, 개인적 믿음이나 감정에 사로잡히지 않는, 모든 당사자에게 정당한" 등이다. 독자는 언론의 공정성과 신뢰도 확보 노력이 취재원을 만나는 순간부터 기사작성, 편집, 독자의견 수용 등 다양한 방향에서 이뤄지길 기대한다.

프리덤 포럼의 회장 겸 CEO인 찰스 L. 오버비는 '**정확성(accuracy)＋균형의식(balance)＋완전성(complete-ness)＋편견배제(detachment)＋윤리성(ethics)＝공정성(fairness)**'란 공식을 내놓았다. 독자는 기사에 나타난 사람의 이름이나 전화번호가 부정확해도 기사가 불공정하다고 생각한다. 또 기사에 균형감이 없거나 내용이 충실하지 않거나 편견이 들어 있어도 불공정하다고 생각한다. 기자의 활동이나 기사가 비윤리적일 때도 공정하지 않다고 판단한다. 공정성에 대한 사전적 정의와 독자가 생각하는 공정성에는 큰 차이가 있다.

독자는 기사의 단순한 사실 오류에도 공정성이 낮다고 생각한다는 점에 주목해야 한다. 신문의 평판은 정확성에 좌우된다. 신문의 내용을 채우는 모든 사람, 즉 취재와 기사작성뿐만 아니라 통계수치를 도표나 그래픽으로 만들고 기사를 편집하며 제목을 뽑고 여러 가지 사실을 조사하는 역할을 하는 사람도 정확성을 중시 여겨야 한다.

7. 기사는 두 가지밖에 없다

1) 스트레이트

기사의 종류는 몇 가지나 될까. 분류 방법에 따라 다르다. 발생지역에 따라 국내뉴스와 국제뉴스로 나뉠 수 있다. 공급자를 중심으로 나누면 언론사가 직접 생산하는 자급뉴스와 통신이나 외신에서 공급되는 타급 뉴스로, 주제별로 나누면 정치, 경제, 사회, 문화, 과학, 스포츠, 국제뉴스 등으로 구분된다. 사회뉴스라도 복지, 교육, 법률, 사건, 노동 등 세부 주제로 나뉠 수 있다. 기사 형태로 나누는 방법도 있다. 스트레이트, 인터뷰, 해설, 기획, 르포, 탐사보도, 시리즈, 비평, 칼럼, 사설 등 여러 가지다. 기사 기법이 발달하면서 인터랙티브 기사도 나오고 동영상 기사도 나온다. 소설 기법을 사용하는 내러티브도 있다. 기사의 종류는 늘 새롭게 추가될 수 있다. 기사 종류가 몇 가지라고 단정적으로 말하긴 쉽지 않다.

기사를 크게 두 가지로 분류하는 방법도 있다. **논평이나 의견이 있느냐가 기준이다. 논평이나 의견 없이 사실을 있는 그대로 보도하는 기사를 '스트레이트(Straight)', 논평이나 의견을 넣은 기사를 '피처(Feature)'라고 부른다.** 객관적인 뉴스 보도가 스트레이트이며 스트레이트와 광고를 뺀 나머지는 피처 기사라고 생각하면 된다.

스트레이트의 사전적 정의는 '일직선의, 곧은, 조리가 정연한, 숨김없는, 정직한, 정돈된, 틀림없는' 등이다. 이런 정의는 스트레이트의 속성과 일치한다. 새로운 뉴스거리를 정직하고도 조리 있고 논리정연하게 정리해 독자에게 직설적으로 전달하는 기사가 스트레이트다. 스트레이트는 독자에게 새로운 정보가 들어 있는 뉴스를 전달하는 데 주로 쓰인다.

정보전달의 효율성을 위해 스트레이트는 간결하고 명확해야 한다. 첫 문장에 핵심적인 내용을 담는다. 이 점에서 단순사건을 알리는 스트레이트는 언론사를 불문하고 유사해지는 경향이 있다. 동일 사건을 보도한 몇 개 신문의 스트레이트 첫문장을 비교해 보자.

현직 고등법원 부장판사(차관급)가 판결 결과에 불만을 품은 전직 대학교수가 쏜 석궁 화살에 맞아 부상하는 초유의 법관 테러 사건이 발생했다.

15일 오후 6시 33분 서울고법 민사2부 박홍우(56) 부장판사가 자택인 서울 송파구 잠실동 W아파트 1층 복도에서 서울의 모 사립대 전직 교수 김명호(50) 씨가 쏜 석궁 화살에 복부를 맞아 병원으로 옮겨졌다.

화살은 박 부장판사의 배꼽 왼쪽 아래에 2cm가량 깊이로 박혔으며 박 부장판사는 약간의 출혈 외에는 생명에 지장이 없는 상태이다.

- 〈동아일보〉 2007년 1월 16일 자

현직 고등법원 부장판사(차관급)가 판결 결과에 불만을 품은 소송 당사자가 쏜 석궁에 맞아 부상을 입었다.

서울고법 민사2부 박홍후(55·사진) 부장판사는 15일 저녁 6시 35분께 서울 송파구 방이동 ㅇ 아파트 자기 집 앞에서 김 아무개(50) 전 ㅅ 대 수학과 교수가 쏜 석궁에 배를 맞았다. 박 부장판사는 왼쪽 아래쪽 배 부위에 깊이 2cm, 지름 0.7cm의 상처를 입고 강남구 삼성동 서울의료원에서 응급치료를 받은 뒤 서울대병원으로 옮겨졌다.

– 〈한겨레〉 2007년 1월 15일 자

차관급인 현직 고법 부장판사가 판결에 불만을 품은 전직 대학교수로부터 석궁에 맞아 병원 응급실로 실려 갔다. 법정 밖에서 소송 당사자가 법관에게 물리적 테러를 가한 것은 처음이다.

15일 오후 6시 40분께 서울고법 민사2부 박홍우(55) 부장판사가 서울 송파구 잠실동 자신의 아파트 앞에서 김 모(48) 씨로부터 석궁 한 발을 복부에 맞았다. 박 부장판사는 왼쪽 복부 아래쪽에 지름 8mm, 깊이 2cm의 상처를 입어 강남구 삼성동 서울의료원 응급실에서 봉합수술을 받았다.

– 〈한국일보〉 2007년 1월 16일 자

이들 기사는 모두 박 부장판사가 판결에 불만을 품은 사람에게 테러를 당했다는 걸 먼저 말한 뒤 사건 발생 일시와 장소, 부상 정도를 담았다. 이 테러가 사상 초유의 일인지 여부에 대해 두 신문이 언급하고 한 신문은 언급하지 않은 점이 다르며 사건의 발생 시간 등 몇 가지 사실은 약간의 차이가 난다. 이들 기사는 논평이나 의견을 담고 있지 않다.

언론사는 기자를 선발할 때 주로 논술이나 작문으로 글쓰기 자질을 평가하지만 초보 기자에겐 스트레이트 쓰기 훈련을 중시한다. 기사 중 스트레이트의 비율은 조사마다 차이가 있지만 대략 60%를 넘는다. **스트레이트는 사안의 핵심을 토대로 하기에 모든 기사쓰기의 기초가 된다.** 르포든 인터뷰든 사설이든 핵심 사실이 없다면 기사 가치가 현저히 떨어진다. 핵심을 골라내는 건 기자로서 중요한 자질이다. 필자의 경험상 스트레이트를 잘 쓰는 기자는 인터뷰, 르포, 내러티브 등 다른 기사도 잘 쓴다. 르포를 잘 쓰는 기자가 스트레이트는 형편없이 쓰는 경우가 종종 있다. 인터뷰나 르포는 발언, 묘사나 인상, 의견, 해석 등 핵심을 덧칠할 수 있는 요소가 많다. 이들 요소를 잘 다루면 핵심을 전면에 부각하지 않고도 읽을 만한 기사를 쓸 수 있다. 단순하게 말하면 엄밀하지 않아도 기사를 풀어나갈 수 있다.

나목의 사진을 보면 스트레이트의 특성을 이해하는 데 도움이 된다. 나목은 나무의 몸통과 줄기, 가지가 어떤 모습을 하고 있는지 잘 보여 준다. 스트레이트는 사안을 이해하는 데 필수적인 핵심 요소만을 골라 만든 이야기다. 독자는 스트레이트를 보면 무엇이 있고 무엇이 없는지를 한눈에 알 수 있다. 사안을 있는 모습 그대로 들여다보게끔 만드는 이야기가 스트레이트다. 꽃과 잎은 이야기의 풍미를 더한다. 겉모습만으로 계절의 변화를 나타내듯이 다양한 모습을 보여 준다. 피처 기사에는 꽃과 잎이 있어야 한다. 이들 요소는 줄기나 가지에 매달려 있지 않으면 존재할 수 없다. 꽃과 잎이 무용하다는 게 아니라 핵심이 중요하단 뜻이다.

나목의 형태와 스트레이트의 특성은 유사하다

스트레이트는 주로 새로운 현상이나 정보, 사건 등을 담는다. 기자는 생소한 사건을 다루면서 짧은 시간에 핵심을 파악해 기사 가치를 판단해야 한다. 몇 가지 단어나 문장으로 사안을 간결하게 정리하고, 이를 독자에게 명료하게 전달할 줄 알아야 한다. 스트레이트 기사의 간결성과 명료성은 모든 기사의 특성이기도 하다.

스트레이트는 피처에 비해 엄격하고 영향력이 크다. 새로운 정보나 사실은 의견이나 해설보다 깊은 인상을 주기 때문이다. 북한은 핵탄두와 ICBM(대륙간탄도미사일)을 개발하면서 미사일을 자주 시험 발사했다. 북한이 시험 발사를 할 때마다 그 사실을 담은 스트레이트는 신문의 1면에 실린다. 왜 시험 발사를 했는지, 그 의도가 무엇인지에 대한 해설 기사는 뒷면에 배치된다. 전문가나 기자의 분석이나 견해가 담긴 피처다.

스트레이트에 대한 비판도 만만치 않다. '간결해 재미가 없다', '등장인물의 구체적 모습이 드러나지 않는다' 등 다양하다. 이러한 비판 속에 다이아몬드형 스트레이트, 내러티브, 탐사보도 등 여러 가지 기사 기법이 발전했다. 인터넷과 모바일 기기가 실생활을 파고들면서 인터랙티브(텍스트는 물론 그래픽, 사진, 동영상 등을 통합 편집한 뉴스 콘텐츠로 스크롤, 클릭, 링크 등 독자의 행위에 반응해 움직이는 웹 페이지를 구현해 체험하는 뉴스)나 숏폼 등을 활용한 뉴스 전달도 늘고 있다. 어떤 기법이더라도 스트레이트의 효용성은 영원할 것이다. 중요한 사실을 효율적으로 전달하는 것이 기사의 기초이기 때문이다.

2) 피처

피처(feature)는 크게 뉴스 피처(news feature)와 비뉴스 피처(non-news feature)로 나뉜다. 사설, 논설, 칼럼, 인터뷰, 시사만평, 영화평, 르포 등이 뉴스 피처에 속한다. 2022년 10월 29일 발생한 이태원 참사의 현장을 둘러본 르포는 강한 시사성을 지닌 뉴스 피처다. 기자의 느낌이나 의견, 판단 등이 들어 있다는 점에서 참사 발생을 전하는 스트레이트와 다르다. 비뉴스 피처란 시사성이 없는 서평, 낱말퀴즈, 흥미성 만평(humorous cartoons), 만화 등을 말한다.

고등법원 판사 테러 사건에 대한 피처를 살펴보자. 큰 사건의 경우 1면에 스트레이트가 들어가고 뒷면에 피처가 나온다. 〈동아일보〉는 12면, 〈한겨레〉는 10면, 〈한국일보〉는 10면에 피처를 배치했다. 〈동아일보〉는 '판결 억울 법관 계획적 습격 충격'이란 제목으로 사건 경위를 설명하는 기사와 '석궁, 20m 거리서 10cm 송판도 관통'이란 제목의 석궁에 대한 설명 기사, 김명호 전 교수는 어떤 사람인지에 대한 기사, 대법원과 검찰의 반응 기사를 실었다. 이들 기사는 사건의 상세한 내용과 배경, 파장을 다루고 있어 간결성을 특징으로 하는 스트레이트와는 다르다. 스트레이트는 김 교수가 부장판사를 테러한 내용만을 다루고 있다. 피처는 독자가 이 사건의 이모저모를 이해할 수 있도록 돕는다. 스트레이트와 연관된 피처는 스트레이트를 보완하는 성격도 띤다.

이들 기사 가운데 '김명호 前 교수…본고사 수학문제 오류 지적 후 재임용 탈락'이라는 기사의 일부를 살펴보자.

전직 교수 김명호 씨가 현직 고등법원 부장판사를 습격한 데 발단이 된 '교수 재임용 탈락 사건'은 10여 년 전으로 거슬러 올라간다.

(중략)

김 씨는 입시본부 측에 "문제의 가정이 틀렸으므로 수험생 전체에게 만점을 줘야 한다"고 주장했다. 하지만 문제를 출제한 교수와 학교는 "오류 여부 논쟁으로 채점을 무작정 미룰 수 없다"며 모범답안 일부를 수정해 부분점수를 주는 선에서 마무리했다.

그러나 일주일 뒤 김 씨는 징계위원회에 회부돼 정직 3개월의 징계를 받았다. 이것이 부교수 승진 탈락에 영향을 미쳤고, 이듬해 2월 재임용에서도 탈락했다는 것이 김 씨의 주장.

(중략)

1996년 말 뉴질랜드로 이민 갔던 김 씨는 2005년 3월 귀국한 뒤 다시 '교수 지위 확인 소송'을 냈다.

그해 1월 '재임용이 거부된 교원은 교원소청심사위원회에 재심청구나 법원소송을 제기할 수 있다'고 법이 개정된 데 이어 재임용과 관련해 오랜 법정싸움을 벌여 온 서울대 미대 김민수 교수가 서울고법에서 원고 승소 판결을 얻어내자 김 씨는 희망을 품었다.

그러나 1심 법원은 "입시오류 지적에 대한 보복으로 재임용을 거부당했다고 볼 증거가 부족하다"며 원고 패소 판결했고, 서울고법 민사2부(박홍우 부장판사)도 역시 같은 이유로 12일 김 씨의 항소를 기각했다.

– 〈동아일보〉 2007년 1월 16일 자

이 기사에는 의견이 별로 없다. 이 사건 발생 10여 년 전 정보부터 다루고 있다. 자세히 살펴보면 이 기사가 사건의 기원을 10여 년 전으로 규정한 점과 서울대 김민수 교수가 승소하자 김명호 씨가 희망을 품었다는 점에서 평가가 들어 있다. 피처도 기자 개인의 논평이나 의견은 일부분이다. 논평이나 의견을 형성할 수 있는 정보가 대부분이며, 의견은 최소한으로 그치는 게 보통이다. 기자가 자신의 의견을 내세우기 위해선 의견의 지지대가 되는 정보를 치밀하게 구성해야 한다. 이런 점에서 피처나 스트레이트나 모두 객관성을 담보하지 않으면 안 된다.

사설, 칼럼, 영화평, 연극평 등은 정보가 아닌 의견이나 논평만으로 채울 수 있는 피처다. 이런 특성에도 불구하고 기사에 들어가 있는 사실은 객관적이어야 한다. 사설도 사실에 오류가 있을 때는 소송의 대상이 된다.

피처의 큰 특징 중 하나는 '독자에 대한 유혹'(hooking)이다. 피처는 스트레이트에 비해 직설적이지 않아 첫 문장에서 실체(Nut Graf)를 보여 주는 일이 드물다. 부장 판사 테러 사건의 피처는 사안의 배경을 설명한다는 면에서 직설적인 편에 속한다. 내러티브나 르포 등 많은 피처 기사는 몇 줄을 읽어도 기자가 무슨 말을 하려는지 알기 힘들다. 독자를 유혹해서 본론을 꺼내는 기법을 쓴다.

피처는 일화나 에피소드, 또는 기묘한 사건으로 시작해 점차 사건을 일반화하거나 구체화한다. 본론은 서너 문장이나 몇 단락 뒤에 나온다. 본론이 나오더라도 하나씩 실체를 드러

내는 기법이 주로 사용된다. 독자를 기사가 끝날 때까지 잡아
두려는 의도다. 주로 역삼각형 구조인 스트레이트는 독자가
읽다가 그쳐도 읽은 만큼 핵심을 알 수 있지만 피처는 그렇지
않다. 피처는 대개 스트레이트보다 길며 역동적인 동사와 구
체적인 설명이 많다. 소설적인 기법이나 개성이 담긴 운문이
등장하기도 한다. 끝부분에 독자에게 강력한 인상을 주는 문
구(kicker)도 종종 등장한다.

〈동아일보〉 2006년 12월 8일 자 기사로 피처의 몇 가지 특
징을 살펴보자.

6일 오후 5시 반 서울 종로구 평동 강북삼성병원 7층 복도. 어둠
이 깔리기 시작하는 바깥 풍경을 지켜보는 최 모(50·여) 씨는 까만
털모자를 눌러쓰고 있었다. 그가 테이블 위에 있는 빨간 스위치를 눌
렀다. 스위치에 연결된 꼬마전구들이 켜지면서 화단의 나무는 일제
히 초록색, 노란색 불빛으로 단장했다.

"와!" 주변에서 탄성이 터졌다. '쾌유를 기원합니다' '힘내세요! 꼭
힘내세요!'라는 꼬마전구 글자가 선명하게 불빛 미소를 머금자 환자
와 가족들은 밝은 웃음으로 화답했다. '찰칵, 찰칵.' 휴대전화 카메
라의 셔터소리가 이어졌다.

이날 점등식을 가진 강북삼성병원 앞마당 크리스마스트리는 올해
가 저물 때까지 깊은 밤에도 깨어 환자들에게 힘을 불어넣을 것이다.
떠들썩한 잔치 분위기는 곧 가라앉았다.

"아, 몇 번이나 크리스마스트리에 불을 밝힐 수 있을까."

최 씨는 물기를 머금은 눈가를 슬쩍 훔쳤다. 그는 **폐암환자**다. 머
리도 거의 다 빠졌다. 1년 반 전 암 진단을 받은 뒤 항암치료를 꾸준

히 받아 암세포가 사라진 줄 알았는데 올 6월 암세포가 간에도 번졌다는 날벼락 같은 통보를 받았다.

"두 번째 절망이 엄습했지요. 죽음의 그림자를 떨쳐 버린 줄 알았는데…. 폐암은 전이되면 완치가 어렵다는 것을 알고 있었기에 충격이 더 컸습니다. 요즘은 약이 좋기 때문에 좀 오래는 살 수 있겠죠. 오래 살아야 합니다. 딸이 결혼할 때 예식장에 가야 하는데…."

젊었을 때 이혼한 최 씨는 20여 년 동안 갖은 고생을 하며 홀로 딸(24)을 키웠다. 외동딸은 대학을 마치고 지방에서 공무원으로 근무하며 생활의 안정을 찾았다. 그는 눈을 감기 전에 딸에게 짝을 지어 줘야 안심이 될 것 같다.

이날 다섯 살배기 정훈이는 크리스마스 트리를 보자 표정이 밝아졌다. 점등식 단추를 최 씨 아주머니와 함께 누르기로 했었는데 갑자기 몸이 불덩어리가 되는 바람에 옆 침대에 있는 동건(11) 형에게 양보했다.

정훈이는 추석 연휴가 끝난 뒤 백혈병 진단을 받았다. 건강하던 아이가 유치원에만 다녀오면 식은땀을 흘리고 걷지를 못했다. 엄마 김연아(34) 씨는 "1주일간 물 한 모금 안 마시고 울기만 했어요. 제가 하도 우니까 정훈이가 제 몸 아픈 것은 제쳐두고 엄마 눈치를 보더라고요. 그때부턴 숨어서 울어요"

점등식을 구경하고 온 언니 오빠들이 병실 벽에 정훈이가 그린 '옛날 집', '우리 집', '케이크와 커피'등의 제목이 붙은 그림을 둘러보며 "그림이 벽을 가득 채울 때쯤이면 퇴원할 수 있을 거야"라고 위로했다.

이날 행사를 통해 환자와 의사들은 한 가족이라는 생각을 다시 하게 됐다. 허벅지 근육종을 떼어 내는 수술을 받은 지 4년 만에 폐로 암세포가 전이된 문성숙(60) 씨는 항암치료만 28회나 받는 힘겨운 투병생활 속에서도 웃음을 잃지 않아 웃음 전도사다. 이날도 환자 돌보느라 행사에 참석하지 못한 간호사들에게 행사장에 마련된 떡과 과자를 나르느라 바빴다. 강북삼성병원 내 40여 명의 암 환자들은 생사를 오가면서도 **희망의 끈**을 놓지 말자고 서로의 손을 꼭 잡았다. 가족의 손도 꼭 쥐었다. <u>희망의 다른 이름은 '가족 사랑과 의지'였다.</u>

이 기사는 암 환자들의 크리스마스 점등식 이야기다. 첫 단락에서 등장한 최 씨가 암 환자인지 독자들은 알 수 없다. 꼬마 전구를 본 환자들이 기뻐하는 장면을 지나서 세 번째 단락에서 크리스마스 트리 점등식이란 걸 독자에게 알린다. 이 트리가 환자에게 힘을 불어넣는다는 걸 이야기하면서 본론에 들어갈 준비를 한다. 뒤이어 축제 분위기와는 어울리지 않게 최 씨의 탄식(첫 밑줄 친 부분)으로 반전을 시도한다. 그다음 단락에서야 최 씨가 암 환자(굵은 글씨체)라는 걸 알린다. 첫 단락의 털모자는 항암치료의 후유증과 연관된 복선이다. 최 씨의 사연이 3개 단락에 걸쳐 하나씩 드러나고 점등식에도 참석할 수 없었던 꼬마 정훈이의 이야기가 나온다. 가슴 아픈 사연이다. 마지막 단락에서 암 환자와 의료진의 이야기로 반전을 시도한다. 희망을 잃지 않은 문 씨의 사연이 분위기를 밝게 한다. 의료진과 가족이 손을 꼭 잡은 모습을 이야기하며 희망(굵은 글씨체)을 등장시킨다. 마지막 문장은 킥커(kicker)로서 희망을 '가족 사랑과 의지'로 풀어내면서 독자에게 강한 인상을 주려고 시도하고 있다.

피처의 구조는 스트레이트보다 복잡한 편이다. 기자가 구체적인 논평이나 의견을 명백히 말하지 않고 복잡한 구조로서 메시지의 인상적인 전달을 시도한다. 독자의 감성을 건드리는 기법이 두드러진다.

3

기사쓰기 준비

1. 기사를 읽어 보자

1) 구양수의 3다(多), 기사의 3다(多)

중국 송나라의 문호 구양수(歐陽修, 1007~1072)는 어릴 적
문구를 살 돈이 없어 홀어머니가 모래밭에 갈대로 쓴 글을 익
히며 자랐다. 그는 송나라 초기 시문체인 서곤체(西崑體)를
바꾸고 후배 문인에게 영향을 미쳐 당송 8대가(唐宋八大家)로
꼽힌다.

　그는 글 쓰는 이의 기본자세로 3다(多)를 들었다. 3다란 다
독(多讀), 다상량(多商量), 다작(多作)을 말한다. 책을 많이 읽
고, 많이 생각하며, 글을 많이 지어 봐야 좋은 글을 쓸 수 있
다는 뜻이다. 다독으로 다른 사람의 글을 많이 읽으면, 글 쓰
는 법을 익히게 되고 간접 경험을 통해 글 쓸 때 사용할 소재

가 풍부해지는 효과가 있다. 다상량은 글을 쓸 수 있는 소재를 엮어낼 수 있도록 생각해야 한다는 의미다. 구슬이 서 말이라도 꿰어야 보배라는 속담이 있듯이 소재가 아무리 풍부해도 적재적소에 엮여야 그 가치가 빛난다. 다작은 말 그대로 실전 연습이다. 다작은 모은 소재로 집을 지어 보는 과정이다. 소재가 훌륭하고 다상량을 통해 얻은 설계도가 꼼꼼해도 능숙한 솜씨를 발휘해야 집이 깔끔하게 지어진다.

3다는 다독을 다취(多取)로 바꾸면 기사쓰기에 적용할 수 있는 금과옥조다. 기사는 현실의 문제, 박제된 문자가 담긴 책에서는 찾아보기 힘든 역동성을 지닌 사실을 다룬다. 이 때문에 기사 소재를 찾으려면 발로 뛰어야 한다. 책상머리에 앉아 사람들의 행동이나 사건을 파악할 수는 없는 일이다. 사건 현장에 직접 가서 목격자를 만나야 하고, 자료를 뒤지거나 증언을 통해 소재를 발굴해야 한다. **기사는 '손끝'이 아닌 '발끝'에서 나온다고 기자들은 말한다. 기사는 문장력이나 기교로 쓸 수 있는 글이 아니다. 기사는 엄밀한 사실을 다루기에 '발끝'으로 뛰면서 풍부한 소재를 찾아내야 하는 글이다.** 영어에도 비슷한 의미를 지닌 shoestring writing이란 용어가 있다.

기사쓰기의 다상량은 일반 글쓰기의 다상량에 비해 훨씬 더 비판적이고 사실에 근거해야 한다. 기자는 자신의 신념이나 생각과 어긋난다고 해서 사실을 무시하거나, 멋대로 해석할 권한이 없다. 사실이 자신의 생각과 다를 경우 그 생각을 버려야 한다. 취재해서 얻은 기사의 소재를 취사선택하고 어떻게 배치하느냐는 구도를 염두에 두어야 한다. 소재를 피처로 쓸 것인가, 스트레이트로 쓸 것인가. 연대기적으로 서술하는 것이 좋은가, 중요도 위주의 역피라미드 방식이 좋은가 등을 판단해야 한다. 이러한 판단이 이뤄져야 기사쓰기에 들어갈 수 있다.

기사쓰기의 다작이란 일반적인 글쓰기의 다작과 비슷하다. 많은 기사를 써 봐야 좋은 기사를 쓸 수 있다. 기사쓰기는 남이 가르칠 수 있는 게 아니다. 스스로 노력하고 단련해야 가능하다. 학생들에게 '기사쓰기 강의는 세계에서 가장 멍청한 짓'이라고 말하면 대부분 이상하게 생각한다. 기사 쓰는 법을 배우려 강의를 듣는 데 '멍청한 짓'이라고 하니 기가 막히는 일이다. 기사를 쓰는 데 필요한 지식이나 기법은 일종의 나침반이다. 나침반을 활용하지 않으면 지도가 있다고 해도 길을 찾을 수는 없다. 기사쓰기도 마찬가지다. 기사쓰기에 관한 공부를 하면서 직접 기사를 써 보지 않는다면 정말 멍청한 짓이다.

2) 기사 읽기

모방은 기사 익히기에 많은 도움이 된다. **좋은 기사를 몇 번 읽거나 베껴 쓰면 기사의 구성 요소와 구조를 자연스럽게 익히게 된다.** 모바일 기기에 기사 파일을 넣고 다니면서 틈틈이 읽어 보자. 전철이나 버스 안에서, 또는 사람을 기다릴 때 생기는 자투리 시간을 활용해 여러 차례 읽으면 좋다. 공부 자료는 잘 썼다고 느껴지는 기사로 하자.

다양한 형식이나 주제의 기사를 읽는 게 좋다. 정치, 경제, 사회, 문화 등 분야별로 기사를 골라 자주 읽어야 한다. 강도, 절도, 화재, 사기 등 주제별로 기사를 분류해 읽는 것도 좋다. 주제별로 읽을 때 짧은 기사부터 자주 읽어 형식을 익힌 뒤 긴 기사를 읽도록 하자. 작은 기사부터 하나씩 정복한다는 느낌으로 읽어야 한다.

기사를 읽으면서 구성을 살펴보자. 예컨대 화재 기사라면 '화재 피해-발생 일시-진화 과정-화재 원인-경찰 수사' 등의 구성이 나올 수 있다. 개별적인 문장보다는 글의 얼개인 구성을 먼저 익혀야 한다.

가장 빠른 공부법은 기사를 통째로 외우는 것이다. 품이 많이 드는 무식한 공부법이란 생각이 들지 모르지만 꽤 효과가 있다. 영어 단어나 좋은 문장을 외워 활용하는 법과 유사하다. 유사한 주제의 기사를 쓸 때 머릿속에 들어 있는 기사의 모델을 활용하면 비교적 쉽게 쓸 수 있다. 기사쓰기 공부가 모방에서 시작된다는 점을 생각하면 기존 모델을 머릿속에 집어넣는 일은 매우 중요하다.

기사의 기본 틀을 익히면서 한 걸음 더 나아가야 한다. 기사를 앵무새처럼 반복한다면 기사쓰기에 발전이 있을 수 없다. 기사를 외우면서 기사 구성의 순서를 살핀 뒤에는 그 순서를 뒤바꿔 보다 나은 구성을 찾아봐야 한다. 처음에는 어색할지라도 몇 차례 시도하면 최적의 구성을 찾아냈다는 느낌이 들 때가 있다. 이때 새로운 구성에 맞춰 기사를 바꿔 써 보면서 기존 기사와 비교해 보자.

문장의 표현을 뜯어봐야 한다. 독자에게 편안하게 다가갈 수 있는 글인지, 누구나 읽고 이해할 수 있는 글인지, 줄거리가 제대로 구성되어 있는지를 살펴봐야 한다. 기사가 사실로 구성되어 있는지, 기자가 충분한 사실을 제시하지도 않고 무리한 결론을 내리고 있지 않은지도 살펴볼 대목이다. 의심이 드는 대목은 고쳐 써서 비교해 보자.

기사에 부족한 부분은 없는지도 주의 깊게 보자. 해당 사안을 이해하는 데 필요한 설명이 빠지지는 않았는지도 살펴보자. 어떤 요소가 부족한지를 판단하고 이를 채워 넣으려면 어떤 취재를 해야 하는지 생각해 보면 취재 현장에서 많은 도움이 된다. 전혀 접해보지 못한 사건이나 대형 사건을 취재할 때는 기존의 유사한 기사를 살펴보면 많은 도움이 된다. 2020년 국회의원 선거 당시의 기사를 살펴보면 2024년 국회의원 선거 기사를 쓰는 데 도움이 된다. 2024년 선거 기사는 다음 선거에 활용될 것이다.

2. 취재하기

1) 기사는 취재에서 시작된다

한 학생에게 자신에 대해 글을 쓸 수 있겠냐고 물었다. 쓸 수 있다는 답이 돌아왔다. 옆에 있는 학생에 대해 글을 쓰라고 주문했다. 머뭇거렸다. 그 이유는 명백했다. 그 학생에 대해 모르기 때문이다. 대부분 사람은 생활습관, 생각, 체형, 호불호, 감정 등 자신에 대한 정보를 장악하고 있다. 자신이 알고 있는 정보를 늘어놓으면 글이 되고 이야기가 된다. 이 글이 재미있는지 잘 짜여 있는지는 별개의 문제다. 다른 사람에 대해 글을 쓰기가 힘든 건 아는 정보가 없기 때문이다. 만일 '절친'이라면 어느 정도 글을 쓸 수가 있다. 생면부지의 사람이라면 정보는 0에 가깝고, 나올 수 있는 글이란 없다고 봐야 한다.

기사는 이야기다. **정보가 없으면 이야기를 꾸밀 수 없다. 이 때문에 기사는 취재에서 시작되어야 한다.** 많은 사람이 기사쓰기가 어렵다고 하는 건 취재 부족 때문이다. 초보 기자들은 보도자료를 받으면 한번 쓱 읽어 보고 기사를 쓰려고 한다. 대부분 붓방아를 찧다가 기사쓰기는 쉽지 않다고 생각한다. 보도자료 내용을 머릿속에 다 집어넣었다면 어떻게 될까. 각 요소 사이의 관계성을 파악할 수 있고, 각 요소의 중요도를 판단할 수 있고, 요소의 선후 관계를 명확히 알 수 있어 기사쓰기가 훨씬 쉬워진다.

고교에서는 논술 쓰는 법에 대해 문제의 요구 사항을 먼저 파악하고, 지문을 자세히 읽고, 주제문을 쓰고 전체 구성을 한 뒤 논술을 쓰라고 가르친다. 논술 시간이 1시간이라면 구성까지 20~25분, 글쓰기에 35~40분을 사용하라고 권유한다. 전체 시간의 3분의 1 이상을 글쓰기 준비에 쓰는 셈이다. 기사도 마찬가지다. 준비시간이 충분하면 기사쓰기는 훨씬 쉬워진다. 논술로 치면 지문 읽기까지가 취재에 해당한다. 취재가 잘되면 주제문 만들기와 구성하기도 편해진다. 구성이 좋으면 어떤 말로 기사를 시작해야 할지, 중간에 어떤 정보를 배치해야 할지가 한눈에 들어온다. 기사는 발끝으로 쓴다고 말한 이유다.

2) 메모하기

기자는 취재 내용을 모두 기억할 수 없기에 재빨리 기록으로 취재한 내용을 남겨야 한다. 대개 수첩에 요지만을 적는다. 자신의 말이 기록되는 걸 꺼리는 취재원을 만날 수도 있다. 이때는 취재 내용을 잊어버리기 전에 간략히 기록해야 한다. 취재가 길어질 경우 화장실에 간다는 핑계를 대고 잠시 자리를 떠 중요한 내용을 잊어버리기 전에 메모해야 할 때도 있다.

인터뷰할 때 녹음기를 사용하는 경우가 있다. 이때도 녹음기에만 의존하지 말고 메모를 하는 게 낫다. 그래야 인터뷰의 흐름을 파악하기 쉽고, 현장에서 메모를 잠깐 읽으면서 원래 계획대로 취재가 이뤄지는지 점검할 수 있다. 메모는 녹음을 다시 들을 때 가이드 역할을 한다. 메모를 통해 취재원이 강조한 대목을 쉽게 찾아낼 수 있다. 취재원의 행동이나 표정, 분위기 등 녹음기가 챙길 수 없는 요소를 파악하는 데도 메모는 유용하다. 생성형 AI를 활용해 녹음에서 요지를 추출하는 게 쉬워졌지만 메모는 여전히 소중하다.

취재 내용을 모두 메모하는 것은 불가능에 가깝다. 현장에서 뛰어다니면서 취재해야 하는 경우에는 시간적 여유도 없다. 모든 내용을 메모한다고 좋은 기사가 나오는 것은 아니다. **기자는 취재 중 핵심을 가려 메모로 남겨야 한다. 실제 기사를 쓸 때 정리된 내용이 남아 있으면 매우 편하다.** 기사를 쓸 때 필요하지만 기억하기 힘든 사항을 간결하게 담아야 한다. 예컨대 '시위대가 오후 5시 대학로에서 집회를 갖고 5시 30분경 가두시위를 시작해서 5시 40분경 종로로 진입해 오후 6시경 종로 3가에서 잠시 머뭇거리다가 오후 6시 반경 종로 1가로 들어서 오후 7시경 광화문 사거리에 이르렀다'는 내용을 메모한다고 치자. '오후 5시 대학로-종로 거쳐-오후 7시 광화문'식으로 요약이 가능하다. 시위대가 종로에서 차도로 행진하자 퇴근길에 도로 정체가 극심해지고 일부 시민들이 시위대에 항의했다면, '퇴근길 교통 정체, 시민 항의'라고 적으면 내용을 되살리는 데 어려움이 없을 것이다.

취재가 불과 몇 분 또는 몇십 분 안에 끝난다면 메모만으로 충분하다. 며칠 또는 몇 달씩 걸리는 취재를 할 때는 메모를 기반으로 취재 내용을 기록해야 한다. 기억이 사라지기 전에 별도 노트나 컴퓨터 파일에 그 내용을 가급적 자세히 담아 둬야 한다. 시간이 흐르면 취재 중 바삐 적었던 몇 가지 단어가 무슨 의미인지 알기 힘들 때도 많다.

반복적으로 등장하는 이름이나 단어는 자신만의 약어나 부호로 기록하는 게 시간을 줄일 수 있어 편하다. 윤석열 대통령은 '윤' 등으로 성만 쓴다든지 하면 된다. 메모할 때 기자 자신은 알아볼 수 있을 정도로 글씨를 써야 한다. 마구 써대다 취재가 끝난 뒤 무슨 말을 적은 것인지 자신도 헷갈릴 때가 있다.

3) 감각을 살리자

취재할 때는 전모 파악에 필요한 핵심 사항뿐만 아니라 '양념'도 메모해야 한다. 전체 흐름과는 관련성이 크지 않지만 독자들에게 생생한 현장을 전달하는 데 필요한 요소들이 있다. **감각적인 발언이나 본능적인 행동, 사건이 벌어진 장소에 대한 생생한 묘사 등이 이러한 요소다. 이들 요소가 곳곳에 들어가 있으면 독자들은 기사를 읽는 재미가 있다.**

다음은 〈동아일보〉 2007년 1월 22일 자 강원 평창군 지진에 대한 기사 가운데 한 대목이다.

> 강원 강릉시에 사는 오정미(35 · 여 · 펜션 운영) 씨는 "펜션의 바비큐장에 있던 8명의 손님이 놀라 뛰쳐나갔고 방에 묵고 있던 20명의 손님들도 놀라 무슨 일이냐고 묻는 등 난리가 났다"며 "식탁 위에 있던 소주잔이 양 옆으로 마구 흔들릴 정도로 진동이 심하게 느껴졌다"고 말했다.

이 기사를 '양념'을 빼고 써 보자.

강원 강릉시에 사는 오정미(35 · 여 · 펜션 운영) 씨는 "펜션의 바비큐장에 있던 8명이 뛰쳐나갔고 방에 묵고 있던 20명도 난리가 났다"며 "식탁 위에 있던 소주잔이 마구 흔들릴 정도로 진동이 심하게 느껴졌다"고 말했다.

양념을 뺀 기사는 무미건조하게 느껴진다. 손님들이 한 말이나 소주잔이 흔들리는 모습이 없다. 소주잔이 위아래로 흔들렸는지, 옆으로 흔들렸는지가 드러나 있지 않다. 긴박한 상황이나 일반인의 독특한 경험 등을 전할 때 세부 사항을 메모하면 좋다. 인터뷰 기사나 유명인의 발언을 전할 때는 감각적인 단어들을 잘 메모해야 한다.

기자가 놀랐거나 웃음을 터뜨린 표현은 독자에게도 비슷한 반응을 불러일으킬 가능성이 있다. 몇 가지 단어나 표현, 표정 등이 전체 문맥보다 더 큰 파장을 불러일으킬 수도 있다. 유명인이나 정치인의 경우는 더욱 그렇다. 기자가 이를 흘려들으면 좋은 기사를 쓸 기회를 놓치는 셈이다. 기자는 항상 메모하는 습관을 가다듬고 키워야 한다.

3. 5W1H

취재나 메모할 때 반드시 챙겨야 할 요소가 5W1H(육하원칙·六何原則)다. '누가(Who), 언제(When), 어디서(Where), 무엇을(What), 어떻게(How), 왜(Why)'가 바로 그것이다. 어릴 적 학교에서 들어 본 말이다. 이는 취재 및 기사의 기본요소지만 원래 기사 작성을 목적으로 만들어진 말은 아니다.

> 나는 여섯 명의 충직한 하인을 데리고 있지. 그들은 내가 아는 모든 것을 가르쳐줬지. 그들의 이름은 What, Why, When, How, Where 그리고 Who라네.

《정글북》을 쓴 영국의 시인이자 소설가인 러디어드 키플링(Rudyard Kipling)이 만든 이 여섯 가지 질문(5W1H)은 기사 줄거리의 체크리스트다. 키플링은 뒤엉켜 있는 생각을 정리하거나 문제를 푸는 데 이 질문을 사용했으며, 이를 시로 써서 후대에 남겼다. 이들 요소는 '빨랫줄 서곡'이라고 불리기도 한다. 아무 이야기나 이 질문에 맞춰 빨랫줄에 빨래를 걸듯이 걸어놓고 보면 그 자체로서 사안을 잘 요약할 수 있다는 뜻이다.

외국에서는 '**고디바(Who)는 세금면제 캠페인을 위해(Why) 어제(When) 코벤트 거리에서(Where) 나체로(How) 돌아다녔다(What)**'는 문장을 예로 많이 든다. 이 문장은 5W1H가 사안을 효율적으로 축약할 수 있다는 걸 보여 준다. 이는 기자가 정보를 모으고 분석하며, 기사를 구성하고 작성하는 데 사용하는 중요한 질문이기도 하다. 19세기에 탄생해 오랜 역사를 지닌 질문이지만 20세기에 널리 사용됐으며 21세기에도 여전히 유효하다.

기자는 취재할 때 5W1H에 대한 질문을 던져야 한다. 이는 기사의 유용한 재료가 되는 정보가 갖춰야 할 요건이기도 하며 기사의 질을 판단하는 중요한 요소가 되기도 한다. 5W1H를 제대로 이해한다면 기사를 쓸 수 있는 자질을 갖춘 셈이다. 반면, 5W1H에 충실하지 못하면 좋은 기사를 쓰기는 어렵다. 이들 요소를 하나씩 살펴보자.

1) 누가(Who)

기사는 인간의 활동, 특히 변화가 있는 활동에 대한 기록이다. 대부분의 취재 및 기사는 사람에 초점이 맞춰지게 된다. 어떤 사람에게 초점을 둬 취재해야 하며 기사를 쓸 때 등장인물의 어떤 측면에 신경을 써야 하는지를 살펴보자.

① 사건 관련자

기자는 "사건에 관련된 사람이 누구인가?"라고 물어 봐야 한다. 독자가 그 정체를 파악할 수 있는 정보가 기사에 담겨야 한다. 관련자의 이름, 나이, 성별, 직업, 주소 등 자세한 사항을 파악하는 게 좋다. 공개 가능한 범위에서, 당사자의 동의가 있으면 신원을 명확히 해야 한다. 단, 범죄 사건의 경우 혐의가 밝혀지지 않은 이상 신원 정보를 제공하지 말아야 한다. 이 경우 명예훼손이 될 수 있다. 공인의 경우는 예외다. 사건 관련자가 여러 명일 때는 이들의 역할과 관계도 파악해야 한다.

② 이해관계자

기사에 등장하지 않더라도 해당 사안에 이해관계가 있는 사람이 있다. 사안의 여러 측면을 종합적으로 보려면 이해관계자의 입장을 들어 봐야 한다. 현대차 노조가 파업을 했다면 이해관계자는 노사뿐만이 아니다. 하청업체의 사장과 근로자, 현대차의 비정규직, 울산시민, 현대차 공장 앞 식당주 등도 이해관계자다.

③ 중요 인물

여러 인물 가운데 중요한 인물을 파악해야 한다. 기사는 이 인물을 중심으로 전개되는 경우가 많다. 중요 인물이란 여러 인물의 관계를 이어 주는 핵심 인물이다. 즉, 이 인물이 없으면 다른 인물들을 이어 주는 고리가 사라지게 된다. 예컨대 점조직인 마약 판매 조직에서는 이 조직을 총괄하는 사람이 핵심 인물이다.

④ 찬반 세력

특정한 이슈에는 찬성과 반대 측이 있다. 제주 강정마을에 해군부대를 세우려고 했을 때 찬반 세력이 있었다. 찬성 및 반대 세력의 구성이 어떻게 되는가도 고려해야 한다. 갈등이 첨

예해지면 찬성 또는 반대 세력 가운데서도 강경파와 온건파가 갈리는 일이 허다하다. 누가 어떤 논리로 강경 또는 온건 주장을 펴는지도 파악해야 한다.

요즘에는 특정 이슈에 여러 단체가 연합해 찬반 입장을 달리하는 경우가 적지 않다. 이른바 연합단체지만 실제 활동은 한 단체나 몇 명의 특정 인물이 주도하기도 한다. 찬반 세력을 파악할 때는 실제 세력에 주목해야 한다.

⑤ 행동하는 인물

사건 관련자 중 활발히 행동하는 인물을 눈여겨봐야 한다. 행동반경이 넓을수록 핵심 역할을 할 가능성이 높다. 이들을 주목하면 사건의 변화나 흐름이 보인다.

⑥ 영향을 받는 사람

변화나 행동의 영향을 누가 받는지도 파악해야 한다. 이런 사람은 중요한 이해관계자다. 정부가 차상위 계층의 복지 정책을 발표했다면 차상위 계층이 영향을 받는 사람이다. 해당 정책이 실제 생활에 어떤 영향을 주는지를 차상위 계층의 삶이나 반응을 통해 살펴볼 수 있다.

⑦ 상징 인물

사안을 상징하는 인물을 찾아야 한다. 이런 인물의 행동은 사건 전체를 요약하는 리드로도 사용될 수 있다. 상징 인물은 핵심 인물과는 다르다. 핵심 인물이 사건의 주체라면 상징 인물은 사건의 피해자나 주변 인물이 될 수도 있다. 상징 인물은 사건의 상황을 독자에게 명료하게 보여줄 수 있는 인물이다. 예컨대 '허술한 기초생활자 보호 제도'에 대한 기사를 쓴다면 제도상 미비나 허점으로 생계를 꾸려나가기가 힘든 사람이 상징 인물이 될 수도 있다. 또 이 제도의 허점을 악용해 수십억 원대의 재산을 갖고 있으면서도 정부로부터 생계 보조비를 받는 사람이 상징인물이 될 수도 있다.

2) 무엇을(What)

기사는 사람의 행동과 반응 등 구체성이 있는 사안에서부터 충성, 복수심, 권력 등 추상적인 사안까지를 다룬다. 기사의 대상의 되는 사안이 바로 What이다. What은 사람이 될 수도 있고 사물이 될 수도 있다.

① 현재 진행 중인 일

현재 진행 중인 일은 기사의 초점이다. 기사는 변화를 좇는다. 이미 일어난 일이나 미래에 일어날 일은 현재 진행 중인 일이 없다면 관심의 대상에서 멀어진다. 이 때문에 현재 진행 중인 일이 중심이 된다. 현재 진행 상황을 명확히 파악하면 시간적 선후 관계에 따른 사건 전개를 아는 데 큰 도움이 된다.

해병대 채수근 상병 사건을 예로 들어 보자. 사건 당시 채 상병이 구명조끼도 입지 않고 물에 들어갔다가 물살에 휩쓸려 숨지고, 채 상병을 찾는 수색 활동이 벌어진 것이 그 시점에선 현재 진행에 해당한다. 채 상병이 활동에 나서기 전까지 해병대에서 이뤄진 지시 등은 이미 일어난 일이다. 채 상병이 숨진 뒤 벌어진 수사 상황과 이종섭 당시 국방부 장관의 수사 개입설, 국회의원 총선거 과정에서 이 전 장관의 호주대사 임명과 귀국, 사임 등은 미래의 일이다. 이 사건 발생 당시 미래에 어떤 일이 벌어질지는 그 누구도 알 수 없었다.

② 이미 일어난 일

현재 진행 중인 일은 과거에 일어난 일의 연속선에 있다. 과거를 파악하면 현재 일어나고 있는 일을 이해할 수 있게 된다. 역으로 현재 일어나고 있는 일을 파악하면 과거에 일어났을 법한 일을 추정할 수 있게 된다. 현재의 일을 독자에게 잘 설명하려면 과거의 일을 알아내야 한다. 채 상병 사건에서 해병대 소대장, 중대장, 대대장, 사단장 등 간부들 사이에 있었던 지시 등은 채 상병이 숨지게 된 경위와 깊은 연관이 있는 '과거의 일'이다.

가스충전소가 폭발해서 불타고 있다고 치자. 과거에 이 충전소의 압력 장치 이상으로 폭발조짐이 여러 차례 있었다면 충전소 측은 징후를 알고도 대처를 소홀히 해서 사고를 막지 못했다는 해석이 가능하다. 또 이 충전소 주변에 이상한 인물이 자주 나타나고 실화로 보일 수도 있는 방화 흔적이 발견돼 충전소 측이 경찰에 수사를 요청했으나 경찰이 제대로 대처하지 않았다면 경찰에 일정 부분 책임을 물을 수도 있다. 이처럼 이미 일어난 일은 현재 일어나고 있는 일에 대한 해석을 가능하게 하는 측면이 있다.

③ 발생 가능한 일

특정 사건은 미래에도 영향을 미치고 새 형태로 전개될 가능성이 있다. 이 때문에 현재 일어난 일보다는 미래에 우리에게 미칠 수 있는 파장을 염두에 두기도 한다. 1983년과 1993년에 일본 북서 해역에서 발생한 지진해일로 인해 한국 동해안 지역에서 인명과 재산 피해가 발생한 사례가 있다. 이 때문에 일본에서 지진이 발생하면 지진 해일이 한반도에 덮칠 것인가가 관심사가 된다. 2024년 1월 1일 일본 이시카와현 주변 해역에서 지진해일이 발생하자 동해안 지진해일 피해 가능성에 대한 기사가 줄을 이었다. 지진해일이 일었지만 다행히 피해는 없었다.

이처럼 미래에 일어날 일에 초점을 맞춰야 독자의 관심사를 충족할 수 있는 사안들이 적지 않다. 기자는 과거와 현재에 발생한 일을 바탕으로 미래에 벌어질 일에도 관심을 가져야 한다.

④ 중요한 계기

사건에는 항상 계기가 있다고 생각해야 한다. 특히 사회적 갈등의 경우 계기를 찾는 일은 중요하다. 독자에게 사건이 번진 과정을 설명하려면 그 계기를 명확히 해 줘야 한다.

3) 언제(When)

시의적절성은 중요한 기사 가치다. 시간은 기사에서 빠질 수 없는 요소다. 똑같은 사건이라도 언제 일어났는가에 따라 사람들의 관심도가 달라진다. 오늘 난 불과 3년 전에 난 불을 비교할 때 어떤 게 더 기사 가치가 있는가. 무엇이 더 화급한 일인가. **시간이 현재와 가까울수록 기사 가치가 높아진다.** 사람들은 어제보다는 오늘 일어난 일을 더 흥미롭게 여긴다. When은 What과 밀접한 연관성을 지니고 있다.

① 시작 시점

언제 시작 됐는가를 파악해야 한다. 시작점이 현재에서 멀수록 사건의 역사는 길며 복잡할 수 있다. 1년 전에 시작된 사건이라면 어제부터 시작된 사건보다 전개 과정이 더 복합적이며 몇 가지 산재한 계기를 갖고 있을 수 있다. 유사한 사건이 오래 전부터 잇따랐다면 사건일지를 표로 정리할 수도 있다. 역사나 내력을 알려 주는 일지는 독자가 진행과정을 한 눈에 알 수 있도록 도와준다.

마약 밀수조직이 1년 전 외국 마약조직과 접촉해 거래 약속을 하고 10개월 전 마약 샘플을 받아 보고 6개월 전 국내 유통 조직을 갖춰 3개월 전부터 마약을 팔아 오다 적발됐다고 가정하자. 이 사건을 보도할 때 마약을 판 시점만 명기한다면 독자는 이 조직이 장기간에 걸쳐 범죄를 어떻게 꾸며 왔는지를 이해하기 어렵다. 모든 시점을 다 담을 수는 없더라도 중요한 몇 가지는 명시해야 독자의 이해를 도울 수 있다.

② 종료 시점

사건의 시작 시점만 있고 종료 시점이 없다면 독자는 사건이 현재 진행형인지 아닌지 헷갈릴 것이다.

다음 두 기사의 문장을 비교해 보자.

비 교　　종료 시점 1

경찰은 지난해 8월부터 **지난달 말까지** 모두 10명에게 200만 원 상당의 금품을 빼앗아 팔아온 혐의를 받고 있는 김모(42) 씨를 3일 구속했다.

비 교　　종료 시점 2

경찰은 지난해 8월부터 모두 10명에게 200만 원 상당의 금품을 빼앗아 팔아온 혐의를 받고 있는 김모(42) 씨를 3일 구속했다.

첫 기사는 사건의 종료 시점(굵은 글씨체)을 담고 있다. 독자가 이 기사 읽은 시점이 올해 8월이라면 김 씨의 범행은 1년간 이어졌으며 경찰은 마지막 범행 이후 한 달 안에 김 씨를 검거한 셈이 된다. 이를 '같은 해 10월까지'로 바꿔 보자. 김 씨는 불과 3달 동안 10명을 상대로 집중적으로 범행을 했고, 범행 이후 10달 만에 붙잡힌 셈이 된다. 두 번째 기사를 읽은 독자는 첫 기사를 읽은 독자에 비해 제한적인 정보만을 얻게 된다.

③ 계기 시점

계기가 사건 전체 진행기간 중 언제 있었는지도 중요하다. 계기가 시작 시점에 가깝다면 사건이 종료되기까지 우여곡절이 많을 개연성이 있다. 반면 계기가 종료에 가깝다면 계기를 마련하는 데 많은 진통이 있었다고 가정해봄 직하다.

4) 어디서(Where)

사건이 일어난 장소에 따라 같은 종류의 사건이라도 독자에게 주는 의미가 크게 다르다. 화재 장소가 대통령실인가 쓰레기 소각장인가에 따라 기사의 비중과 의미가 달라진다. 발생 5분 만에 꺼진 작은 화재라도 대통령실은 국가의 상징적 장소이자 국가안보에 중대한 영향을 미칠 수 있는 장소여서 크게 다뤄지게 된다. 반면 쓰레기 소각장은 유해가스 발생 등으로 주변 사람들이 고통을 겪지 않았다면 그저 그런 일로 치부된다. 스트레이트보다는 피처, 피처 가운데서도 르포는 현장감을 기사에 어떻게 살리느냐가 매우 중요한 관건이다. 독자가 사건의 장소를 충분히 상상할 수 있도록 하는 묘사가 르포에는 필수적이다.

① 발생 장소

많은 사람에게 영향을 미칠 수 있는 곳에서 발생한 사안이 크게 다뤄진다. 예를 들어 물적 피해가 미미하고 인명 피해도 없는 화재사건이라도 대형 쇼핑몰에서 발생했다면 기사 가치가 있다. 고객이 붐비는 시간에 발생했다면 기사 가치는 더욱 커지게 된다.

장소의 상징성도 중요하다. 외교에서는 회담 장소가 큰 의미를 지니기도 한다. 미국 바이든 대통령이 러시아와 전쟁 중인 우크라이나의 수도를 방문해 회담을 했다면 우크라이나 지원 의지를 전 세계에 알린 셈이 된다.

② 현장성

사건 장소에 대한 묘사는 독자를 그 현장으로 데려가는 효과가 있다. 사건 현장에 있었던 사람만이 느낄 수 있는 감각을 살리면 독자는 현장을 경험하게 된다. 치밀한 묘사로 독자의 상상력을 충동질하려면 오감을 자극할 수 있어야 한다. 기자가 사건 현장에 없었더라도 현장에 있던 사람의 증언을 토대로 현장을 그려내야 한다.

다음 기사는 부산 금정소방서 소속 서병길 소방장이 2006년 11월에 화재 현장에서 숨진 사건에 대한 기사 가운데 일부분이다.

서 소방장은 평소처럼 '신속하게 그러나 침착하게' 건물 일부가 무너진 주택 안으로 동료와 함께 들어갔다. 1층 주방에서 전신에 화상을 입고 신음 중이던 김 모(57) 씨와 2층의 황 모(78·여) 씨를 5분 만에 구출해 냈다.

(이때까지만 해도 벽체가 남아 있어 2층 건물을 떠받치고 있었다. 그러나 건물은 "우지직" 소리를 내며 곧 붕괴될 기미를 보였다.) 순간 주변에서 "안에 세 명이 더 있다"는 고함소리가 들렸다. 이 주택에는 4가구가 세 들어 살고 있었다.

그는 동료들을 내보낸 뒤 1층 구석구석을 뒤졌다. 누군가 그의 손길을 애타게 기다릴지도 모른다는 생각으로 **(매캐한 연기 속을 헤매던 순간 2층 주택이 "우르릉, 꽝!" 하면서)** 순식간에 무너져 내렸다.

그때가 오후 8시 7분. 동료들이 "서 소방장, 서 소방장" 하고 아무리 애타게 불러도 대답은 없었다.

(단독주택이 밀집한 지역이라 소방차와 굴착기 등 중장비 진입이 쉽지 않은 데다 건물 잔해를 하나하나 들어 올려야 하는 붕괴 현장이어서) 구조는 더 늦어졌다.

위 기사에서 괄호 친 부분이 현장성을 살린 묘사에 해당한다. "우지직", "우르릉, 꽝!" 등의 의성어는 청각을 자극하고, '매캐한 연기'는 후각과 시각을 건드린다. '건물 잔해를 하나하나 들어 올려야 하는'이란 대목은 구조 작업이 더딜 수밖에 없는 이유를 시각적으로 보여 준다. 이 기사를 괄호 친 부분을 빼고 읽어 본다면 현장성을 살린 묘사가 갖는 힘을 느낄 수 있다.

르포에선 오감을 자극하는 묘사가 핵심이다. 다음은 주왕산에 대한 르포 가운데 한 대목이다.

> 칼등고개는 계곡물에 닿아서야 끝이 난다. 계곡의 모습이 예사
> 롭지 않다. 뿌리가 뽑혀 넘어진 나무들이 태반이다. 계곡물을 가로
> 질렀던 인공구조물들은 휴지처럼 구겨져서 한쪽 구석에 팽개쳐져
> 있다. 지난해 태풍 루사의 발톱은 주왕산 계곡도 예외 없이 할퀴어
> 놓았다. 이전에는 다리를 타고 건넜겠지만 이제는 얼음을 딛고 계
> 곡을 건너야 한다. 미끄럽긴 하지만 오히려 아기자기한 맛이 있다
> 　　　　　　　　　　　　　　 - 〈한국일보〉 2003년 1월 22일 자
>
> 특히 매표소에서 30여 분 거리의 제1폭포 일대는 거대한 바위봉과
> 협곡이 천험의 요새처럼 하늘을 가리고 펼쳐져 '기암절벽이 병풍같
> 다'고 해 붙은 주왕산의 또 다른 이름 석병(石屛)산이 정말 실감난다.
> 　가뭄 때문에 계곡과 폭포의 물줄기가 빈약하다. 그러나 신록과
> 그 사이를 뚫고 하늘로 두둥실 솟은 듯한 학소대, 시루봉 등의 기
> 암연봉들과 시퍼런 물이 담긴 선녀탕, 구룡소 등이 어우러져 비경
> 을 연출, 물이 줄어든 계곡의 안타까움을 순식간에 날려 보낸다.
> 　　　　　　　　　　　　　　 - 〈문화일보〉 2002년 6월 20일 자

〈한국일보〉 기사는 겨울에, 〈문화일보〉 기사는 초여름에 나
왔다. 〈한국일보〉 기사는 태풍 루사가 발생한 뒤에, 〈문화일
보〉 기사는 그 이전에 작성됐다. 이 때문에 묘사에 있어 많은
차이가 난다. 어느 묘사가 더 오감을 자극하는지는 독자가 판
단할 문제다.

〈문화일보〉의 기사는 '실감난다' '날려 보낸다' 등 직접적인
감정 표현이 눈에 띈다. 〈한국일보〉의 기사는 '아기자기한 맛
이 있다'라는 직접적인 표현이 '미끄럽긴'이란 이유에 의해 설
명된다. 미끄러워 아기자기하게 느낄 정도라는 의미다. 잔재미

를 느끼는 미끄러움 정도는 독자마다 다를 것이다. 독자에게 상상하게 만드는 대목이다. 직접 보고 듣거나 겪은 사실을 중심으로 구성하는 게 현장감을 살리는 원칙이다.

5) 어떻게(How)

독자들은 사건이 일어난 경위를 알고 싶어 한다. 기자는 기사 가치가 있는 이벤트나 이슈의 전개를 추적해서 그 과정을 설명해야 한다. 누가, 무엇을, 언제, 어디서, 왜 했는지를 설명하는 5W뿐만 아니라 어찌해서 그렇게 되었는지를 독자가 알 수 있도록 해야 한다.

① 전개 과정

전개 과정은 등장인물의 행위가 아니라 행동양식, 즉 방법론과 밀접한 연관성이 있다. 앞에서 예로 든 고디바의 시위는 '나체'라는 방식으로 전개됐다. 이 시위 사건은 매우 단순해 How가 전개 과정을 설명하고 있다는 느낌이 들지 않을 정도다. 복잡한 사건은 전개 과정을 설명하지 않으면 독자가 기사 내용을 이해하기 힘들어진다. 특히 예전에 보기 힘들었던 사건이나 새로운 수법에 대한 기사는 전개 과정이 필수적이다.

다음은 서울중앙지검이 2024년 3월 9일 발표한 자료의 일부분이다. 이 자료는 중앙선관위의 자녀 부정 채용에 대한 중간 수사결과 발표다. 이 자료에서 How에 해당하는 대목을 찾아보자.

　　서울중앙지방검찰청 공공수사제1부(부장검사 김종현)는 2018년 1월 3일 실시된 충북선관위 경력공무원 경쟁채용과정에서 자녀 및 지인의 자녀를 부정 채용한 前 중앙선관위 사무차장 A, 前 충북선관위 관리과장 B, 前 충북선관위 관리담당관 C를 오늘(3. 29.) 직권남용권리행사방해, 위계공무집행방해죄로 각각 불구속 기소하였습니다.

　　수사한 결과, A 사무차장, B 관리과장, C 관리담당관은, A의 딸 D(당시 보령시청 공무원)를 부정 채용하기 위해 •이미 추천된 다른 공무원을 채용 대상에서 배제하고, •D를 합격자로 내정한 채 채용적격성 조사를 형식적으로 실시한 후, •충북선관위 내부 직원들로만 시험위원을 구성하는 한편, •면접 전 시험위원들에게 D가 A의 딸임을 알려 최고점을 받게 하고, •이를 숨기고 중앙선관위의 승인을 받아 임용한 것으로 확인되었으며,

　　다른 한편, B 관리과장, C 관리담당관은, B의 지인의 딸 E(당시 괴산군청 공무원)를 부정 채용하기 위해 •괴산군을 경력공무원 채용 대상 지역으로 임의로 지정하고, •후보자 추천 절차를 생략하여 E를 합격자로 내정한 다음, •D와 같은 방법으로 채용적격성 조사 및 면접을 진행하고, •이를 숨기고 중앙선관위의 승인을 받아 임용한 것으로 확인되었습니다.

　　선관위 고위공무원인 피고인들은 선관위 공무원직을 세습시키고자 지방직 공무원으로 재직 중이던 자녀 및 지인을 합격자로 내정한 채 제도의 허점을 이용한 '깜깜이 채용'을 통해 국가직인 선관위 공무원으로 전환시키는 등 헌법기관인 선관위의 인사제도를 사유화하였습니다.

　　앞으로 검찰은 범죄에 상응하는 처벌이 이루어지도록 공소유지에 만전을 기하고, 수사 중인 사건에 대하여도 실체규명을 위해 신속히 수사를 진행하겠습니다.

이 자료에서 두 번째와 세 번째 문단이 How에 해당한다.
• 표가 붙은 대목이 부정 채용을 하는 수법이자 경위다. 이런
설명이 없다면 독자들은 부정 채용이 어떻게 해서 가능했는지
를 이해하기 어렵다.

전개 과정이 복잡하면 언론은 사건 흐름도를 그래픽으로 만
들어 독자에게 제시하기도 한다. 사건의 흐름을 시각화해 주
는 것이다. 기자도 기사를 쓰기 전에 간략한 흐름도를 먼저 만
들어 보면 기사쓰기가 편하다. 이를 독자에게 제시하느냐 마
느냐는 나중에 판단할 일이다. 머릿속에 흐름이 명확해지면
그만큼 기사를 쓰기 쉽다.

② 작용 과정

전개 과정이 사건 전체의 흐름을 보여 주는 것이라면 작용
과정은 특정한 요소가 사건에 어떤 변화를 일으켰는가를 보
여 주는 것이다. 중요한 계기가 생겼거나 특정한 요인이 새로
발생하면 사건의 흐름이 달라질 개연성이 높아진다. 독자가
중요한 계기로 생각하는 사실이 사건의 흐름에 영향을 거의
주지 않기도 한다. 이러한 점도 독자에게 설명해 줘야 한다.
작용 과정은 사건이 단발성이 아니라 장기간에 걸쳐 진행될
때 더욱 중요하다. 예컨대 노사가 장기간에 걸쳐 협상을 벌이
면서 10가지 쟁점 가운데 가장 큰 쟁점에 합의하면 노사 모
두에게 변화가 일어날 수 있다. 기자는 이런 변화를 포착하고
기사화해야 한다.

③ 전파 과정

전파 과정은 사건이 알려지게 된 경위에 관한 것이다. 특정한 사건이 오랜 기간에 걸쳐 은폐됐을 때 독자들은 그 경위를 알고 싶어 한다. 박종철 군 물고문 치사사건의 경우 처음에는 물고문을 당해 숨졌다는 사실이 큰 뉴스거리였지만 1, 2년 뒤에는 이 사건을 은폐하려는 과정이 큰 뉴스가 됐다. 이 사건이 발생했던 1987년 당시 서울지검 공안부장이었던 최환 변호사는 20년이 지난 뒤 〈동아일보〉와의 2007년 1월 10일 자 인터뷰에서 이 사건이 파헤쳐지게 된 경위에 대해 말했다. 다음은 이 인터뷰의 일부분이다.

> "그런데 오전에 영장을 발부받아 부검 현장으로 떠난 안 검사가 오후 4시가 지나서야 '경찰이 시신을 내주지 않아 부검을 못하고 있다'고 보고하더라고요. 기가 막혀서 당시 박처원 치안본부 대공수사처장에게 전화를 걸었더니 박 처장 말이 '강민창 치안본부장이 내주지 말라고 한다'는 겁니다."
>
> 최 부장은 곧장 강 본부장에게 전화를 걸었다. 강 본부장의 일성은 "당신 말이지, 다 된 걸 왜 자꾸 긁어 부스럼을 만들려고 해"라는 호통이었다.
>
> 강 본부장은 당시 정권의 핵심 실세였다. 최 부장은 지지 않고 "법관의 영장을 받아서 부검을 하려는데 이를 방해하면 특수공무집행방해 및 검시방해 혐의로 현행범이 될 수 있다"고 맞받아쳤다.

무려 20년이 지난 사건의 경위도 기사가 된다. 독자는 사건이 클수록, 또 사건 전모가 가려져 있다고 생각할수록 사건 그 자체보다 경위에 대해 더 관심을 보이기도 한다. 2017년 12월 이 사건을 담은 영화 '1987'이 개봉돼 박 군 사건이 재조명을 받자 최 변호사를 인터뷰해 당시 경위를 전하는 언론도 있었다.

6) 왜(Why)

무엇이 뉴스거리가 되는 사건을 촉발했는지가 Why에 해당한다. 기사는 일종의 사회진단이기도 하다. 기자는 마치 의사가 사람의 몸을 진찰해 병의 원인을 찾아내는 것처럼 행동하고 물어야 한다. **"왜?"라고 묻는 게 기자 직업의 특성이다.** 원인을 찾을 때 기자가 자신과 취재원에게 던져야 할 질문은 다양하다.

'왜 사건이 일어나는 걸 막지 못했을까'
'왜 그런 사람이 사건에 등장했는가?'
'왜 사람들이 그렇게 행동하는가?'
'왜 특정 집단은 그 사안에 깊은 관심을 보이는가?'
'왜 그 일에 찬성(또는 반대) 하는가?'
'왜 일이 벌어졌는가?'
'왜 그 일이 계기가 되었는가?'
'왜 그 사건이 하필이면 그때 터졌는가?'
'왜 범인은 그 장소를 택했을까?'
'왜 그 일이 뒤늦게 알려지게 됐는가?'

이외에도 던질 수 있는 질문은 많다. 사건의 원인은 기사가 다양하게 발전할 수 있는 기초가 된다. 도심 집단 난투극의 원인이 폭력조직 간 암투라면 기자는 '왜 폭력조직이 암투를 벌이게 됐는가?'라는 질문을 던져야 한다. 여기에 대한 답이 아파트 건설공사 납품을 둘러싼 세력 다툼이라면 기사는 아파트 건설공사 납품 비리 등으로 번져 나갈 수도 있다. 기자가 '왜'라는 질문을 얼마나 많이 던지느냐에 따라 기사의 다양성과 심층성 측면에서 차이가 발생한다.

4. 비판적 사고

1) 질문하라

5W1H를 파악하면 기사쓰기에 필요한 최소한의 취재는 마친 셈이다. 기사를 쓰기 전에 사안의 전모를 알고 있는지 점검해 보자. 앞서 기사는 이야기라고 했다. 이야기하기 전 머릿속에 줄거리와 세부 사항이 들어 있어야 한다. 알지 못하면 쓸 수 없다.

이를 알아보는 가장 좋은 방법이 질문이다. 대다수가 부지불식간에 질문을 던진다. 추리물을 읽는 사람은 '범인은 누구일까?'라는 의문을 던지면서 답을 찾는다. 과제가 있는 사람은 '이렇게 해보면 어떨까?'라고 자문한다. 독자 관점에서 질문을 던진다면 이에 대한 대답은 기사의 기초가 된다.

대학생들에게 서울지방경찰청 홈페이지에 실린 보도자료를
주고 30분간 읽은 뒤 기사를 써 보라고 한 적이 있다.

보도자료　　여성 마약사범 일당 검거

**엑스터시 밀반입, 상습복용 환각파티를 벌여 온 여성 마약사범 일당
20명 검거**
서울지방경찰청 마약수사대에서는
2005년 3월말 "순희짱"이라는 여성전용 해외취업 인터넷 전문사이
트를 통하여 대만 "타이베이" · 홍콩 "침사추이"에 들어가 속칭 전화
발이(합숙소에 대기하다 전화가 오면 호텔 등 성매매 장소로 이동하는 직
업여성)로 활동하며 상습적으로 엑스터시를 복용 후 성매매를 하고,
수시로 국내를 드나들며 수회에 걸쳐 엑스터시 200정(400만 원)을
밀반입하여 홍대입구 소재 모 클럽 등지에서 환각파티를 벌여온 서울
명문 Y여고 동창생 4명을 주축으로 한 밀반입책 3명 포함 관련자
22명 중 20명 검거 불구속하고, 나머지 2명은 수배조치 하였으며,
엑스터시 20정을 압수하였음

역할 및 구성원에 대하여
• 엑스터시 공급 및 성매매 알선책인 대만체류 미검자 김 모 씨와
국내 모집책 이 모 씨 등 2명은 인터넷 카페 개설, 성매매 취업여
성들을 모집 대만 홍콩으로 입국시켜 마약(엑스터시) 공급 복용케
하고 전화발이 성매매를 시키고
• 김 모(25세) 씨 등 3명은 비자만료로 수시 입국시 엑스터시를 국내
로 밀반입 하였으며, 그 외 관련자 17명은 엑스터시를 투약한 자들임

취업목적 대만 · 홍콩 출국 및 전화발이 활동 경위
• 미검자 대만 체류 김 모(51,여) 씨와 국내 모집책 이 모(35,남)

씨는 "순희짱"이라는 인터넷 카페에 "홍콩에 같이 가실 분" 등의 광고를 게재 1인당 300만 원씩을 받고 피의자들을 모집하여
• 1차로 국내 모집책 이 모 씨가 외모 등 면접심사를 통하여 선발, 대만 · 홍콩으로 입국시키고,
• 2차로 위 김모씨가 현지 대만·홍콩인 에이전시들과 함께 피부 색깔(현지인들은 흰 피부를 좋아함) 등에 대하여 정밀 면접한 후 합숙케하여 전화발이(엑스터시 복용 성매매 함)*로 활동하게 함
* 전화발이 : 아파트 등에 합숙소를 정해 1:1로 지정된 현지인 운전기사와 함께 성매매(1회 30만 원 7만 원은 본인, 23만 원은 김 모 씨 몫) 장소로 이동

엑스터시 구입 및 상습복용
• 미검 피의자 김 모 씨가 관리하는 현지인 운전기사 또는 대만 타이베이 소재 DJ클럽 종업원 등으로부터 1정당 15,000원(한국에서는 5만 원에 거래)에 구입 상습복용 후 성매매를 하거나 술집, 클럽 등에서 환각파티를 벌임

밀반입 방법에 대하여
• 비자 기간(1~3개월)이 만료되어 수시 귀국시 엑스터시 5~10정씩 소량씩 나누어 랩으로 포장하여 화장품 용기, 성기 또는 브래지어 속에 은닉하거나,
• 입안에 넣어 껌을 씹듯이 위장하여 공항을 통하여 밀반입하였음

환각파티와 관련하여
• 2005년 6월 5일 23시 30분경 마포구 서교동 홍대입구 소재 M클럽에서 현직 유치원 교사 최 모 씨 등 여동창생들끼리 밀반입한 엑스터시를 맥주 또는 음료수와 함께 복용하거나
• 서초구 서초동 소재 M클럽을 출입하며 알게 된 박 모 씨 등 6명은 엑스터시를 1/2정으로 나누어 함께 복용하고 춤을 추는 등 국내 유

흥업소 밀집지역인 이태원 · 서초동 · 홍대입구 클럽 등을 출입하며 수회에 걸쳐 상습 복용하고 환각파티를 상습적으로 하여 왔음

경찰에서는
관련자들이 더 있을 것으로 보고 유관기관 적극 공조 수사를 확대해 나아가기로 하였음

이 자료를 바탕으로 대학생들이 쓴 기사를 읽어 보자.

기사쓰기 　**대학생이 쓴 기사 1**

엑스터시를 밀반입하고 상습적으로 환각파티를 벌여온 여성 마약사범 일당 20명이 검거됐다.

서울지방경찰청 마약수사대는 타이베이와 홍콩 침사추이에서 속칭 전화발이(합숙소를 정하여 1대 1로 지정된 운전기사와 함께 성매매 장소로 이동)로 활동하며 성매매를 하고 수시로 국내에 드나들며 엑스터시 200정(400만 원)을 밀반입한 서울 명문 Y여고 동창 4명을 주축으로 한 밀반입자 3명 포함 관련자 22명중 20명이 검거 불구속하고 나머지 2명은 수배조치 하였으며 엑스터시 20정을 압수했다.

피의자들이 대만, 홍콩으로 출국해 전화발이로 활동하게 된 한가운데에는 여성전용 해외취업 인터넷 전문 사이트가 있었다. 엑스터시 공급 및 성매매 알선책인 미검자 김 모 씨와 이 모 씨는 '순희짱'이라는 인터넷 카페에 광고를 내 1인당 300만 원씩을 받고 성매매 취업여성을 모집했다. 이 모 씨가 1차로 외모 면접심사를 통해 여성을 선발해 대만, 홍콩으로 입국시켰고 2차로 김 모 씨가 현지 에이전시와 함께 정밀면접한 후 합숙시키며 피의자들을 전화발이로 활동하게 했다. 여성들은 상습적으로 현지 운전기사 또는 대만 타이베이

소재 종업원으로부터 1정당 15,000원인 엑스터시를 구입해 복용 후 성매매를 하거나 환각파티를 벌였다.

피의자들은 비자 기간이 만료되어 귀국할 때마다 수시로 엑스터시를 5~10정씩 소량으로 나누어 은밀한 곳에 숨기거나 입안에 껌을 씹듯이 위장에 밀반입했다. 그 후 이들은 국내 유흥업소 밀집지역인 이태원, 서초동, 홍대입구 클럽 등을 출입하며 밀반입한 엑스터시를 수회에 걸쳐 상습복용하고 환각파티를 벌여왔다.

경찰은 이들 외에도 관련자들이 더 있을 것으로 보고 유관기관을 통한 적극 공조 수사를 확대해 나갈 것이라 밝혔다.

기사쓰기   대학생이 쓴 기사 2

엑스터시를 밀반입하고 상습적으로 환각파티를 벌여 온 여성 마약 사범 일당 20명이 검거됐다.

서울지방경찰청 마약수사대는 성매매 모집책 이 모(35) 씨를 포함한 관련자 20명을 검거, 불구속 조치했다.

이 모 씨 등은 인터넷 사이트를 통해 사람을 모아 대만 타이베이, 홍콩 침사추이에서 2005년 3월 말경부터 약 3개월 여 성매매를 했다. 경찰은 이들이 합숙소에 대기하다 전화가 오면 호텔 등으로 이동하여 성매매를 하는 속칭 "전화발이" 수법을 사용했다고 밝혔다.

대만에 체류하던 김 모 씨(51)와 검거된 이 모(35) 씨는 최근 해외 취업을 원하는 사람이 많아졌다는 점을 노렸다. 이들은 "순희짱"이라는 여성 전용 해외취업 인터넷 까페를 개설, 사람들을 모았다. 이들은 "홍콩에 가자"는 광고를 보고 모인 사람들 중 20명을 뽑아 대만과 홍콩 등지로 함께 출국했다. 엑스터시를 복용하고 "전화발이"로 성매매를 계속해 온 이들은 비자가 만료되자 국내로 돌아온 것으로 알려졌다.

일당은 2005년 6월 5일 밤 마포구 서교동 홍대 입구 M클럽에서 환각파티를 벌이다 적발됐다. 이들은 이태원 · 서초동 · 홍대입구 클럽 등을 다니며 밀반입한 엑스터시를 맥주 등에 섞어 복용하고 환각 파티를 벌였다. 엑스터시는 비자가 만료되어 귀국할 때 소량으로 나누어 성기, 브래지어 속에 숨겨 밀반입했다. 현직 유치원 교사 최 모 씨 등도 함께 엑스터시를 복용하다 환각 파티 현장에서 검거됐다.

경찰은 엑스터시를 공급하고 성매매를 알선한 김 모(51) 씨 등 2명을 수배하는 한편, 관련자가 더 있을 것으로 보고 관련기관과 협조해 수사를 확대해 나갈 계획이다.

이들 기사는 사건의 전모를 제대로 전달하고 있는 것일까. 몇 가지 질문을 하면서 사건 내용을 파악해 보자.

Q : 사건 관련자는 모두 몇 명인가?

A : 22명.

Q : 검거된 사람은 몇 명인가?

A : 20명.

Q : 검거되지 않은 사람은 누구인가?

A : 엑스터시 공급 및 성매매 알선책 김 모(51 · 여 · 대만 체류) 씨와 국내 모집책 이 모(35) 씨.

Q : 누가 엑스터시를 국내로 들여왔는가?

A : 김 모(35) 씨 등 3명.

Q : 이들은 성매매를 했는가?

A : 명확히 기록되어 있지는 않지만 문맥상 그런 것으로 추정된다.

Q : 이들은 모두 Y 여고 동창생인가?

A : 그런 것으로 추정된다.

Q : 그렇다면 나머지 Y 여고 동창생 한명은 누구인가?

A : 현직 유치원 교사 최 모 씨로 추정된다.

Q : 엑스터시 밀반입자 3명을 제외한 17명은 모두 국내에서 활동하는 사람인가?

A : 그런 것으로 추정된다.

Q : 17명이 모두 성매매를 했나?

A : 엑스터시를 복용하긴 했지만 성매매를 했는지를 모른다.

이들 질문은 등장인물의 역할과 상호 관계에 대해 집중되었다. 추정된다는 답변은 취재로 확인해야 명확해질 수 있다. 보도자료만으로는 불명확한 사항이 적지 않다. 질문을 몇 가지 던져보면 자신이 알고 있는 것과 모르는 것이 명확해진다. 범죄 수법과 사건의 경위도 이처럼 문답 방식을 통해 파악하면 좋다.

대학생들이 쓴 기사를 살펴보자. 두 기사의 첫 문장은 '엑스터시를 밀반입하고 상습적으로 환각파티를 벌여온 여성 마약 사범 일당 20명이 검거됐다'이다. 이 문장이 사실을 제대로 반영하고 있는가. 20명이 검거된 것은 맞지만 이들에 대한 수식이 잘못되어 있다. 엑스터시 밀반입과 환각파티가 'and'로 연결되어 있다. 20명이 모두 두 가지 행위를 한 것은 아니다. 어떤 사람은 밀반입하고 어떤 사람은 환각파티를 즐겼다. 이 두 가지 행위는 'or'로 연결되어야 한다. 즉, 엑스터시를 밀반입하거나 이를 복용하고 파티를 즐긴 20명이 검거된 것이다. 첫째 기사는 모집책 이 모 씨가 검거되지 않았다고 했는데, 둘째 기사는 이 모 씨가 검거됐다고 했다. 이 두 기사는 등장인물의 관계를 혼동한 결과 20명을 모두 국내에서 모집돼 대만 등지에서 성매매를 하는 사람으로 만들었다.

기자 지망생에게 2, 3장짜리 간략한 자료를 내주고 기사를 쓰라고 하면 대개 내용을 다 파악하기 전에 기사부터 쓰려는 의욕을 보인다. 사실 관계가 잘못된 기사가 나올 개연성이 높다. 자료를 읽었다면(취재를 마쳤다면) 자신이 전체 내용을 파악하고 있는지를 확인해야 한다. 추가 취재가 필요한 사항은 무엇인지, 자료나 취재의 미비점이나 불명확한 점은 없는지도 점검해야 한다. 질문은 이러한 작업을 손쉽게 해 준다.

무엇부터 물어야 하는지가 관건이다. 기사가 활극이라면 등장인물과 배경, 줄거리가 있다. 가장 중요한 요소는 등장인물이다. 배경은 인물이 있어야 의미가 있고, 줄거리는 인물이 만들어내는 이야기다. 이 때문에 등장인물의 역할과 상호 관계를 먼저 파악하면 나머지를 파악하기 쉬워진다. 줄거리는 등장인물이 상호작용한 결과물이다. 등장인물 가운데서도 핵심 인물을 먼저 파악한 뒤 이 인물을 중심으로 관계를 설정하면 된다. 때로는 역할만 있지 등장하지 않는 인물도 있다. 위의 보도자료에서는 롤링업자가 이에 해당한다. 이런 인물은 상호관계의 비중이 상대적으로 덜하다.

다음 몇 가지 질문에 대답해 보자.

Q: 김 씨는 무엇을 했는가?

Q: 국내 모집책 이 씨와 김 씨의 역할은 무엇인가?

Q: 엑스터시 밀반입자 김 씨는 전화발이로 일했는가?

Q: 김 씨는 어디서 엑스터시를 구했나?

Q: 김 씨는 성매매시 엑스터시를 복용했나?

Q: 성매매 시 엑스터시를 복용한 이유는 무엇인가?

Q: 김 씨가 엑스터시를 어떻게 들여왔나?

Q: 김 씨가 한국에서 동창생을 만나 무엇을 했나?

Q: 김 씨와 박 모 씨는 어디서 어떻게 만났나?

이들 질문에 대답할 수 있다면 줄거리를 대충 파악한 셈이다. 대학생들이 쓴 기사를 다시 읽어 보자. 이들 기사에서 사실과 다른 부분을 찾아보고 이를 어떻게 고쳐 쓸 것인가도 생각해 보자. 여러 가지 질문을 던질수록 사건의 실상에 접근하게 되고, 사건의 전체 그림도 명료해진다. 기사쓰기는 사건 전체를 명확히 파악한 뒤 시작해야 한다.

경찰의 보도자료만으론 답하기 어려운 질문은 취재를 통해 답을 찾아야 하며, 이것이 기사의 중요 대목이 될 수도 있다. 모든 사람에게 배포되는 자료만을 바탕으로 한 기사는 기사의 구성이나 문장력을 제외하곤 내용을 차별화하기 힘들다. 새 사실은 기사를 차별화하는 중요한 요소다. 당장 대답하기 어려운 질문의 답을 취재를 통해 찾는다면 기사는 차별성과 경쟁력을 갖출 수 있다.

2) 비판적 사고

기자는 서로 충돌하는 많은 견해와 주장, 사실을 다루게 된다. 북한의 인권문제는 인류의 보편적 가치 차원에서 접근해야 한다는 사람도 있고, 북한 정권의 붕괴나 남북 관계 악화가 남한에 미칠 영향을 고려해서 신중히 접근해야 한다는 사람도 있다. 중고교생에게 암기식 학력보다는 창의적 사고를 가르쳐야 한다는 사람도 있고, 중고교 시절 익힌 광범위한 지식과 높은 학력이 창의력에 우선한다는 사람도 있다. 신축 아파트가 일조권을 침해한다고 항의하는 주민이 있는가 하면, 법적 절차를 밟아 허가를 받고 아파트를 짓는다는 건설업자가 있다. 많은 사람이 기자에게 각기 다른 시각에서 주장을 펼친다.

기자가 상충하는 주장을 파악했더라도 어떤 가치판단을 해야 하는가의 문제가 남는다. 이때도 판단의 1차적 기준은 사실이어야 한다. 기자는 개별 사실을 하나씩 뜯어 살피면서 정보덩어리에서 함축된 의미와 결론을 이끌어 내야 한다. 개별 사실이 전체 사건에서 어떤 의미를 지니는가를 평가해야 하고, 진실을 추구하기 위해 분석적으로 추리해야 한다. 사실이 자신이 내린 잠정적인 결론과 어긋날 경우 자신의 생각을 바꿀 수 있는 열린 마음이 필요하다. 기존 해석을 뒤엎을 수 있는 새로운 사실이 드러났다면 아무리 많은 시간과 노력을 들였다 할지라도 기사를 기꺼이 바꿔 써야 한다.

이러한 생각과 판단이 다상량이다. 다상량의 방법론 가운데 하나가 비판적 사고(critical thinking)다. 비판적 사고는 그리스 철학자 소크라테스도 사용했던 방법이다. 소크라테스는 정권을 잡은 사람들이 민중을 설득할 때 펴는 주장 속에 종종 공허한 의미가 담겨있다는 것을 보여줬다. 그는 의문점 조사, 증거 탐색, 가정에 의문 제기, 사람의 말과 행동에 초점 맞추기 등 기자들이 사용하는 기법을 사용했다. 이러한 비판적 사고는 변화가 가속화되는 시기에 더욱 중요하다. 요즘같이 매일 새로운 변화가 이뤄지는 시기에 기자는 분석하고 점검하는 능력을 갖춰야 독자에게 변화의 의미를 설명해 줄 수 있다.

미국에는 비판적 사고에 대한 여러 웹사이트가 있다. 비판적 사고에 대한 정보를 알려 줄 목적으로 설립된 크리티컬 씽킹 파운데이션 홈페이지(www.criticalthinking.org)에 나와 있는 비판적 사고의 정의를 살펴보자. 마이클 스크라이븐(Michale Scriven)과 리처드 폴(Richard Paul)이 우수한 비판적 사고 교육을 위한 위원회에 제출한 정의를 축약했다.

비판적 사고란 신념과 행동의 길잡이다. 이는 관찰, 경험, 숙고, 추론, 의사소통을 통해 생산되거나 모아진 정보를 역동적이고도 능숙하게 개념화하고, 적용하고, 분석하고, 종합하고, 평가하는 지적으로 훈련된 절차다. 모범이 될 만한 비판적 사고는 보편적인 지적 가치를 기반으로 하고 있다. 이 가치는 명료성, 정확성, 세밀성, 일관성, 적절성, 건전한 증거, 좋은 추론, 심오함, 광범위함, 공정성 등의 분야를 초월하는 것이다.

비판적 사고는 모든 사고에서 찾아볼 수 있는 구조와 요소 —

목적, 문제 또는 이슈, 가정, 개념, 경험적 근거, 결론의 추론 과정, 암시와 결론, 다른 관점에서의 반대 등 — 에 대한 점검을 포함하고 있다. 이는 과학적, 수학적, 역사적, 인류학적, 경제학적, 도덕적, 철학적 사고 등 다양한 사고방식이 서로 얽혀져 이뤄진다.

비판적 사고는 두 가지 구성요소를 지니고 있다고 할 수 있다. 첫째, 일련의 정보와 신념을 생산하고 처리하는 기술이다. 둘째, 이러한 기술을 행동의 길잡이로서 사용하는 습관이다. 이는 단순히 정보를 얻거나 갖고 있는 것과도 다르며, 일련의 기술을 가지고도 사용하지 않는 것과는 다르다.

잘 훈련된 사람은 핵심적인 질문과 문제를 제기한다. 또 정보의 적절성을 평가하고 이를 해석하기 위해 추상적인 생각을 사용한다. 이렇게 해서 잘 추론된 결론과 해결책을 도출해 내고, 적절한 기준에 따라 평가한다. 다른 사고 체계로도 열린 마음으로 생각하며 다른 사고 체계의 가정과 암시 그리고 실용적인 결론을 인식하고 평가한다. 복잡한 문제의 해결책을 찾아내는 데 다른 사람과 효율적으로 의사소통한다. 비판적 사고란 스스로 방향을 설정하고 훈련하며 점검하고 수정하는 생각이다.

기자는 항상 주변에서 발생하는 일에 대해 판단을 하고, 일상생활에 영향을 주는 사건이나 새로운 발전, 그리고 이슈를 대중에게 알려야 한다. 이를 위해 사회에서 일어나고 있는 일에 대해 항상 평가해야 하며 겉으로 드러나지 않는 의미를 이해하려고 노력해야 한다. 사회적 현상을 해석하고 이를 신문에 게재하는 일은 책임감이 뒤따른다. 기자는 사안을 비판적으로 접근할 수 있는 지력과 적절한 지식, 끊임없는 호기심, 어려움에 처했을 때 헤쳐 나갈 수 있는 의지 등이 있어야 한다. 기자는 단지 관찰자가 아니라 새로 얻은 정보를 평가하는 사람이기도 하다.

5. 기사의 초점 찾기

1) 초점 찾기 리스트

취재를 통해 5W1H를 찾고 여러 요소들의 상호 관계를 파악하면 기사쓰기의 준비가 끝난 셈이다. 기사를 쓰기 전에 한 가지 더 할 일이 있다. 기사의 초점을 찾는 일이다. 이는 기사의 첫 문장인 리드에 무엇을 담을 것인가와 밀접히 연관되어 있다. 스트레이트를 쓴다면 첫 문장에 초점을 담아야 하고, 내러티브나 탐사보도 등 피처를 쓴다면 초점과 밀접히 연관된 일화나 묘사로 기사를 시작해야 한다.

초점을 찾기 위해서 몇 가지 질문을 던져 보자.

① 무엇이 뉴스인가
독자의 눈을 끌만한 새로운 것을 찾아야 한다. 이는 사건 발생 소식일 수도 있고, 기사에 등장한 인물의 수법일 수도 있다. 예컨대 도둑이 망치로 문을 부수는 오래된 수법이 아닌 레이저빔으로 소리 없이 문을 몇 초 만에 따고 들어가 금덩어리를 훔쳤다면 이 수법도 뉴스가 된다.

② 무엇이 줄거리인가

등장인물이 만들어 가는 이야기의 줄거리를 찾아 한 문장 또는 2, 3문장으로 요약할 수 있어야 한다. 한 문장에 전체 줄거리를 담아 보자. 기사를 구성할 때 주제문으로 활용할 수 있다.

③ 어떤 정보가 독자를 놀라게 할 것인가

취재 중에 경이롭게 느껴진 일을 찾아야 한다. 취재 중에 '어떻게 이런 일이 있을 수 있을까', '정말 그럴 수가 있을까'라는 반응을 일으킨 요소라면 독자에게도 경이롭게 느껴질 것이다.

④ 독자가 가장 알고 싶어 하는 일은 무엇인가

독자에게 흥미를 주거나 영향을 미치는 요소를 찾아야 한다. 예컨대 지하철 요금이 인상됐다면 독자는 자신이 자주 다니는 구간의 요금을 알고 싶을 것이다. 독자의 입장에서 생각해야 한다.

⑤ 기대 밖의 사실이 있는가

취재를 할 때 전혀 생각하지 못했던 사실을 발견할 수도 있다. 취재 과정에서 발견한 의미심장한 사실은 없었는지 생각해야 한다.

⑥ 반드시 써야 할 것은 무엇인가

취재한 여러 사실 중 기사에 빠뜨리지 말고 담아야겠다는 생각이 드는 요소를 고르면 초점을 찾는데 도움이 된다.

⑦ 이 기사의 의미를 한 문장으로 만들어 보자

기사의 의미를 짧은 문장으로 적어 보자. 머릿속에서 생각만 하는 것보다 효과적이다.

⑧ 기사 제목을 붙여라

기사에 붙일 수 있는 제목을 몇 가지 생각해 보자. 기사 전체를 상징할 수 있는 몇 개의 단어로 만들어야 한다.

⑨ 어떤 독자에게 기사가 도움이 되는가

기사의 독자층은 젊은이인가, 중년층인가, 주부인가, 학생인가. 이 독자층에 기사가 어떤 도움을 주는가. 독자가 기사를 읽고 어떤 반응을 보일지 생각해야 한다.

⑩ 내 마음에 있는 기사의 이미지는 무엇인가

기사가 어떤 이미지를 그려 내면 적합한가. 아동 폭력에 대한 기사를 쓴다면 도움의 손길을 받지 못한 채 공포에 떠는 어린이, 꾸지람을 듣고도 다음 날 또 폭력을 행사하는 어린이 등 다양한 이미지가 있을 수 있다. 이미지를 그려 내면 기사의 초점이 드러난다.

⑪ 내 머릿속에 어떤 통계가 들어 있는가

숫자로서 복잡한 현상이나 세계를 설명할 수 있다. 숫자는 종종 독자를 사로잡는 마력을 지니고 있다.

⑫ 독자가 친구에게 내 기사를 어떻게 설명할 것인가

독자가 내 기사의 취지를 손쉽게 이해하고 이를 친구에게 전달할 수 있는지가 중요하다. 독자의 반응을 미리 상상해 보자.

⑬ 기사로 해결되는 문제는 무엇인가

기사로 현실의 변화를 줄 수 있는가. 응급환자를 골든타임 안에 응급실로 데려갈 수 없는 실태에 대한 기사는 응급 시스템을 보완할 수 있는 계기가 되기도 한다. 기사가 문제 해결의 출발점이 되고, 누가 어떤 방식으로 문제를 풀어 나가야 하는지 생각해 보자.

기사를 쓸 때마다 이 많은 질문을 모두 던져 초점을 찾기는 쉽지 않다. 또 비효율적이다. 크리스토퍼 스칼란은 무려 32가지 질문을 던지면서 초점을 찾는 방법을 그의 저서 〈Reporting and Writing〉에서 설명하고 있다. 위 질문 리스트는 몇 가지만 간추린 것이다. 가능한 몇 가지 질문이라도 던져 봐야 한다. 초점이 드러나지 않는다면 질문의 수를 늘려 보자. 스칼란은 한 학생이 초점을 찾기 위해 던진 간단한 질문을 소개하고 있다. 에어로빅에 대한 기사를 쓴 이 학생은 5가지 질문만을 던지고 그에 대한 답을 적었다.

Q: 무엇이 뉴스인가?
A: 에어로빅은 건강을 유지하게 해줄 뿐만 아니라 몸의 치료 속도를 높인다.
Q: 줄거리는 무엇인가?
A: 캠벨 파크 에어로빅 강사인 알비나 밀러는 무릎 부상에도 불구하고 운동을 한다.
Q: 어떤 이미지인가?
A: 수강생 반을 맡고 있는 알비나 밀러는 무릎 보호대를 차고 있다.
Q: 여섯 단어로 주제어를 써 보자.
A: 에어로빅은 신체 치료를 빠르게 한다.
Q: 그래서 어쨌단 말인가?
A: 활동적인 라이프스타일이 주는 또 다른 혜택이 있다.

148

이들 질문을 보면 이 학생이 어떤 기사를 쓸 것인지, 기사의 초점이 무엇인지가 드러난다. 초점 찾기는 기사를 쉽게 쓸 수 있도록 해줄 뿐만 아니라 기사가 갈 길을 잃고 횡설수설 전개되는 것을 방지해 주는 역할을 한다.

2) 초점 찾기 실습

다음은 서울지방경찰청 홈페이지 보도자료란에 있는 자료의 일부분이다. 이 같은 사건을 취재했다고 가정하고 몇 가지 질문을 던지고 답을 찾아보자. 보도자료를 처음 읽을 때와 자문자답을 하며 읽었을 때의 효과를 스스로 비교해 보자.

보도자료　　해외 원정도박단 검거

한국인 투자·운영 필리핀 호텔카지노 원정도박단 검거
카지노바 등에서 도박자 유인, 환치기 수법으로 도박자금 제공 등
수십억 원 부당 이득

　국내 건설업체 자본으로 필리핀 특급호텔 카지노 운영권 취득 후, 국내에서 모집한 도박참가자들이 바카라게임 등의 도박행위를 하게하고, 환치기 수법으로 도박자금을 마련하도록 한 카지노 사장 등 26명 검거

피의자(총 26명: 영장신청 1. 불구속 25)
1) 박 ○○(62. 남. 강동구 둔촌동. 불구속) 카지노 사장
2) 채 ○○(32. 남. 용산구 보광동. 불구속) 도박 알선

---

3) 장○○(41. 남. 강남구 도곡동. 영장신청) 상습도박자

4) 하○○(35. 남. 의정부시 녹양동. 불구속) 등 4명 도박자

5) 임○○(49. 남. 의왕시 내손동. 불구속) 등 19명 환치기업자

범죄사실

피의자 1)은 영리를 목적으로 국내 건설업체로부터 약 60억 원 상당의 투자를 받아 필리핀 마닐라 소재 某 특급호텔 내에 파○○○이라는 상호로 바카라, 블랙잭 테이블 등을 설치하여 카지노를 운영하는 자이고, 같은 2)는 카지노로부터 왕복항공료 및 체류경비를 포함하여 일정액의 수수료를 받고 국내에서 고액의 도박참가자들을 모집·송객하는 이른바 롤링업자인 자로 상호공모하여, 2006년 4월 1일부터 2006년 7월 5.까지 위 호텔카지노에서 국내에서 모집한 같은 3) 4) 등 도박참가자들이 바카라 게임 등을 통해 약 27억 원 상당의 도박을 하게하고, 재미교포 박○○ 등의 명의로 개설하여 놓은 국내은행 계좌 등을 이용해 환치기 수법으로 도박자금을 마련하여 주는 방법으로 총 95억 원의 불법외국환 거래를 알선, 수수료 등 명목으로 총12억 상당의 부당이득을 취한 것임

적용법조 형법 제246조(상습도박) 등에 따라 3년 이하 징역·2천만 원 이하 벌금

범행특징 및 문제점

국내 카지노바 등지에서 도박자들 대상으로 유인·알선

이번 해외원정 도박사범은 국내에서 카지노바를 운영하다 구속된 전력이 있는 전 카지노바 운영자가 포함되어 있는 등 카지노바 등지에서 해외도박을 알선하는 이른바 '롤링업자'*의 소개를 통해 익명성이 보장되고 무제한 배팅을 할 수 있는 필리핀 카지노로 원정을 간 도박자들임

＊롤링업자: 도박객을 유치하고 내깃돈 액수에 따라 수수료인 '롤링비'를 받는 도박객 알선 에이전트

수사기관의 단속을 피하기 위해 점조직 형태로 도박참가자 모집

국내 건설업체가 수십억 원의 자본을 투자하여 필리핀 현지 특급 호텔 카지노 운영권을 취득하였음에도 국내인의 원정도박이 범죄임을 알고 수사기관의 단속을 피하기 위해, 공식적인 경로를 통한 대대적인 홍보보다는 '롤링업자' 등 점조직을 통해 왕복항공료, 체류경비, 리무진 픽업서비스 등의 원스톱 서비스 등의 특혜를 조건으로 고액의 도박참가자 유치

신속한 첩보입수 및 범인 조기검거로 국부유출 방지

필리핀 게임유흥공사(PAGCOR)와의 운영권 취득 계약 및 도박자금 송금을 위한 재미교포의 국내계좌개설 등 치밀한 사전준비를 통해 수백억 원의 도박자금 유출이 우려되는 상황에서 카지노 운영 초기에 관련첩보를 입수, 필리핀 측과의 공조수사를 통해 범인 조기검거로 추가적인 국부유출 사전차단

해외에서의 도박관련 당사자들 간의 강력범죄 등 확산 우려

최근 마카오에서 한국인 건축업자가 한인 카지노 롤링조직에 의해 살해되는 등, 해외 원정도박자들의 증가로 한국 내 폭력조직과 롤링업자 등 도박관련 당사자들 간의 강력범죄 예방을 위해 인터폴 등과의 공조를 통한 강력한 단속 필요

① 무엇이 뉴스인가?

  도박꾼 유인 및 환치기 수법

② 무엇이 줄거리인가?

  외국에 카지노를 차려 놓고 롤링업자를 통해 점조직으로 도박
  꾼을 끌어들여 환치기 수법으로 돈을 벌었다.

③ 어떤 정보가 독자를 놀라게 할 것인가?

  국내 업체의 해외도박장 개설

  (도박꾼이 자발적으로 외국 업자의 외국 카지노를 찾아간 것과 다름)

④ 독자가 가장 알고 싶어 하는 일은 무엇인가?

  환치기가 어떻게 이뤄질 수 있는지에 대한 내용

⑤ 반드시 써야 할 것은 무엇인가?

  피의자들의 조직적 연계성

⑥ 이 기사의 의미를 한 문장으로 만들어 보자?

  한국인 조직이 해외 카지노 도박을 주도하고 있다.

⑦ 기사 제목을 붙여라

  해외 환치기 도박 조직 적발

이처럼 질문 몇 가지로 기사의 초점이 드러나면 기사를 쓰기 쉬워진다. 보도자료만으로 질문에 답을 할 수 없다면 추가 취재가 필요하다. 보도자료에는 대개 담당자와 연락처가 있다.

사건의 줄거리를 파악하고 비판적 사고로 기사의 의미를 더듬은 뒤 초점 찾기까지 마쳤다면 기사를 쓸 준비는 모두 끝난 셈이다. 이러한 과정을 거치는 것이 처음에는 시간이 걸릴지 모르지만 몇 번만 해보면 시간이 대폭 줄어든다. 더 익숙해지면 취재를 하면서 초점을 자연스럽게 찾을 수 있다.

4
기사 구성(설계하기)

1. 구성이 흐트러지면 기사는 죽는다

집에는 방, 거실, 부엌, 화장실 등이 있다. 집을 짓기 전 이런 공간의 위치와 크기, 방향 등을 정하고 문이나 창을 낼 곳도 정해야 한다. 집의 구성을 담은 설계도는 집이 어떤 모습이 될지를 가늠하게 한다. 만일 설계도 없이 집을 짓다 마음이 내키는 대로 즉흥적으로 방을 만들거나 창문을 내면 어떤 집이 나올까. 집을 짓는 사람도 알기 힘들다. 설계도가 있다면 집을 짓는 도중 생각이 바뀌었을 때 설계도를 다소 수정하면 된다. 이때도 집의 모양을 쉽게 가늠할 수 있다. 어떤 경우든지 설계도가 있으면 집의 모양을 예상할 수 있다.

앞서 벽돌이 많으면 더 좋을 집을 지을 수 있다고 말한 적이 있다. 건축자재가 풍부하면 여러 가지 변화가 가능해 집을 화려하게 꾸밀 수 있다. 아무리 화려한 집도 주거 공간 기능을 제대로 갖추지 못하면 소박한 흙집보다 불편하다. 집이 제 기능을 다 하려면 초기 단계에서 설계도가 잘 짜여야 한다. 설계도를 따라 지으면 집을 더 빨리 지을 수 있다. 작업 도중에 무엇을 할지 생각하며 머뭇거리지 않아 시간과 노력을 절약할 수 있다.

기사를 쓸 때도 마찬가지다. 아무리 소재가 풍부해도 기사의 설계가 제대로 되어 있지 않으면 어떤 기사가 나올지 짐작하기 힘들 뿐만 아니라 기사를 쓰는 속도에도 큰 차이가 난다. 기사의 설계도란 구성이다. **기사의 구성이 제대로 되어 있지 않으면 이야기의 흐름이 갈 지(之)자로 흔들리고, 독자는 내용을 이해하기 어렵게 된다.** 기사가 문장 표현은 서툴지라도 구성이 제대로 되어 있으면 약간 손질만 하면 깔끔해진다. 집의 도색만이 문제라면 이를 수정하는 덧칠만 하면 된다. 집의 방과 거실 위치가 잘못되어 있으면 벽을 부수고 다시 지어야 한다. 기사의 구성이 잘못되어 있으면 기사를 처음부터 다시 써야 한다. 많은 시간과 노력이 물거품이 된다. 기사쓰기에 앞서 제일 먼저 해야 할 것이 구성이다.

2. 구성의 첫 단계 – 주제문과 주제어

주제문은 기사로 하려는 이야기의 요약본이다. 한 문장으로 기사 전체를 대변한다. 이런 이야기를 기사로 하겠다는 설명이다. 대개 기사의 첫 문장(리드)보다는 더 많은 정보를 포함하고 있지만 구체적 세부 사항은 담지 않아 리드보다 길고 기사보다는 짧다. 주제문은 짧게 핵심만을 담는 것이 좋다.

구성은 이 주제문을 구현하기 위해 각 문단에 어떤 이야기를 담을 것인가를 정하는 일이다. 문단의 주제를 몇 단어나 짧은 문장으로 표현한 것이 **주제어다. 각 문단에 담길 작은 이야기 꾸러미의 표시**라고도 할 수 있다. 이 작은 이야기 꾸러미를 적절한 위치에 놓고 주제어를 이으면 주제문이 된다.

실제 기사를 통해 주제문과 주제어를 살펴보자. 각 문단의 굵은 글씨가 문단이 주제어다.

---

① 성인 10명 가운데 6명가량이 정신질환에 대한 지식이 낮은 '정신건강 문맹(文盲)'으로 나타났다. 또 정신질환 치료법 등에 대한 오해가 많아 심각한 결과를 초래할 우려가 큰 것으로 조사됐다.

(성인 절반 이상이 정신건강 문맹)

② 이는 본보가 정신적으로 건강한 사회를 만들기 위해 대한신경정신의학회와 함께 일반인의 정신건강지식지수를 국내에선 처음으로 측정한 결과다.

(정신건강지식지수 첫 측정)

---

③ 3월 서울 및 수도권 5개 대학병원의 건강강좌에 참가한 20대 이상 성인 303명을 대상으로 진행된 이번 조사에서 정신질환의 종류와 원인, 대처법 등에 대한 10개 문항 가운데 100점 만점에 40점 이하 낙제점을 받은 응답자가 57.6%나 됐다.

(측정 방법)

④ 70점을 넘어 정신질환에 대해 잘 알고 있는 사람은 5.6%뿐이었고 100점 만점자는 한 명도 없었다. 보통 수준인 사람은 36.8%였다. 연령별로 살펴보면 20대가 평균 58.8점으로 가장 높았고 30대(48.7점) 40대(42.36점) 50대(35.39점) 등 나이가 들수록 평균 점수가 낮았다.

(측정 결과1 - 전체 점수와 연령대별 점수)

⑤ 응답자의 46.4%가 우울증은 마음이 약해서 생기는 병이고, 76.2%가 치매는 완치가 불가능하다고 잘못 알고 있어 정신질환에 걸렸더라도 올바른 치료를 받을 수 있는 지식을 갖추지 못한 것으로 나타났다.

(측정결과 2 - 치료를 위한 지식 부족)

⑥ 정신질환으로 병원 치료를 받은 사람은 2001년 134만여 명에서 2005년 170만여 명으로 5년 사이 27%나 늘었다. 실제 정신질환자는 이보다 훨씬 많다. 2001년 서울대병원 신경정신과 조맹제 교수팀이 보건복지부의 의뢰로 전국 6,000명을 면접 조사한 결과 정신질환자의 70~95%가 적절한 치료를 받지 못하고 있었다.

(많은 정신질환자가 치료 받지 못함)

⑦ 한국인들이 정신질환을 감추기에 급급하거나 자신이 정신질환자라는 걸 모르고 있다는 이야기다. 이 같은 상황에선 최근 잇단 연예인의 자살과 모방자살이 보여 주듯이 정신질환에 따른 사회적 손실과 충격에서 한국 사회가 벗어나기 힘들다.

(질환에 대한 무지)

⑧ 실제 많은 정신질환자가 내과나 응급실 등을 찾아 "가슴이 답답하다", "숨이 막힌다"고 호소하다 뒤늦게 정신과를 찾아 치료시기를 놓치고 있다고 전문가들은 말한다.

(정신과를 찾지 않는 정신질환자)

⑨ 서울 강동성심병원 신경정신과 류성곤 교수는 "이번 조사에서 병의 원인과 치료에 대한 정답률이 매우 낮아 한국인이 정신병을 대하는 태도에 문제가 있는 걸로 나타났다"고 말했다.

(정신질환에 대한 태도가 문제)

⑩ 정신건강지식지수 권위자인 호주 멜버른대 의대 심리학자 앤서니 좀 교수는 본보와의 이메일 인터뷰에서 "대부분이 심장병이나 암에 걸리면 초기에 치료를 받아야 하고, 병에 걸리지 않으려면 음식을 조절하고 운동을 해야 한다는 점을 알지 않느냐"면서 "정신질환도 마찬가지인데 드러내기를 꺼리거나 상식이 부족한 사회에선 전문가의 도움을 받지 못해 정신질환이 악화되기 일쑤"라고 지적했다.

(정신질환 무지 사회의 문제점)

위 기사의 ①~⑤는 정신건강지식지수의 측정 결과를 소개하고 ⑥~⑧은 무지로 인해 정신질환자가 적절히 치료를 받지 못하는 실상을 설명했으며, ⑨~⑩은 정신질환에 대한 태도가 바뀌어야 한다는 점을 말하고 있다. 이들 키워드를 하나로 연결하면 '정신건강지식지수 측정 결과 10명 중 6명이 정신질환 문맹이었으며 많은 정신질환자가 무지로 인해 적절한 치료를 받지 못하고 있는데 정신질환에 대한 개인과 사회의 태도를 고치지 않는 한 정신질환이 악화하는 사태를 막지 못할 것이다'라고 전체 기사가 요약된다. 이를 더 짧게 쓰면 '한국은 정신건강 문맹 사회여서 정신질환자가 적절히 치료받지 못하고 있으며 개인과 사회의 태도가 변해야 한다'라고 줄일 수 있다. 이것이 이 기사의 주제문이다. **각 문단의 주제어를 순서 그대로 이어 붙이면 주제문이 된다. 이 주제문이 매끄럽고 설득력이 있다면 독자가 기사를 설득력 있게 받아들일 개연성이 높다.**

'한국은 정신건강 문맹 사회여서 정신질환자가 적절히 치료받지 못하고 있으며 개인과 사회의 태도가 변해야 한다'라는 주제문을 구현하기 위해 '성인 절반이 정신건강 문맹'이란 조사 결과를 서두에 내놓아 독자의 관심을 끌었다. 그다음에 '정신건강지수의 첫 측정'의 결과라는 근거를 밝혀 독자에 신뢰성을 준다. 이 측정의 구체적 내용을 설명해야 한다. '측정방법'에 이어 세부 내용을 이야기한다. 왜 이런 결과가 나왔는지를 설명할 차례다. '정신질환자가 치료받지 않는 현실과 원인, 실상'을 짚어 준다. 이제 독자의 관심은 이에 대한 해결책으로 이어질 순서다. 전문가들과의 인터뷰를 통해 정신질환에 대한 태도가 바뀌어야 한다는 대책을 제시한다. 이는 독자를 설득하는 논리적인 순서이기도 하다. 독자가 기사를 읽으면서 각 문단의 주제어를 느끼고 기사 읽기를 마치면 주제문이 머릿속에 연상되게 만드는 장치다. 주제문은 독자가 기사에서 알게 하고 싶은 메시지, 주제어의 배열순서는 독자에게 메시지가 자연스럽게 느껴지도록 설득하는 순서라고도 할 수 있다.

3. 이야기 꾸러미 만들기

구성은 독자에게 이야기를 전달하는 순서를 정하는 일이다. 순서가 잘못되면 독자는 기사를 이해하기 힘들어한다. 순서가 어색하면 독자는 기사를 읽다 중단하거나 기사를 읽으면서 자신에게 적합한 순서로 정보를 다시 배열해서 이해해야 하는 번거로운 작업을 해야 한다.

기사 구성은 비슷한 이야기를 한군데에 모으면서 시작된다. 비슷한 이야기 그룹이 3개가 있고, 각 그룹마다 약간 다른 이야기 세 가지가 섞여 있다고 하자. 이 이야기의 그룹을[A A' A", B B' B",C C' C"]로 표시하자. 한 가지 이야기를 마치고 다른 이야기로 넘어가는 구성이 간결하다. 이 이야기가 [A B' A'- C" A" B- C' B" C]순으로 배열되어 있다면 어떻게 될까. 독자는 기사를 읽으면서[A A' A"] 등 유사한 이야기를 간추려 해석하는 작업을 추가로 하게 된다.

한 종류의 이야기가 한데 있는 구성과 여러 곳에 흩어져 있는 구성의 차이점을 실제 사례를 통해 살펴보자.

다음 두 기사는 기자 지망생이 같은 사건에 대해 쓴 것이다.

기사쓰기   기자 지망생이 쓴 사건 기사 1

경찰은 ○○일 불법체류 중인 러시아 국적 여성들을 고용해 인터넷 채팅사이트를 통해 출장식 성매매를 알선한 브로커와 성매매를 한 러시아 여성 등 7명을 검거했다.

경찰에 따르면, 검거된 김 씨 등 4명은 인터넷 채팅사이트 2곳을 통해 불특정 다수의 남성들을 대상으로 서울, 경기 일대 숙박업소 등지에서 러시아 여성과 출장식 성매매를 알선하고, 약 350만 원의 부당이득을 취한 것으로 나타났다.

불법체류 중인 러시아 여성 3명은 김 씨를 통해 남성들을 소개받아 여관이나 모텔 등지에서 회당 15만 원을 받고, 하루 평균 1~4회의 성매매를 한 것으로 밝혀졌다. 특히 브로커인 김 씨는 이들에게서 화대의 3분의 2를 받아 부당이득을 챙기고, 임신 5개월 상태인 임산부에게도 성매매를 알선한 것으로 나타났다.

경찰은 "성매매 특별법의 시행으로 성매매 관련업자들이 해외로 진출하는 내국인 성매매 종사자대신 불법체류중인 외국인 여성들을 고용해 성매매를 알선하고, 경찰의 단속을 피하기 위해 집창촌 대신 출장식 성매매가 성행하는 등 성매매업계의 풍선효과가 나타나고 있다"고 밝혔다.

경찰은 검거된 브로커들을 상대로 추가 범행 등을 집중 추궁하고 이같은 수법의 다른 조직이 더 있을 것으로 보고 수사를 확대할 방침이다.

160

임신 5개월의 임산부를 비롯한 러시아 여성을 고용해 성매매를 알선한 브로커 일당과 성매매 여성이 경찰에 붙잡혔다.

서울지방경찰청은 ○○일 인터넷 채팅방을 통해 남성을 호객하고, 수도권 일대 숙박업소에서 약 250회에 걸쳐 성매매를 알선하여 3,500여만 원의 부당이익을 취득한 혐의로 김 모(34, 남)씨 등 4명과 성매매 여성 3명을 불구속 입건했다.

경찰에 따르면, 김 씨 등은 2005년 11월경에 입국한 가가르키나(23, 여) 등 3명의 러시아 여성을 용산구 이태원동 소재의 다가구 주택에 합숙시키며 하루에 1~4회가량 성매매를 알선한 혐의다.

경찰 조사 결과, 러시아 성매매 여성 중에는 임신 5개월 상태인 임산부도 있었으며, 이들은 1회 화대인 15만 원 중 10만 원을 브로커에게 빼앗긴 것으로 밝혀졌다.

경찰은 성매매 특별법에 따른 강력 단속의 영향으로 단속의 손길이 상대적으로 미치기 어려운 출장식 성매매가 성행하는 것으로 보고, 인터넷상의 성매매 알선 조직을 다각적으로 수사할 방침이다.

기사 ①은 성매매 알선 브로커 김 씨의 범행을 설명하고 러시아 여성 3명의 성매매 사실에 대해 말한 뒤 김 씨가 화대를 챙긴 사실에 대해 다시 설명하고 있다. 기사 ②는 김 씨의 성매매 혐의를 설명한 데 이어 김 씨의 성매매 수법과 러시아 여성 3명이 김 씨에게 당한 일을 설명하고 있다. 기사의 주어를 살펴보면 기사 ①은 '김 씨-러시아 여성-김 씨'로 전개되고 기사 ②는 '김 씨-김 씨-러시아 여성'으로 전개된다. 이 차이는 [A-B-A']와 [A-A'-B]로 요약될 수 있다. 기사 ②는 김 씨의 행위를 중심으로 쓰면서 러시아 여성이 당한 일을 덧붙였다.

기사 ①은 등장인물의 순서대로 김 씨의 이야기와 러시아 여성의 이야기를 쓰고 김 씨의 화대 분할 비율에 대해 썼다. 전반적으로 보면 같은 인물의 행위를 한데 모아서 쓴 기사 ②가 보다 명료하고 간결하다. (기사 ②는 ①에 비해 6하 원칙에 따라 기술되어 있다는 점도 큰 차이다.)

여러 강의에서 수강생에게 기사 ①과 ②를 비교 평가해 보니 항상 ②가 더 읽기 편하다는 평가가 나왔다. 한 인물에 대한 이야기를 여기저기 흩어 놓는 것은 기사를 이해하기 어렵게 만드는 요인이다.

비슷한 내용을 한군데에 모으면 적합한 구성을 찾아내기 쉬워진다. 기자는 내용을 정리하면서 사안을 명확히 파악하게 된다. 기사로 풀어내야 할 이야기 꾸러미가 몇 개인지를 알게 되면, 또 이 이야기 꾸러미들 사이에 존재하는 상관관계를 알게 되면 독자에게 더 설득력이 있는 이야기 꾸러미 순서를 정하기도 보다 편해진다.

이미 이야기했듯이 기사에는 정답이란 게 있을 수 없다. 각 문단의 주제어로 여러 가지 조합을 만들어 가장 마음에 드는 걸 찾아보자. ①번 기사의 문단을 기준으로 작업을 해 보자. 순서대로 적어 보면 '성매매 일당 적발', '브로커 혐의', '러시아 여성 성매매 실태', '브로커의 화대 갈취', '임신 중 성매매', '성매매 풍선 효과', '수사 확대' 등이다. 이들 주제어의 순서를 바꿔 보자. 주제어를 배열하면서 한군데에 합쳐도 될 내용인지, 아니면 주제어를 둘로 나눠 세분화해야 하는지도 생각해 보자. 누가 주어가

되어야 하는지도 생각해야 한다. ②번 기사의 문단을 기준으로 주제어를 적어서 그 차이도 비교해 보자.

이런 방식은 번거롭지만 많은 장점이 있다. 순서만 바꿔 놓으면 다양한 구성을 시험해 볼 수 있다. 몇 가지 구성을 만들고 비교해 보면 어떤 구성이 적합한지 눈에 확연히 들어온다. 처음에는 다소 시간이 걸리지만 **몇 차례 해보면 그 시간은 매우 짧아지고, 익숙해지면 취재와 거의 동시에 구성이 손에 잡힌다.**

4. 자연스러운 구성

비슷한 내용을 모아서 하나의 이야기 꾸러미를 만들고 이를 자연스럽게 늘어놓으면 좋은 기사가 되기도 한다. 다음 기사를 살펴보자.

> "오매 뭐 땜시(무엇 때문에) 이 징헌(징그러운) 곳까지 왔당가."
> 5일 전남 진도군 조도면 맹골도리 곽도.
> 머리에 수건을 둘러쓰고 나무 지팡이를 든 박민심(78) 할머니가 손을 잡으며 반겼다.
> 밥을 먹던 조복례(81) 할머니는 "오랜만에 사람 구경하네"라며 같이 먹자고 소매를 끌었다. **(할머니들의 환대)**
> 진도에서 40km 떨어진 곽도는 2시간 거리. 미역이 많이 나 '미역섬'으로 불린다. 면적이 0.15km²로 축구장을 20개 정도 합친 조그만 섬이어서 웬만한 지도에는 아예 나와 있지 않다.

'섬사랑 3호'라는 배가 이틀에 한 번 운항한다. 파도가 높거나 짙은 안개가 끼면 며칠씩 다니지 않는다. 사면이 풀 한 포기 없는 암벽이어서 시멘트를 메워놓은 바위에 배를 대야 한다. **(외딴섬)**

미역섬에는 박 할머니, 조 할머니 외에 두 명이 더 산다. 영화에 나오는 '마파도' 같은 섬이다. 강경엽(75) 할머니는 밭에 나가 집에 없었고, 김둔례(74) 할머니는 목포의 딸집에 가 있었다.

1960년대 중반까지만 해도 미역 섬에는 20가구가 넘게 살았다. 1968년 배가 뒤집어져 마을 주민 9명이 한꺼번에 숨지는 변고가 있은 뒤 주민들은 하나둘씩 섬을 떠났다. 김 할머니는 그때 남편과 시동생 두 명을 잃었고, 강 할머니도 남편을 떠나보냈다. **(몇 명만 살게 된 사연)**

요즘 할머니들은 돌김을 채취하느라 바쁘다. 썰물인 오전에 바닷가에 나가 바위에 붙은 돌김을 따서 짚으로 엮은 발에 말린다. 조 할머니는 "겨울철에 돌김을 팔아 30만 원 정도 버는데 요새는 무릎이 안 좋아 오래 일을 못 한다"며 아쉬워했다. 할머니들은 여름철 뭍에 있는 가족들이 들어오면 미역을 딴다. 발이 두껍고 쫄깃쫄깃해 10장에 70만 원을 받지만 가구당 300만 원 정도 밖에 못 번다.

이래저래 모은 돈은 대부분 병원 치료비, 약값, 교통비로 쓰인다. 박 할머니는 "두 달에 한 번 꼴로 섬 보건소와 육지의 병원을 다니는데 관절염, 고혈압, 두통 때문에 1년 내내 약이 떨어지지 않는다"고 말했다.

전기는 10년 전에 들어왔다. 5km 떨어진 맹골도에서 끌어다 쓰는데, 1년 치 전기료 20만~30만 원은 네 가구가 공평하게 나눠서 낸다. **(할머니들의 경제 상황)**

열아홉에 전남 해남군 화원면에서 이곳으로 시집온 강 할머니는 일욕심이 많아 네 할머니 가운데 밭이 가장 많은 '땅부자'다. 조 할머니는 마을 대소사를 챙기는 맏언니. 편지나 소포가 오면 나눠주고 면사무소 일도 직접 본다. 지난해에는 마을로 들어오는 언덕길을 시멘트로 포장하는 '민원'을 해결했다. 박 할머니는 웬만해서는 밭일이나 바닷일을 하지 않는 '공주파'다. 유일하게 눈썹 문신을 하고 뭍에 나가면 염색은

164

빠뜨리지 않는다. (**할머니들의 캐릭터**)

이들에겐 또 다른 섬 식구가 있다. 염소와 강아지다. 지난해 6월 조 할머니는 새끼 염소를 섬으로 들여와 우유를 먹여 키웠다. 이제는 바위타기 명수가 됐을 정도로 제법 컸지만, 채소밭을 망쳐 놓고 말려 놓은 김발을 해쳐 놓기 일쑤다. 오죽하면 염소 이름을 '망아지'로 지었을까. 박 할머니 집에서 사는 2년생 강아지는 낚시꾼이 데려다 놓았는데, 늘 망아지 기세에 눌려 지낸다. (**할머니들의 식구**)

텔레비전은 적적한 할머니들의 친구이자 가족이다. 저녁식사를 마친 할머니들이 박 할머니 집 TV 앞에 모였다.

"주몽이 즈그 부인을 빨리 만나야 허는디…. 짠해(불쌍해) 죽것어."(강 할머니)

티격태격하는 모습이 영화 〈마파도〉의 장면들을 떠올리게 한다.

"할머니, 혹시 마파도라고 들어 봤어요"라고 물었다. 그러자 박 할머니가 "그것이 뭣이여. 양파 아니여"라고 말한다. (**TV 보기가 문화생활**)

도란도란 얘기를 나누던 할머니들은 섬 얘기를 할 때마다 '징하다'고 했다. 갯일에 밭일에 60년 넘게 허리 한번 제대로 펴보지 못해서다.

"나는 아들만 오면 나갈 거여." 박 할머니는 5년 전 집을 나가 소식이 끊긴 아들이 돌아오면 미련 없이 떠나겠다며 눈물을 훔쳤다.

"그래도 손을 꼼지락할 때까지는 살아야제."

조 할머니는 자식들 신세를 지고 싶지 않다며 몸이 성할 때까지는 섬을 지키겠다고 했다. (**할머니들의 인생 계획**)

다음 날 오전 할머니들은 안개 속을 헤치고 바닷가로 나갔다. 바닷가로 가는 갈대밭에서 할머니들에게 구성진 진도아리랑 한 자락을 부탁했다.

"사람이 살며는 몇백 년 사나 / 개똥 같은 세상이나마 둥글둥글 살세 / 문경 새재는 웬 고개인고 / 굽이야 굽이굽이 눈물이 난다…."

신명나야 할 가락에는 할머니들의 60년 미역섬 인생에 켜켜이 쌓여 온 한(恨)이 진하게 묻어났다. (**할머니들의 한**)

　　　　　　　　　　　　　　　　　　－ 〈동아일보〉 2007년 2월 17일 자

이 기사를 취재하기 위해 곽도를 찾은 기자가 보고 들은 것을 상상해 보자. ① 할머니의 기자 환대 ② 곽도는 작은 외딴 섬 ③ 인구가 줄어 4명만 사는 섬 ④ 돌김과 미역을 따서 약값과 전기료로 쓰는 생활 ⑤ 할머니들의 특징 (땅부자, 맏언니, 공주파) ⑥ 할머니들의 식구인 염소와 강아지 ⑦ 저녁에는 TV보기 ⑧ 할머니들의 인생 계획 ⑨ 할머니의 한이 담긴 아리랑 등이 이어진다.

기자가 배에서 내리자 할머니가 오랜만에 사람 구경한다며 환대해 줬다. 이 섬이 어떤 곳인지를 지리적 위치와 인구 내력을 통해 설명했다. 4명만 사는 할머니들이 어떻게 지내는지를 경제생활을 중심으로 살펴봤다. 걸어 다니는 동물은 할머니들의 식구나 마찬가지다. 밤이 되자 할머니들은 TV를 보며 감정 이입을 하고 이야기꽃을 피운다. 이 할머니들에게 앞으로는 어찌 살 생각이신가를 들어봤다. 다음 날 일하려고 찾은 바닷가에서 한이 담긴 진도 아리랑을 청해 들었다.

이 기사는 기자가 섬을 찾아 듣고 본 이야기를 시간 순으로 자연스럽게 늘어놓는 방식으로 쓰였다. 낮에 보고 들은 이야기, 밤에 보고 들은 이야기, 아침에 보고 들은 이야기다. 한 이야기가 끝나면 다른 이야기로 넘어가고 서로 겹치지 않는다. 아주 단순하며 평범한 구성이지만 읽기도 편하고 독자의 상상력을 자극한다.

할머니의 경제 상황은 크게 3가지다. 벌이·개별 용처·공동 용처다. 이걸 3가지 이야기로 나누어서 기사 곳곳에 흩어 놓았다고 가정해 보자. 기사의 흐름이 끊기면서 읽기 불편해질 것이다. 이런 점에서 구성을 단순하게 하는 것이 좋다. 작은 이야기 꾸러미를 독자가 읽기 쉽도록 서로 겹치지 않게 늘어놓아 큰 이야기를 만들어야 한다.

이 기사는 구성 외에도 주목할 점이 있다. 풍부한 대화, 사투리가 섞인 말로 현장감을 듬뿍 살렸다. 기사의 첫머리에서 "오매 뭐 땜시(무엇 때문에) 이 징헌(징그러운) 곳까지 왔당가"라는 한마디가 독자를 끌어당긴다. 만일 "그래도 손을 꼼지락할 때까지는 살아야제"라는 대목을 '할머니는 손가락을 움직일 수 있을 때까지는 살겠다고 말했다' 또는 '할머니는 거동할 수 있을 때까지는 살겠다고 말했다'로 고쳐 쓴다면 어떤 느낌이 들겠는가. 기사, 특히 르포에서는 구어체나 현장감이 중요하다.

초보자들이 기사쓰기에 있어 어려움을 겪는 가장 큰 이유는 구성을 소홀히 하기 때문이다. 주제문과 주제어를 정하려면 기사로 쓸 내용을 파악하지 않고선 불가능하다. 내용을 파악하려면 취재를 하거나 자료를 면밀히 읽어야 한다. 기사로 만들 이야기가 부실하면 좋은 기사를 쓸 수가 없다. 이런 밑바탕 작업을 소홀히 한 채 기사를 쓰면 이야기의 전개가 중구난방이 되어 독자에게 혼선을 주기 일쑤고, 핵심 내용을 제대로 전달하기 힘들어진다. 내용 파악과 구성이 제대로 되면 기사를 쓰는 건 아주 쉽다. 몇 가지 원칙만 지키면 된다. 기사 문장에는 몇 가지 원칙이 있다. 독자가 기사를 편하게 읽으면서 핵심을 잘 파악할 수 있게 하기 위함이다.

5

기사쓰기의 7가지 원칙

1. 친구에게 이야기하듯 쓰자

1) '불이야'의 교훈

예 시	화재 상황에 놓인 나멋져 씨

나멋져(29·회사원) 씨는 2024년 4월 5일 혼자 여행을 떠났다. 인천에서 배를 타고 덕적도로 갔다 마지막 배를 놓쳐 인천으로 되돌아가지 못하고 모텔에 들게 됐다. 모텔 3층 방에서 잠을 자던 중 매캐한 냄새에 깼다. 방안에는 연기가 가득 차 있었다. 나 씨는 '여기서 죽나 보다'라는 생각이 들어 구조를 요청했다. 소방차가 곧 달려와 불을 껐다. 소방관이 산소마스크를 들이대자 '이제 살았구나'라는 생각이 들었다.

나멋져 씨가 이런 상황에 놓였다고 가정하자.

그는 구조를 요청할 때 어떻게 소리쳤을까. '사람 살려', '도와주세요', '불이 났다', '소방서에 전화해', '불이야' 중 어떤 걸 고르겠는가. 필자는 '불이야'를 고르겠다. '불이야'는 우리에게 익숙한 표현일 뿐만 아니라 여러 의미를 한꺼번에 전달하는 경제성과 효율성을 지니고 있다.

'사람 살려', '도와주세요', '불이 났다', '소방서에 전화해' 등은 이런 상황에 적합하지 않다. '사람 살려'는 물에 빠졌을 때도 쓸 수 있다. 무슨 이유인지 모른다. '불이 났다'는 단순한 사실 전달인지 구조를 요청하는지 불분명하다. '소방서에 전화해'는 화재 발생 신고를 하라는 의미인가.

'불이야'는 음절이 가장 적고 큰소리로 외치기 좋아 긴급한 상황에 좋은 표현이다. 이 외침을 들은 사람은 나 씨가 긴급한 화재 상황에 놓였다는 것을 직감할 것이다. 이 말은 '대피해라', '살려달라', '신고해라' 등 여러 의미를 한꺼번에 전달할 수 있다.

기사를 쓸 때는 '불이야'처럼 사람들의 귀에 꽂히는 문장을 사용해야 한다. 이런 표현을 고르는 것은 어렵지 않다. 기사로 친구에게 이야기한다고 생각하고 친구가 이해할 수 있는 익숙한 표현을 고르면 된다. **우리에게 익숙한 단어나 문장은 누구에게나 그 의미를 명확히 전달하는 힘을 갖고 있다.** 단, 클리셰(cliché, 프랑스어로 남용되어서 의도된 전달력이나 새로움이 없어진 진부한 상투구, 상투어·표현·개념)는 경계해야 한다.

조지 부시 미국 대통령은 2006년 7월 18일 G8 정상회담에서 실무 오찬을 하면서 토니 블레어 영국 총리를 "어이(Yo), 블레어"라고 불렀다. 이들의 대화는 마이크가 켜 있어 미국 '스카이 TV'에 중계됐다. 부시 대통령은 "시리아가 헤즈볼라에게 이 빌어먹을(shit) 일을 중단시키게 해야 한다"고 말하는 등 비속어를 자주 썼다. 이들의 대화가 공식 브리핑된다면 아마도 '부시 대통령은 블레어 총리의 이름을 부르며 반갑게 맞았다. 부시 대통령은 시리아가 헤즈볼라에게 테러를 중단하게 해야 한다고 말했다'는 식일 것이다. 일상 대화에 섞인 '어이', '빌어먹을' 등은 부시 대통령의 솔직한 심정을 담아내는 힘이 있다.

기사를 쓸 때는 등장인물의 일상 대화에 유의해야 한다. 이런 점을 잘 살려야 기사의 맛이 살아날 뿐만 아니라 경제성과 효율성을 동시에 추구하면서 그 의미를 독자에게 명확히 전달할 수가 있다.

2) 강렬하게 쓰자

소설가 김주영 씨는 한 강연에서 "아침에 똥을 먹지 마라"는 이야기를 예로 들었다. 자신이 어느 날 읽은 건강 관련 글에서 이 대목이 가장 인상에 남더라는 것이다. 사람은 아침에 활동에 필요한 에너지를 얻기 위해 식사를 해야 하는 데 아무것도 먹지 않으면 몸이 에너지를 찾아 나서기 때문에 대장에 들어 있는 똥에서 영양분을 섭취한다는 줄거리였다고 소개했다. (이 이야기가 의학적으로 근거가 있는지는 모른다) 이 이야기를 전후 사정을 설명하지 않고 대뜸 '아침에 똥을 먹지 마라'고 일갈하듯이 쓴

것이다. '똥'은 '대변'이라는 단어보다 강렬해 '아침'의 이미지
와 대비되어서 뇌리에 강한 인상을 남긴다.

앞서 곽도 르포에서도 "주몽이 즈그 부인을 빨리 만나야 허
는디…. 짠해(불쌍해) 죽것어"라는 말은 할머니들이 TV 드라
마에 얼마나 몰입했는지를 잘 나타낸다.

일상적인 이야기와 어투는 이처럼 강한 인상을 남길 뿐만
아니라 그 여운이 길어 정제된 설명보다 나을 때가 종종 있다.
기사로 설명하기 어려운 대목까지, 기자의 용어로는 말하기
힘든 부분까지 문장이나 단어의 여운을 독자의 가슴속에 퍼뜨
린다. 독자가 기사 전체보다는 한마디 말이나 단어를 더 오래
기억하는 일이 적지 않다. 독자는 강한 인상을 준 단어를 지렛
대로 삼아 기사 내용을 떠올린다.

3) 일상어를 쓰자

기사를 쓸 때는 취재 내용을 충분히 이해하고 **독자의 눈높이에
맞춘 일상용어를 사용해야 한다.**

한 대기업 회장에 대한 1심 판결 기사를 예로 들어 보자.

한 신문은 '정 회장이 장기간에 걸쳐 대규모의 부외자금을 은
밀하게 조성해 불법적 용도 등에 자의적으로 사용한 행위는 기
업 경영의 투명성과 건전성을 크게 저해하는 것'이라고 썼다.

이 기사는 재판부의 판결문에 있는 단어와 문체를 그대로
사용했다. '부외자금', '자의적', '저해' 등 어려운 한자어가 많

다. '부외자금'을 이해하는 독자는 많지 않을 것이다. '부외자금'이란 장부 밖에 있는 자금, 회계 장부에 기록되지 않은 자금으로 비자금을 의미한다. 이 문장을 고쳐 써 보자. '정 회장이 오랫동안 거액의 비자금을 몰래 만들어 불법적인 용도 등에 마음대로 써 기업 경영의 투명성과 건전성을 크게 해쳤다'로 쓰면 어떨까. 친구에게 이야기할 때 쓰는 일상어가 문장을 이해하기 쉽고 간략하게 만든다.

2. 문장은 짧을수록 좋다

1) 짧게 끊어 쓰자

실제 기사에 나온 다음 문장을 소리 내어 읽어 보자. 어떤 느낌이 드는지 곰곰이 생각해 보자.

> 정부는 7월에 나진 선봉의 참관단 유치를 위해 활발한 움직임을 보였던 김정우 북한 대외경제협력위원장의 일본에서의 활동 상황과 최근까지 북경 등지에서 진행된 북일 수교접촉 전반을 분석하는 한편, 주일 한국대사관도 나진 선봉 투자설명회에 참석한 일본 기업 및 정부 관계자들의 움직임과 향후 투자 계약 상황 등에 대한 긴급 분석에 들어간 것으로 14일 확인됐다.
>
> — ○○일보 1996년 9월 15일 자

위 문장을 수강생에게 소리 내어 읽게 했더니 몇 가지 공통된 반응이 나왔다. '숨이 막힌다'는 반응이 가장 많았다. 한두 차례 숨을 쉬고 읽는 사람도 있었다. '무슨 말인지 모르겠다'는 반응도 많았다. 이해하기 힘든 말은 없지만 뜻을 이해하지 못하는 사람이 대부분이었다.

이 문장을 분석해 보자. 주어는 무엇인가. 다소 헷갈린다. 그럼 술어는 무엇인가. 맨 마지막 단어인 '확인됐다'이다. 이 술어의 주어는 '것으로'이다. 이 주어는 두 절이 꾸미고 있다. 첫째는 '정부는 … 분석하는 한편'이고, 둘째는 '주일 한국대사관도 … 분석에 들어간'이다. 전자는 주어가 '정부'이고 술어는 '분석하는'이며, 술어의 목적어는 '김정우의 일본에서 활동상황'과 '북일 수교접촉'이다. 후자는 주어가 '주일 한국대사관'이며 술어는 '분석에 들어간'이고, 목적어는 '일본 기업 및 정부 관계자들의 움직임'과 '향후 투자 계약 상황'이다. 이렇게 해부하니 이젠 내용이 어느 정도 파악된다. **한 문장에 절이 많이 있고, 주술 관계가 복잡하면 독자들이 헷갈리는 게 당연하다. 누가 무엇을 했는지를 파악하는 데 시간이 걸리는 건 물론이요 초점이 어디에 있는지 분간하기도 어렵다.**

이 문장은 너무 길다. 빈칸을 포함해서 199자이니 원고지 한 장 분량이다. 긴 문장은 독자를 힘들게 만든다. 독자가 몇 차례 쉬면서 읽는 동안 글의 흐름을 놓치기 쉽다. 또 주어와 술어 등 문장의 구성이 복잡해 독자가 신경을 곤두세워야 문장 구조를 이해할 수 있다. 이처럼 긴 문장에 대한 독자의 반응이 좋을 리가 없다.

이 문장을 몇 개의 짧은 문장으로 고쳐 쓰고 소리 내어 읽어 본 뒤 원래 문장과 비교해 보자.

고쳐쓰기   긴 문장을 짧은 문장 여러 개로 끊어 쓰기

> 정부가 7월에 나진 선봉의 참관단 유치를 위해 활발한 움직임을 보였던 김정우 북한 대외경제협력위원장의 일본에서의 활동 상황에 대한 긴급 분석에 들어간 것으로 14일 확인됐다. 정부는 또 최근까지 북경 등지에서 진행된 북일 수교접촉 전반을 분석하고 있다. 주일 한국대사관도 나진 선봉 투자설명회에 참석한 일본 기업 및 정부 관계자들의 움직임과 향후 투자 계약 상황 등을 분석하고 있다.

원래 문장에서 거슬리는 표현을 놓아둔 채 길이만을 짧게 만들어 세 문장으로 나눠 봤다. 전체 길이는 216자로 다소 늘었어도 숨이 찬다든지 무슨 말인지 모르겠다는 반응은 나오지 않을 것이다. 첫 문장은 내용적으로 주어와 목적어가 각각 하나다. 문장 전반적으로는 '~것으로 확인됐다'는 술어만이 있다. 이 문장도 김정우 북한 대외협력위원장을 수식하는 구를 별도로 떼어내면 더욱 짧아질 수 있다. '정부가 김정우 북한 대외경제협력위원장의 일본에서의 활동 상황에 대한 긴급 분석에 들어간 것으로 14일 확인됐다. 김 위원장은 7월 나진 선봉의 참관단 유치를 위해 활발히 활동했다'고 하면 어떨까. 둘째 문장은 주어와 목적어, 술어가 각각 하나다. 셋째 문장은 주

어가 한 개, 목적어가 두 개, 술어가 한 개다. 이처럼 주어와 술어가 하나뿐인 문장이 읽기에 편하고 이해하기도 좋다.

한 문장에는 하나의 정보만 담는 게 원칙이다(One sentence, one information). 2가지 이상을 한 문장에 담으면 독자는 어느 정보가 더 비중이 큰지 분별해야 한다. 일반인의 대화는 대부분 한 문장에 한 가지 정보를 담아 이뤄진다. 이 때문에 대화를 이해하지 못하는 사람은 드물다. 일정 수준의 교육을 받은 사람은 오탈자, 적절치 못한 단어, 틀린 어법 등을 즉시 알아채고 뜻을 파악할 수 있다. 어린아이가 엄마에게 전화를 걸어 '집으로 올게'라고 말하면 엄마는 '집으로 갈게'로 이해한다. 몇 가지 오류가 있는 글보다 여러 정보를 함께 담은 글이 더 나쁠 때가 많다. 글의 가장 중요한 기능은 의사소통이다. 독자가 무슨 뜻인지 알 수 없거나, 많은 시간을 써야 뜻을 알 수 있는 문장은 효율적 의사소통에 실패했다고 봐야 한다.

이런 기사 문장이 나오는 이유는 크게 두 가지다. 첫째, 기자가 초점을 파악하지 못했기 때문이다. 첫 문장을 쓴 기자는 여러 정보 중 어느 것이 리드에 나올 가치가 있는가를 알지 못한 것으로 보인다. 이는 취재와도 밀접히 연관되어 있다. 광범위한 정보를 모았다면 정보들 사이에 비중을 파악할 수 있다. 정보의 중요도는 정보끼리의 관계에서 결정되는 법이다. 취재에서 정보의 우선 순위를 가리지 못하면 초점을 잡기 힘들다.

둘째, 짧은 문장의 효용성과 활용법을 잘 모를 수 있다. 한 문장에 하나의 정보를 담으려면 단문으로 써야 한다. 주어가 여러 개인 중문이나 복문을 피해야 한다. 수식구도 가급적 줄여야 한다. 긴 문장이 얼마나 치명적인지는 판결문을 보면 잘 알 수 있다. A4 용지 한 장을 넘어서는 판결문을 한 문장으로 쓰는 판사도 있다. 이런 판결문은 몇 번을 되풀이해서 읽어야 그 뜻을 겨우 파악할 수 있게 된다. 교통사고에 대한 판결문 가운데 일부를 살펴보자. 등장인물의 이름과 일시 등은 바꿨다.

판결문   교통사고 판결문 일부

을 제1, 6호증의 각 기재에 변론의 전 취지를 종합하면, 원고는 이 사건 사고 전날인 2000년 12월 5일 언니인 박○○, 약 2년 전부터 교제 중인 남자친구인 위 김○○, 김○○의 조카인 최○○ 등 4명이서 함께 조개구이를 먹으러 아산만 방조제로 가기로 하고, 같은 날 위 김××이 운전하는 위 그랜저 XG 승용차에 동승하여 아산만 방조제에 도착한 사실, 그 후 원고 등 4명은 위 아산만 방조제에 있는 식당 및 노래방에서 다음 날 1시 46분경까지 함께 술을 나눠 마신 다음, 적당한 숙소를 물색하기 위하여 다 같이 위 김○○이 운전하는 위 승용차에 탑승하고 출발하였는데, 원고는 조수석에서 안전띠를 맨 채 잠을 자고 있다가 이 사건 사고를 당한 사실을 인정할 수 있고, 이에 반하는 갑 제6호증의 8, 21, 22의 각 일부 기재와 증인 최○○의 증언은 믿지 아니하며, 갑 제 10호증의 1, 2, 갑 제11호증, 제12호증의 1 내지 5의 각 기재와 영상만으로는 위 인정을 뒤집기에 부족하고, 달리 반증이 없는 바, 위 인정사실에 의하면 원고는 음주만취 상태인 위 김○○이 운전하는 위 승용차에 동승하여 위험을 자초하였을 뿐 아니라, 위 김○○으로 하여금 전방을 잘 주시하면서 안전하게 운전하도록 주의를 촉구하였어야 함에도 이를 게을리 한 채 조수석에서 잠을 자고

있다가 이 사건 사고를 당한 과실이 있다 할 것이고, 그 밖에 위 그랜저 XG 승용차의 운행 경위 및 운행 목적, 원고의 동승 경위 등에 비추어 원고도 위 승용차의 운행이익을 어느 정도 공유하고 있었던 점도 아울러 고려하면, 피고의 책임비율은 60%(원고 과실 비율 40%) 정도로 제한함이 상당하다.

짧은 문장은 기사쓰기의 중요한 원칙이다. 첫 번째 원칙인 이야기하듯 쓰기도 짧은 문장에 바탕을 두고 있다. 강렬함과 경제성도 모두 짧은 문장에서 나온다. 짧은 문장을 쓰는 법을 배우려면 조금 길다 싶은 문장을 골라서 짧게 끊어서 쓰기를 몇 차례 반복해보는 게 좋다. 원래 문장에 담긴 정보의 가짓수를 세어 보고, 그 수를 줄이면 문장의 길이는 짧아진다.

2) 적당한 문장 길이

길이가 어느 정도여야 짧은 문장이라고 할 수 있을까. 문장 길이는 글자 수가 기준이 될 수 있다. 글자 수는 어떤 면에선 무의미하다. 문장 길이는 감각의 문제이기 때문이다. **적절한 문장 길이는 독자가 한숨에 읽으면서 이해할 수 있는 분량이다.** '한숨 읽기'의 길이는 사람에 따라 다르다. 호흡이 긴 사람은 짧은 사람보다 한숨에 더 긴 문장을 읽을 것이다. 또 독자의 지식이나 이해도에 따라 적정한 길이는 달라진다. 일반인이 이해하기 힘든 문장도 거침없이 읽고 이해하는 사람이 있다.

적당한 문장 길이를 알아보기 위해 다음 문장을 큰 소리로 읽어 보자. 자신이 읽기에 편하다고 생각하는 문장이 적당한 길이다. 여러 사람이 함께 읽어본 뒤 의견을 모아 보면 자신뿐만 아니라 많은 사람이 적당하다고 생각하는 문장의 길이를 알 수 있다.

예시　　적정한 문장의 길이

① 나는 보고서를 썼다.

② 나는 학교 정화 방안에 대한 보고서를 썼다.

③ 나는 상사의 지시로 학교 정화 방안에 대한 보고서를 썼다.

④ 나는 상사의 지시로 학부모들에게 보낼 학교 정화 방안에 대한 보고서를 썼다.

⑤ 나는 상사의 지시로 학부모들에게 보낼 학교 정화 방안에 대한 구체적인 실행 계획이 담긴 보고서를 썼다.

⑥ 나는 학교운영위원회의 보고서 작성 의결이 있은 뒤 상사의 지시로 학부모들에게 보낼 학교 정화 방안에 대한 구체적인 실행 계획이 담긴 보고서를 썼다.

⑦ 나는 교내에서 학생들이 동급생을 두들겨 팬 폭력 사건에 경악한 학교운영위원회의 보고서 작성 의결이 있은 뒤 상사의 지시로 학부모들에게 보낼 학교 정화 방안에 대한 구체적인 실행 계획이 담긴 보고서를 썼다.

---

①~⑦번 문장 가운데 적당한 길이의 문장을 고르라고 주문하면 대개 ③~⑤번 문장을 고른다. ③, ④번 문장을 고르는 사람이 ⑤번 문장에 비해 많은 편이다. 이 정도 길이면 많은 사람

이 읽기에 부담이 없다는 걸 알 수 있다. 기사의 문장도 이 정도 길이면 독자가 이해하기 편할 것이다. ⑦번 문장을 읽으면 숨이 다소 가빠진다. 너무 길다는 뜻이다. 문장은 위 사례처럼 몇 가지 요소를 추가해 가면 얼마든지 길어질 수 있다. 기사를 쓸 때 문장이 적정한 길이를 넘어섰다고 생각하면 일단 펜을 멈추고 줄일 방법은 없는지를 생각해 봐야 한다.

적정한 길이에 대한 절대적 기준은 없지만 ③번 문장은 32자, ④번 문장은 43자, ⑤번 문장은 58자다. 경험에 비춰 볼 때 문장의 길이가 50자(200자 원고지의 2줄 반)를 넘지 않도록 연습하는 게 짧은 문장 쓰기에 큰 도움이 된다. 때론 주어가 10자가 넘을 때도 있어 50자 이내의 문장을 쓰는 건 쉽지 않다. 예컨대 한국교원단체총연합회, 조국통일범민족청년학생연합 남측본부 등 이름이 긴 주어가 나오면 난감하다. 이때는 단숨에 쉽게 읽어낼 수 있는 길이인지를 살펴야 한다. 문장을 더 줄이기 어렵다는 판단이 들 때까지 자꾸 줄이는 연습을 해야 한다.

115자인 ⑦번 문장을 짧게 끊어서 써 보자. '나는 상사의 지시로 학교 정화방안에 대한 보고서를 썼다. 학교운영위원회는 학생들이 학교에서 동급생을 두들겨 팬 폭력 사건에 경악해 보고서를 만들기로 의결했다. 구체적인 실행계획이 담긴 이 보고서는 학부모들에게 보내질 것이다'고 쓸 수 있다. 문장의 길이는 각각 32자, 57자, 35자다. 이와 다르게도 나눠 쓸 수 있을 것이다.

문장을 나눠 쓸 때는 초점을 고려해야 한다. 일반적으로 원래 문장의 주어와 술어를 주목해야 한다.

⑦번 문장은 '나는 … 썼다'로 요약될 수 있다. 이 문장을 고쳐 쓴 글도 '나는 보고서를 썼다'를 가장 중요하게 여겨 첫 문장으로 삼았다. 원래 문장의 초점이 적절하다고는 볼 수 없다. 관점은 사람에 따라 다르기에 개별 사실의 중요도를 가늠해 보아야 한다.

⑦번 문장을 나눌 때 '학교운영위원회는 학생들이 학교에서 동급생을 두들겨 팬 폭력 사건에 경악해 보고서를 만들기로 의결했다'고 첫 문장을 쓸 수도 있다. 시간 순에 따른 연대기적 기술이다. 또 '학부모에게 학교 정화방안에 대한 구체적인 실행 계획이 담긴 보고서가 보내질 것이다. 학교운영위원회는 학생들이 교내에서 동급생을 두들겨 팬 폭력 사건에 경악해 보고서를 작성하라고 의결했다. 나는 상사의 지시에 따라 보고서를 썼다'로 고칠 수도 있다. 학부모가 보고서를 받는다는 점을 부각한 기술이다. 이럴 경우 원래 문장과 초점이 완전히 달라진다.

문장을 짧게 고쳐 쓸 때 원래 표현을 살릴 것인가도 중요하다. 독특한 표현이 아니라면 집착할 필요는 없다. 사실 관계가 맞으면 문장을 어떤 방식으로 고쳐 쓰든 상관이 없다. 고쳐쓰기도 창작의 일종이다.

3. 생생하게 쓰자

1) 상세히 쓰자

5W1H의 Where 대목에서 상세한 묘사의 장점을 이미 설명했다. 어떻게 하면 상세한 묘사를 할 수 있을까. **독자는 사건이 일어난 장소를 동영상을 보듯 머릿속에서 그려낼 때 생생함을 느낀다. 이를 위해서는 구체적이고 자세한 묘사가 필요하다.** 묘사(描寫)의 사전적 의미는 '사물을 그려냄'이다. 글을 통해 그리는 일이다.

조선시대 주막의 모습을 간직하고 있다는 삼강주막의 사례를 들어 보자. 경상북도는 경북 예천군 풍양면 삼강리 삼강주막을 옛 모습 그대로 복원해 관광지로 개발하기로 하고 보도자료를 냈다.

이 보도자료에는 "이 주막의 주인이자 우리시대 마지막 주모였던 유옥연 할머니가 타계한 이후 오랫동안 보수가 되지 않아 지붕, 기둥 등 목부재 훼손·퇴락이 심화되고 건물이 전체적으로 기우는 등 보수가 시급하고 …"라고 쓰여 있다. 이것만으론 지붕과 기둥이 훼손 퇴락한 상태를 알기 힘들다. 건물이 어느 정도로 기울었는지도 알 수 없다.

기자가 삼강주막을 찾아 기사를 쓴다면 상세히 써야 한다. 기술 대상이 되는 사물이나 상황을 자세히 관찰하고 주목할 만한 사실을 골라 가벼운 마음으로 옮기면 된다. 기둥의 훼손

된 상태와 지붕이 기울어진 상태를 묘사해 독자가 주막의 상태를 느끼게 하면 된다. 사진을 통해 본 삼강주막의 구체적인 모습을 상상하며 묘사해 봤다. '2005년 10월 삼강주막의 마지막 주모(酒母) 유옥연 할머니(당시 88세)가 세상을 떠났다. 이 주막은 경북도에 의해 민속자료(제304호)로 지정됐으나 방치됐다. 주막 기둥은 곳곳이 패였으며 아랫부분은 곤충이 파먹어 구멍이 나 있다. 일반인 키 높이인 슬레이트 지붕의 한쪽 끝은 기울어져 한 뼘가량 처져 있다. 한쪽 기둥이 서서히 기울어지고 있다는 증거다. 경북도는 보수가 시급하다고 보고 있다'라고 쓰면 어떨까.

사물을 묘사할 때는 독자들이 느낄 수 있는 잣대(여기에선 한 뼘)를 사용해야 한다. '지붕의 높이는 1.8m인데 한 쪽이 15cm 기울어져 있었다'라는 기술은 정확하긴 하지만 측량 보고서란 느낌이 든다. 묘사에 정확성을 기한다고 숫자를 과용하면 읽는 맛이 달아나기 일쑤다. 숫자는 제한적으로 사용해야 한다. 예컨대 '기암괴석이 즐비한 봉우리들이 키를 재듯이 줄지어 있었다. 가장 높은 봉우리와 가장 낮은 봉우리는 머리 하나 정도의 차이가 나는 듯 했다. 최고 봉우리가 825m, 막내 봉우리가 767m이니 60m 차이지만 산의 초입에서 바라본 모습은 달랐다'는 식으로 숫자를 보조수단으로 사용하는 것이 좋다.

스트레이트와 피처의 묘사는 차이점이 있다. 스트레이트의 묘사는 정확한 사실만을 담는 데 그친다. 피처는 사실만 아니라 필자의 느낌이나 판단을 삽입해도 좋다.

삼강주막에 대한 르포 기사의 일부분이다.

> "100여 년 전 지어진 삼강주막은 손바닥 크기의 방 두 칸과 부엌, 그리고 길손 네댓만 앉으면 꽉 차는 마루가 전부다. '문화적 의의를 간직한 삼강주막을 민속자료로 지정하고 복원을 서둘고 있다'는 입간판이 무색하게 흙벽에 덧칠한 시멘트는 떨어져나가고 새마을운동 때 얹은 슬레이트 지붕은 검은 이끼로 뒤덮이는 등 삼강주막은 폐가로 전락했다.
> 다만 수령 200년의 회화나무 한 그루만이 바람 불면 금방이라도 주저앉을 듯 위태로운 주막을 100년째 지키고 있을 따름이다."
> – 〈국민일보〉 2006년 6월 22일 자

이 기사는 '삼강주막은 방 두 칸과 부엌, 마루 등이 있는 ○○평 규모다'라고 하지 않고 '손바닥 크기', '길손 네댓만 앉으면 꽉 차는 마루' 등으로 묘사했다. '슬레이트 지붕은 검은 이끼로 뒤덮이는 등'은 삼강주막의 지붕을 그대로 드러내 준다. 슬레이트 지붕 위에는 검은 이끼뿐만 아니라 비바람에 날린 회화나무 나뭇잎도 있었을 것이다. 이 기사는 '검은 이끼'의 상징성에 주목했다. 검은 이끼는 이 슬레이트 지붕을 깔은 지 오래되었다는 것을 알려 준다.

스트레이트 기사의 묘사도 상황을 상징적으로 보여준다. 지하 노래방에 대형 화재 사건이 나서 사람 10명이 죽었다고 치자. 이 사건을 보도하는 기사가 '사체 8구가 노래방 입구 쪽으로 몰려 뒤엉켜 있었고, 나머지 2구는 외부의 공기가 들어오는 흡입구 쪽에서 발견됐다'라고 쓰면 이들이 서로 대피하려다 입구 쪽에서 뒤엉켰고 일부는 신선한 공기를 마시려고 발버둥을 치다가 죽었다는 점을 독자가 짐작할 수 있다. 사실만 제대로 엮어도 묘사의 효과를 충분히 살릴 수 있다.

2) 적절한 단어를 고르자

《마담 보바리》를 쓴 프랑스 작가 귀스타브 플로베르는 일물일어 (一物一語)설을 주장했다. 하나의 사물을 가리키는 단 하나의 가장 적절한 명사가 있고, 하나의 동작을 표현하는 단 하나의 가장 적절한 동사가 있고, 하나의 상태를 묘사하는 가장 적절한 형용사가 있다는 게 그의 주장이다. 현실을 과장 없이 객관적으로 관찰하고 묘사하는 데 치중한 플로베르의 이야기는 기사에도 적용될 수 있다. 가장 적절한 단어가 묘사에 힘을 실어 줄 뿐만 아니라 현상을 그대로 드러내 준다. 기자는 자신이 사용하는 단어가 상황에 맞는가를 생각해야 하며 더 좋은 단어가 있다면 과감하게 그 단어를 사용해야 한다.

한강에 빠져 죽은 사람이 며칠 만에 발견된 적이 있다. 이 사건을 다룬 기사에서 이 사람의 소지품에 대해 '○○ 씨의 바지 호주머니에서 젖은 1만 원권 지폐 3장, 유서로 보이는 편지 등이 발견됐다'고 쓴 대목이 있었다. '젖은'이란 표현이 적합할까. 지폐는 젖어 있지만 그 상태가 심해 붙어 있었을 것이다. 이때는 '젖은'이 아니라 '붙은'이란 용어가 적합하다. 이래야

강에 빠져 며칠 만에 발견됐다는 상황과 보다 정확하게 맞아 떨어진다.

단어는 전체 상황뿐만 아니라 단어의 결합이 창출하는 상황에도 맞아 떨어져야 한다. '살아 있는 게', '살아 있는 낙지', '살아 있는 도미'란 표현 대신에 '펄떡이는' 또는 '입을 뻐끔거리는'과 같은 표현을 쓰면 더 생생해진다. 물고기의 행동을 직접 묘사하면 살아 있다는 걸 굳이 말할 필요가 없다.

같은 단어를 반복하는 건 좋지 않다. 비슷한 의미를 지닌 단어로 바꿔 주면 읽는 맛이 나지만 마구 골라 쓰면 탈이 난다. 기사에서 '말하다'라는 단어 대신 '강조했다', '역설했다', '밝혔다', '주장했다' 등의 단어가 쓰인다. 인터뷰 기사나 중요한 인물의 발언을 전하는 기사에서 인용부호 뒤에 이런 단어가 자주 등장한다. 그냥 말했을 뿐인데 '말했다'라는 단어의 반복을 피하려고 '강조했다'고 쓰면 독자들은 말하는 이가 인용부호 안의 내용을 다른 내용보다 중점을 둬서 말했다는 뜻으로 받아들이기 십상이다. 다른 단어도 마찬가지다. '밝혔다'는 단어는 사실이나 정체, 의견, 결과 등 남이 알지 못하는 새로운 것을 말했다는 뜻인데 일반적인 이야기에 이런 단어를 쓰는 건 부적절하다.

작가는 적절한 용어를 고르기 위해 며칠간 고심하기도 하고 몇 번씩 고쳐 쓰기도 한다. 기자가 언어의 연금술사인 작가 수준에 이를 수는 없다고 할지라도 적절한 용어를 고르려는 노력을 기울여야 한다. 사전은 용어선택에 유용한 도구가 된다.

컴퓨터로 기사를 쓰기에 각종 사전을 뒤져 보는 데 시간이 별로 걸리지 않는다.

요즘 기사에 '전했다'라는 표현이 자주 등장한다. 2024년 4월 한 기사의 일부분이다.

"최근 원화와 엔화 통화 가치가 급락한 것과 관련 한일 재무장관이 심각한 우려를 밝히며 외환시장 변동성에 적절한 조치를 취하겠다고 **전했다.**

17일 최상목 부총리 겸 기획재정부 장관과 스즈키 슌이치 일본 재무장관은 지난 16일(현지시간) 미국 워싱턴 D.C.에 있는 세계은행(WB)에서 면담하고 이같이 말했다."

– ○○신문 2024년 4월 17일 자

'전하다'는 어떤 것을 상대에게 옮기어 주거나 어떤 사실을 상대에게 알려 준다는 의미다. 일반적으로 제 3자의 말을 옮겨 줄 때 쓰인다. 사전을 찾아보면 그 의미가 명확하다. '전하다' 대신 '밝혔다'고 쓰는 게 낫다. 앞에 '심각한 우려를 밝히며'라는 대목을 '심각한 우려를 표하고' 또는 '심각히 우려하며'로 고치면 단어의 반복도 피할 수 있을 것이다.

4. 긴장감을 불어넣자

긴장감은 독자가 기사를 끝까지 읽게 만든다. 누구나 알고 있는 평범한 이야기, 결말이 뻔하거나 너무 잘 알려진 이야기에는 긴장감이 없다. 갈등, 미지의 사실, 극복되어야 할 문제, 풀어야 할 신비감 등이 긴장감을 준다. 기사의 첫 문장부터 이런 요소가 등장하고 어떻게 결말이 날지를 모를 때 긴장감이 커지게 된다. 또 결말을 짐작하더라도 어떻게 그런 결말에 이르게 될지 모를 때 독자는 긴장감을 가진다.

갈등이 들어 있는 기사는 흔하다. 신문을 펼치면 등장인물, 사회 세력이나 집단, 새로운 조류와 사회 통념 간의 갈등을 내세운 기사가 쉽게 눈에 들어온다. 몇 가지 예를 들어 보자. 아래에 나오는 기사의 첫 대목은 모두 갈등을 담았다.

> 4 · 10 총선 여당 참패 이후 인적 쇄신을 고심 중인 윤석열 대통령이 국무총리 후보자에 박영선 전 중소벤처기업부 장관을, 대통령실 비서실장에 양정철 전 민주연구원장을 후보로 유력 검토한다는 보도가 나왔으나 대통령실은 사실이 아니라고 밝혔다.
>
> — 〈한겨레〉 2024년 4월 17일 자
>
> 전국의 치킨집 사장들이 배달앱 '갑질 횡포'를 주장하며 보이콧 움직임을 보이고 있다. 과도한 앱 이용 수수료에 배달비까지 추가로 늘어 치킨을 팔아도 별로 남는 게 없다는 주장이다.
>
> — 〈국민일보〉 2024년 4월 17일 자

미지의 사실은 새로운 발견이나 일반인은 잘 알지 못하는 이야기와 관련이 있다. 유적 발굴 기사나 특종 기사, 탐사보도 등에서 이런 특징이 잘 드러난다. 미지의 사실이 독자의 주목을 끌 만한 가치가 있느냐가 관건이다. 독자의 흥미를 자극할수록, 독자의 일상생활에 주는 영향이 클수록 가치가 커진다. 한 내러티브 탐사보도 기사를 살펴보자.

붉은 경광등을 켠 구급차 안에서 세 남자가 사투를 벌이고 있다. 시린 칼바람이 불던 1월 12일 서울 송파구 석촌호수 인근 6차로 도로에 구급차 한 대가 서 있다. 이미 퇴근길 정체가 풀리고도 남았을 오후 9시 19분인데 최경환 잠실119구급대 반장이 탄 구급차는 달리는 차들 사이에서 외로이 멈춰 서 있다.

구급차 안에서 가슴에 전극을 주렁주렁 단 진수(가명 · 68) 씨는 가쁜 숨을 몰아쉬고 있다. 가슴 통증을 호소하는 그가 구급차에 탄 건 오후 8시 37분. 이미 42분이 지났다.

최 반장이 응급실 직원의 대답을 기다리며 정 반장에게 "다른 병원에 전화해 봤냐, 응급실 자리가 있냐"고 묻고 있다.

최 반장이 연신 전화를 걸었다. 엄지로 발신 기록을 훑었다. 가까운 거리순으로 서울아산병원, 삼성서울병원, 서울성모병원, 마지막으로 은평성모병원까지 … . 환자를 태우고 나서 이미 21곳에 전화를 건 터였다.

최 반장은 다시 전화를 들었다. 22번째 병원이다. 분초를 다투는 순간에도 차분한 안내 음성이 흘러나왔다.(중략)

정진우 반장(왼쪽)과 최경환 반장이 각자 스마트폰을 쥐고 병원에 전화를 걸고 있다. 들것에는 진수(가명) 씨가 가슴에 손을 올려둔 채 누워 눈을 질끈 감고 있다.(중략)

> 진수 씨의 생사가 달렸을지 모를 시간, 구급차가 우두커니 서 있
> 는 이유는 오라는 응급실이 없어서다. 대형병원 56곳이 모여 있는
> 서울 한복판에서 벌어지는 일이다. 매일 119구급대원들이 겪고 있
> 는 일이기도 하다.
> "근처에서 수배가 안 돼요?" 강남에도 병원이 많지 않으냐는 질문이
> 다. 이대목동병원은 구급차의 위치로부터 30분이 넘는 거리에 있다.
> "네…. 다 안 된다고요." "잠시만요."
> – 〈동아일보〉 2023년 3월 29일 자

이 기사는 응급환자를 치료할 병원을 찾기기 힘들다는 내용
이다. 누구나 알고 있을 법한 내용이지만 • 우리의 일상에서
벌어질 수 있고 • 독자 자신이 당사자일 수 있다는 점과 • 진수
씨의 오락가락하는 목숨과 • 치료할 병원을 찾는 소방대원의
바쁜 움직임이 독자에게 긴장감을 충분히 불어넣는다.

극복 과제에 관한 기사는 북한 핵 문제, 일본의 역사교과서
왜곡, 중국의 동북공정 등 국제문제뿐만 아니라 님비현상 등
일상사에 이르기까지 다양하다. 풀어야 할 신비감은 피라미드
의 축조 방식, 해저 생물의 세계 등 일반인의 손길이 쉽게 미치
지 못하는 분야에 많다.

어떤 기사든지 긴장감이 없으면 밋밋해서 독자의 흥미를 끌
수가 없다. 평범한 일을 다룬 기사는 상품성이 떨어진다. 기사
를 쓸 때는 독자에게 긴장감을 줄 수 있는 요소가 무엇인지를
항상 생각하고. 사실에서 벗어나지 않는 범위 안에서 이를 극
대화해야 한다.

5. 단순하게 쓰자

1) 과장을 피하자

과장은 위험하다. 기사는 있는 그대로 사실을 전달해야 한다. 기사 가치를 인위적으로 높이려고 과장된 표현을 쓰면 독자는 진실에서 멀어져 간다. 담담하게 있는 사실 그대로를 풀어놓아야 기사의 효율성과 객관성을 동시에 추구할 수 있다. 과장은 기사의 진실성과 신뢰성을 떨어뜨리는 요소가 된다.

과장된 표현을 삼가기 위한 첫걸음은 취재원으로부터 받은 정보에서 과장된 부분을 골라서 버리는 일이다. 취재원은 자신의 처지에서 생각하고 표현하기 마련이다. 자신의 주장이나 행위를 널리 알리기 위해 기자에게 과장된 자료를 제공하기도 한다. 취재원의 정보를 행위 중심, 실제 현실에서 벌어졌거나 벌어진 일을 중심으로 생각할 때 과장된 부분을 들춰낼 수 있다. 보도자료를 볼 때 '전면적', '대대적', '엄정한', '철저히', '본격', '더욱', '높은' 등의 표현을 잘 살펴야 한다. 그 내용이 사실인지 평가나 가치판단인지도 살펴야 한다. 이런 단어나 표현을 무비판적으로 받아들이면 정보 제공자의 의도에 말리는 셈이다.

2007년 3월 6일 자 교육인적자원부의 보도자료 일부분을 살펴보자.

방과 후 학교 운영계획

교육인적자원부(부총리겸 장관)는 지난해 본격 도입된 방과후학교를 더욱 확산시키기 위해 저소득층 바우처 및 농산어촌 지원, 초등보육프로그램 확대, 대학생 멘토링 등이 사업에 총 1,150억 원의 예산을 지원하는 내용을 담은 2007년도 방과후학교 운영계획을 발표하였다.

이에 따라 학부모의 **높은** 만족도를 바탕으로 학교 현장에 **빠르게 자리잡고 있는** 방과후학교가 2007년도에는 **더욱 활성화될 전망**이다. 특히, 농산어촌 및 저소득층에 대한 지원이 확대되어 계층간 지역간 교육격차의 해소에도 **크게 도움이 될 것**으로 보인다.

굵은 글씨체로 된 부분은 의심해 봐야 할 대목이다. '본격 도입'과 '도입'의 실질적인 차이점은 무엇인가? '더욱 확산'과 '확산'은 어떻게 다른가? 학부모의 만족도가 높은가? '빠르게'라는 표현을 쓸 만큼 정착 속도가 빠른가? 빠르다면 누구의 판단인가? '활성화'와 '더욱 활성화'는 어떻게 구별할 수 있는가? 정말 '크게' 도움이 되는가? 그 결과 격차가 크게 해소될 것인가? 이런 질문들을 던져 봐야 한다. 곧바로 답을 찾을 수 없는 질문은 과장된 표현일 개연성이 높다. 사실이 실제 그런가를 따져야 답이 나오는 질문도 있다.

과장된 표현을 없애면 문장이 간명해진다. '본격 도입'은 '도입', '더욱 확산'은 '확산', '더욱 활성화'는 '활성화', '크게 도움'은 '도움'으로 고쳐 써도 뜻이 달라지지 않을 뿐더러 사실에 충실해질 수 있다.

2) 군더더기를 없애자

중복 표현이나 쓸데없는 수식어를 없애면 문장이 간결해진다. 중복 표현은 문장을 꼬이게 하고 길게 만드는 요소다. 내용상의 중복도 없애야 문장이 간결하고 전체 글이 깔끔해진다.

고쳐쓰기 중복 표현 및 불필요한 수식어 삭제

또 다른 걱정스런 **문제는** 생산성의 문제다.
⇨ 또 다른 걱정은 생산성이다.

그들은 숲에서의 모험이 가치 있는 **경험**이었다는 것에 동의했다.
⇨ 그들은 숲에서의 모험이 가치가 있다는 것에 동의했다.

그 마을 주민의 절반은 극빈 **상태로 살아간다**.
⇨ 그 마을 주민의 절반은 극빈 상태다.

잠버릇이 이상하다고 생각되면 그냥 **잠버릇이 험하다며** 넘어갈 것이 아니라 수면 클리닉을 찾아가 수면장애 여부를 확인해 보는 것이 좋다.
⇨ 잠버릇이 이상하다고 생각되면 그냥 넘어갈 것이 아니라 수면 클리닉을 찾아 수면 장애 여부를 확인해보는 것이 좋다.

　이 학교 학부모들이 대규모 교통대를 구성한 것은 학교주변 **교통상황이 안 좋아** 매년 5건 이상의 크고 작은 어린이 교통사고가 발생했기 때문. 교통사고를 **당해** 다리 등에 깁스를 한 학생들을 흔히 볼 수 **있었을 정도**였다. 현재 학교 앞 왕복 4차로 도로의 규정 속도는 80km. 스쿨 존 규정 속도인 30km 이하를 **크게 웃돈다**.

⇨ 학교 주변에서 매년 5건 이상의 크고 작은 어린이 교통사고가 발생하자 이 학교 학부모들은 대규모 교통대를 만들었다. 당시 다리 등에 깁스를 한 학생들을 흔히 볼 수 있었다. 현재 학교 앞 왕복 4차로 도로의 규정 속도는 스쿨존 규정 시속 30km 이하보다 빠른 80km다.

위 예문에서 굵은 글씨체는 표현이 중복됐거나 내용상 중복이다. 이 부분을 없애면서 문장 전체를 바꿔 주는 것이 효율적이다. 중복된 부분만 없애도 문장이 간결해진다. 잘못된 형용사나 수식어를 지우면 된다. '걱정스런 문제'는 걱정 자체가 문젯거리다. '문제'를 들어내니 간결해졌다. 모험은 직접 겪은 일이니 그 자체가 경험이다. 극빈 상태는 살아가는 모습 중 하나다. 학부모가 교통대를 만든 배경은 좋지 않은 교통상황이다. 빈발하는 교통사고가 단적인 사례다. '매년 5건 이상의 교통사고'로 이런 상황을 간략하게 정리했다. '역전(驛前) 앞'처럼 비슷한 단어가 중복되는 사례도 적지 않다. '의미 없는 횡설수설', '분명히 명백한', '죽은 시체', '보기 드물게 이례적', '완전히 가득 찬' 등의 표현은 수식어를 떼도 의미에 차이가 없다. 죽지 않은 시체는 없으며 이례적인 것이 보기 드물지 않은 것이 없다. 기자가 강조하기 위해 자꾸 수식어를 붙이는 버릇이 있을 때 장황한 표현이 나올 개연성이 높다. 기자가 자신의 느낌 등을 독자에게 강조해 전달하려는 시도와도 관련이 있다.

3) 접속사를 줄이자

접속사는 문장을 이어 주는 역할을 한다. 순접도 있고 역접도 있다. 그런데, 그리고, 그러나, 하지만, 그럼에도 불구하고, 이렇게 되면, 그렇기 때문에 등의 접속사는 독자의 눈길을 끌고 글의 반전 등을 이끄는 유용한 수단이다. 접속사는 문장과 문장, 문단과 문단을 연결하는 유용성에 불구하고 자주 사용될 때 글의 흐름을 끊어 놓기 일쑤다.

접속사는 독자에게 뭔가를 기대하게 만든다. 독자는 접속사를 읽는 순간 비슷한 내용 또는 반대되는 내용이 이어지게 된다고 생각한다. 접속사가 자주 쓰일수록 효용성이 떨어진다. 접속사의 사용 횟수에 비례해 독자의 관심이 분산된다. 이 때문에 접속사는 꼭 필요할 때에만 제한적으로 사용하는 게 좋다. 가급적 접속사를 사용하지 않는 글쓰기에 익숙해져야 한다.

작가 안정효 씨는《글쓰기 만보》에서 다음과 같은 사례를 들며 접속사를 글더듬이라고 규정했다. 접속사는 글을 더듬거리게 만든다는 설명이다.

　접속사가 많은 글

　　<u>그래서</u> 나는 학교로 갔다. <u>그리고 나는</u> 아이들을 만났다. <u>그러고</u>
<u>는</u> 우리들은 같이 어울려 영화 얘기를 했다. <u>그런 얘기가</u> 너무 재
미있었기 <u>때문에</u> 우리들은 두 시간 동안이나 영화 얘기를 했고, <u>그</u>
<u>러다 보니</u> 한두 명은 지루하다는 생각이 들었던 <u>까닭에</u> 자리를 떴
다. <u>그래서</u> 나머지 우리들만 빵집으로 가서 <u>하던</u> 얘기를 계속했다.

　　안 씨는 밑줄 친 부분을 인정사정없이 잘라서 다음과 같은
문장을 보여 줬다.

고쳐쓰기　접속사 줄이기

　　나는 학교로 갔다. 아이들을 만났다. 우리들은 같이 어울려 영화
얘기를 했다. 너무 재미있어 우리들은 두 시간 동안이나 영화 얘기
를 했고, 한두 명은 지루하다는 생각이 들어서인지 자리를 떴다.
나머지 몇 사람만 빵집으로 가서 얘기를 계속했다.

　　접속사를 뺀 글이 간결할 뿐만 아니라 글에서 힘이 느껴진
다. 앞뒤 문장을 접속사로 연결하려고 하기보다는 문장을 내
용상 유기적으로 결합하는 데 신경을 쓰면 접속사를 줄이는
데 도움이 된다. 기사를 쓰다 보면 접속사를 쓰고 싶은 강한 유
혹에 사로잡히는 일이 종종 있을 수 있다. 그때마다 접속사를
최대한 줄여야 한다고 생각하자.

4) 조사에 주의하자

기사는 산문이지만 읽는 리듬과 속도감이 있어야 한다. 문장
의 리듬을 방해하는 가장 큰 요인 가운데 하나가 조사다. '축
구를 한다'보다는 '축구한다'가 읽기에 부드러울 뿐만 아니라
읽는 시간과 노력을 줄여 주는 문장이다. 빈칸을 포함해 전자
는 6자이고 후자는 4자다. 조사 '를'을 줄임으로써 50%의 절
감 효과가 생긴다. 큰 소리로 여러 차례 읽어 보면 '를'을 읽는
순간 도로 과속방지턱에 차가 걸린 듯이 덜컹거리는 느낌이
든다. 다음 사례를 보면서 조사를 줄이고 문장의 속도감을 높
이도록 연습하자.

고쳐쓰기　　조사 줄이기

더욱 확신을 갖게 됐다 ⇨ 더욱 확신하게 됐다

한국 연쇄살인의 절반 이상은 사회적 불만을 **이유로** 일어난 것으로
밝혀졌다
　⇨ 한국 연쇄살인의 절반 이상은 사회적 불만 때문에 일어난 것으로
밝혀졌다

모든 역사와 차량기지를 **전수** 조사해 '석면지도'를 작성하는 **것을 내용
으로 한** '석면관리 강화 종합대책'을 14일 내놓았다
　⇨ 모든 역사와 차량기지를 조사해 '석면지도'를 작성하는 내용의 '석
면관리 강화 종합대책'을 14일 내놓았다

조사 몇 개만 없애도 문장이 읽기 편해진다. 조사의 무분별한 사용은 언어 습관과 관련이 있는 것으로 보인다. 10여 명의 학생에게 '축구를 한다'와 '축구한다'는 예문을 주고 어떤 문장이 읽기에 편하냐고 물었을 때 한 학생만 '축구를 한다'가 편하다고 대답했다. 이 학생은 '축구를 한다'가 뜻을 분명하게 해주는 강세가 있다고 말했다. 글에는 정답이 없다고 하지만 많은 사람이 편하다고 느끼는 표현을 자주 사용해야 한다. 기사는 대중적인 글이기 때문이다.

6. 능동태를 쓰자

영어식 표현의 영향을 받아서인지 피동형 표현을 자주 쓰는 사람이 적지 않다. 한국어는 능동형 표현을 기본으로 하고 있다. 능동형 표현이 피동형 표현보다 간결하고 힘이 있다. 몇 가지 사례를 보면 능동형이 피동형보다는 낫다는 것을 알 수 있다.

비 교 **피동형 표현과 능동형 표현**

선행상이 학생 5명에게 **수여됐다**
⇨ 학생 5명이 선행상을 **받았다.**

김○○ 군은 우수고에서 **손꼽히는** 수재다.
⇨ 김○○ 군은 우수고에서 **손꼽는** 수재다.

의원들이 경찰서장에게 **브리핑을 받았다.**

⇨ 경찰서장이 의원들에게 **브리핑했다.**

중요한 인물이 중심이 될 경우는 피동형이 주로 쓰인다.

뉴스의 초점이 인물에 놓이면 그 인물이 직접 행동을 했건 행동의 대상이건 주어의 자리를 차지한다. 역시 몇 가지 사례를 들어 보자

<table>
<tr><td>비 교</td><td>피동형 표현과 능동형 표현 2</td></tr>
</table>

괴한 3명이 세르비아 총리를 **사살했다.**

⇨ 세르비아 총리가 괴한 3명에게 **사살됐다.**

서울중앙지법 형사4부는 김우중 전 대우그룹 회장에게 징역 ○년 형을 **선고했다.**

⇨ 김우중 전 대우그룹 회장에게 징역 ○년이 **선고됐다.**

한국어에 피동형이 없는 것은 아니다. '~어지다', '~되다' 등의 표현이 예로부터 사용되어 왔다. 이런 피동형이 중복돼 사용될 때는 문장이 꼬인다. '~하게 되다', '~되어지다'는 식의 표현은 '~어지다', '~되다'와 의미상 차이가 없어 굳이 쓸 필요가 없다. 불필요한 표현을 덧붙이면 뜻을 전달하기가 힘들어진다.

조선산업의 매출이 최근 눈에 띄게 **증가되어지고 있다.**

⇨ 조선산업의 매출이 최근 눈에 띄고 **증가되고 있다.** (또는 늘고 있다)

사람은 어릴 때 성격 형성이 **이뤄지게 된다.**

⇨ 사람은 어릴 때 성격 형성이 **이뤄진다.**

⇨ 사람은 어릴 때 성격이 **형성된다.**

학생에게는 항상 적극적인 사고와 행동이 **요구되어진다.**

⇨ 학생에게는 항상 적극적인 사고와 행동이 **요구된다.**

주어의 수식구가 피동형이며 전체적으로는 능동형인 문장
도 있다. 이때는 문장을 둘로 나눠 쓰거나 풀어쓰는 방식으로
피동형을 능동형으로 바꿀 수 있다.

대한의원은 1907년 3월 15일 대한제국 당시 고종 황제 칙령
제9호에 따라 통감부 주도로 광제원, 의학교(서울대 의대 전신) 및
부속병원, 대한적십자병원 등 국립 의료기관을 통합해 설립한 의료
기관으로 서울대병원의 모태가 된 병원이다.

⇨ 대한의원은 서울대병원의 모태다. 통감부는 1907년 3월 15일
대한제국 당시 고종 황제 칙령 제9호에 따라 광제원, 의학교(서울대
의대 전신) 및 부속병원, 대한적십자병원 등 국립 의료기관을 통합해
대한의원을 설립했다.

---

7. 고쳐 쓰자

1) 큰 소리로 읽자

퇴고는 글쓰기의 기본이다. 기사도 마찬가지다. 처음 쓴 기사가 마음에 들 수도 있지만 뭔가는 고칠 게 있다고 가정해야 한다. '큰 소리로 읽기'는 퇴고의 첫걸음이다. 큰 소리로 빠르게 기사를 읽는 게 좋다. 기사를 빠르게 읽을수록 문장의 결점을 잘 발견할 수 있다. 한 번 읽어서 결점이나 부자연스런 점이 보이지 않으면 두 번, 세 번 읽어야 한다. 발음이 꼬이거나 숨이 차면 읽기를 멈추고 뭐가 잘못됐는지 살펴야 한다. 위에서 언급한 6가지 원칙에 맞는지를 점검하고 의심이 든다면 일단 고쳐 써야 한다. 고쳐 쓴 문장도 역시 빠르게 소리 내어 읽으면서 점검하는 게 좋다.

친한 친구나 동료가 기사를 점검해 주면 더욱 좋다. 제3자는 기사를 쓴 사람보다는 객관적으로 기사를 평가하기 때문이다. 기사를 쓴 사람은 무슨 뜻인지를 알고 있기 때문에 기사 문장에 단점이 있는데도 잘 정리되어 있다고 생각하기 일쑤다. 자신의 글쓰기에 비판적인 동료나 친구가 기사를 읽어 준다면 자신의 단점을 잘 파악할 수 있다. 서로 기사를 돌려가면서 읽으며 비평하면 고칠 점이 무엇인지 쉽게 보인다. 기사를 읽어 주는 사람도 큰 소리로 빠르게 읽는다면 묵독하는 것에 비해 고칠 점을 더 많이 발견할 수 있다.

2) 고쳐쓰기 점검표

기사를 고쳐 쓸 때 몇 가지 점검해야 할 점이 있다. 기사 퇴고 시에는 문장뿐만 아니라 기사에 들어간 사실도 점검해 봐야 한다. 기사는 사실을 충실히 전달해야 하기 때문이다.

① 3단계로 읽자
독자의 입장에서 기사를 읽어야 한다. 독자가 이해하기 쉬운가, 독자가 사실을 오해할 여지는 없는가를 생각해야 한다. 그다음에 기자의 입장에서 기사를 읽어야 한다. 기자로서 자신이 쓰고 싶은 내용을 적절히 소화했는가를 점검해야 한다. 마지막으로 편집자의 입장에서 읽어야 한다. 기사의 제목이 어떻게 나올 것인지를 생각해 보자.

② 마감 시간이 닥쳤어도 자세히 살펴야 한다
기사 마감시간이 다가오면 시간에 쫓겨 대충 읽고 넘기기 쉽다. 마감시간 직전이라도 숨을 들이쉬고 천천히 읽어야 한다.

③ 기사가 어떤 효용이 있는가
기사가 독자에게 지니는 효용성에 대해 다시 생각하자. 효용성에 걸맞게 기사가 작성되었는지를 검토해 보자.

④ 기사는 오감을 자극해야 한다
기사가 독자의 오감을 자극한다면 성공한 기사다. 오감을 모두

자극하지는 않더라도 최소한 한두 가지 감각을 자극할 수 있어
야 독자에게 깊은 인상을 남길 수 있다.

⑤ 드라마의 요소를 갖춰야 한다
기사는 등장인물, 시간, 장소 등 드라마적 요소를 갖추고 있어야
한다.

⑥ 다른 이야기 전개 방식을 찾아라
기사를 다른 방식으로 쓸 수 있는지 살펴봐야 한다. 다른 방식으
로 쓸 수 있다면 그 방식이 적합한지도 검토해 봐야 한다.

⑦ 취재가 더 필요한가
기사에서 취재가 미진한 부분은 없는지를 검토해야 한다. 취재
가 더 필요하다면 추가 취재에 나서야 한다. 시간상 일단 기사를
내보내고 후속 취재를 해서 추가 기사를 쓰는 방식도 있다.

⑧ 모든 사실을 점검했는가
기사에 들어간 사실은 모두 맞는가. 등장인물의 이름과 나이, 직
업부터 전화번호까지 모두 확인했는지를 점검해 기사의 정확성
을 높여야 한다.

⑨ 기사를 다듬기 위해 더 할 일은 없는가
기사를 독자가 쉽게 이해할 수 있는가. 뜻이 명료해 오해할 여지
가 없도록 했는가. 기사가 정확하고 공정하며 사실을 간략하게
표현했는가.

6

스트레이트 쓰기

스트레이트는 기사의 꽃이다. 사실(팩트) 중심으로 전개되어 독자가 원하는 정보를 효율적으로 전달하기 때문이다. 매체별로 차이는 있지만 기사의 60~70%가량이 스트레이트라는 조사 결과도 있다.

핵심만을 짚어 전달하는 스트레이트는 무미건조함 때문에 많은 비판을 받기도 한다. 기자들은 이런 단점을 보완하기 위해 다양한 기법을 개발하고 시도해 왔다. 이런 기법들이 독자의 기사 접근성을 높이긴 했지만 핵심을 효율적으로 전달하기에 더 나은 접근법이 되지는 못했다. 앞으로도 스트레이트는 효용성 높은 기사 형식으로 남을 것이다.

스트레이트는 기사쓰기의 기초다. 스트레이트 쓰기는 중요한 사실을 고르고, 상호 연관성을 파악하는 능력을 키워 준다. 르포든 인터뷰든 내러티브든 핵심을 파악하지 않고서는 기사를 쓸 수 없다. 르포를 잘 쓰는 사람이 스트레이트에 미숙한 경우는 많지만 스트레이트를 잘 쓰는 사람이 르포에 서투른 경우를 찾기는 힘들다. 문장이나 기법이 미숙하더라도 핵심을 짚어 쓸 수는 있기 때문이다. 대다수 기자가 기사쓰기를 공부할 때 스트레이트 쓰는 법부터 시작하는 이유이기도 하다.

1. 스트레이트 구성법

앞서 언급했지만 기사를 쓰기 전에 구성을 해야 한다. 구성의 정답은 없다. 독자가 기사에 흥미를 느끼고 잘 이해할 수 있으면 좋은 구성이다. 스트레이트는 역사가 오래된 기사 형식이어서 몇 가지 전형적인 구성법이 있다. 이들 구성을 살펴보면 스트레이트를 구성하는 데 도움이 되리라 생각한다.

1) 역삼각형

가장 널리 알려진 방식은 역삼각형(역피라미드) 구성이다. 역삼각형은 밑변이 위에, 꼭짓점이 아래에 놓인다. 가장 중요한 사실이 맨 위에 놓이고, 덜 중요한 사실은 꼭짓점에 놓이게 된다. 독자들은 기사를 읽을 때 중요한 사실부터 먼저 읽게 된다. 기사를 읽다 중단하더라도 읽은 만큼 중요한 사실을 알게 되어 있다.
  역삼각형 구조는 전보의 발달과 밀접한 연관이 있다. 전보는 글자 수를 기준으로 요금이 계산된다. 전보료는 꽤 비싼 편이어서 사람들은 꼭 필요한 몇 개 단어만을 전보에 사용했다. 시골에 사는 형이 서울에 사는 동생에게 기차를 타고 상경하는 어머니를 마중 나오라고 연락하는 전보를 칠 때도 한 글자라도 줄여 돈을 아껴야 했다.

형은 '모(母) 상경 12일 오후 6시 서울역'이란 전보를 보낸다. 동생은 이 전보로 상황을 파악하고 어머니를 마중 나갈 채비를 한다. 전보에 어머니를 마중하라는 문구는 없다. 20세기 초 텔렉스(telex: 인쇄 전신기로 구성되어 있는 전보문 교환 서비스)가 발달하면서 핵심만을 담아 메시지를 전달하는 역삼각형 방식이 굳어지게 됐다.

6-1 역삼각형 스트레이트 기사의 구조

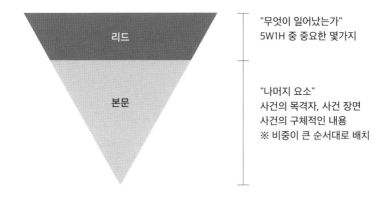

"무엇이 일어났는가"
5W1H 중 중요한 몇가지

"나머지 요소"
사건의 목격자, 사건 장면
사건의 구체적인 내용
※ 비중이 큰 순서대로 배치

1865년 4월 14일 금요일 밤 에이브러햄 링컨 미국 대통령이 암살당한 기사를 보도한 AP 통신 기사의 첫 문장은 대표적인 역삼각형 리드(기사의 첫 문장)로 꼽힌다. 이 기사는 '대통령이 오늘 밤 극장에서 피격돼 중상을 입었다'로 시작한다. 역삼각형 방식은 독자가 해당 사건에 대해 알고 싶어 하는 핵심을 첫 문장에 담아야 한다. 이 방식은 AP기사형이라고 불리기도 한다.

리드에는 대개 무엇이 일어났는지가 담긴다. 외국에선 리드 다음에 사건의 목격자라든지, 사건의 장면 등을 기술하기도 한다. 한국에서 리드 다음에 그 사건의 구체적인 내용을 기술하는 게 일반적이다.

미국식 기사는 다음과 같다.

기상 관측 사상 최대 규모의 태풍이 몰아닥쳐 120여 명이 숨지고 300여 명이 실종됐다. 마이애미에 사는 해리슨은 "많은 태풍을 겪어 봤지만 이렇게 강하고 참혹한 태풍은 처음이다. 나무를 붙잡았지만 발을 땅에 딛기 힘들었다"고 말했다.

한국식 기사는 "17일 오후 7시경 상륙한 태풍은 경남 해안 일대를 휩쓸었다. 이로 인해 경남 남해군 일대에서 조업 중이던 어선 3척이 침몰해 어민 20여 명이 숨지거나 실종됐다. 또 …"라는 식으로 전개된다. 목격자나 피해자의 이야기는 기사의 중간에 나오거나 말미에 나오는 경우가 대부분이다.

이처럼 리드에는 5W1H의 모든 요소가 아닌 중요한 몇 가지만 들어간다. 링컨 기사의 첫 문장엔 '누가, 언제, 어디서, 무엇을'이란 요소만이 들어 있다. 나머지 요소나 상세한 설명이 필요한 요소들은 기사 본문에 순차적으로 담기게 된다.

역삼각형 기사를 쓸 때는 요약 능력이 중요하다. 독자의 궁금증에 직접적으로 재빨리 대답해야 한다. 역삼각형 구성은 비중이 큰 순서대로 내용을 배치한다. 독자의 욕구와 기사의 흐름에 따라 배치할 순서가 정해진다. 이미 설명한 대로 기자와 독자가 관심사를 따라 대화한다고 가정하고 그 순서대로 기사를 늘어놓으면 역삼각형 구조를 만들기란 어렵지 않다.

역삼각형 구조는 기승전결이란 전통적인 이야기 방식과는 거리가 멀지만 정보과잉 시대에 많은 뉴스를 빨리 섭취해야 하는 현대인에게 적합한 방식이다. 역삼각형 구조는 편집할 때도 편리하다. 편집자가 기사의 길이가 넘칠 때는 뒷부분부터 잘라 내면 된다. 중요한 대목은 앞에 있기 때문이다.

2) 모래시계형

모래시계와 비슷하게 윗부분은 역삼각형, 아랫부분은 삼각형으로 되어 있는 구조다. 처음에는 역삼각형 구조와 비슷하게 시작되지만 몇 문장이나 문단 뒤에는 삼각형 구조로 바뀌는 방식이다. 몇 가지 중요한 사실이 나온 뒤 연대기적 기술로 바뀌어 이야기체(narrative) 기사가 된다.

6-2 모래시계형 스트레이트 기사의 구조

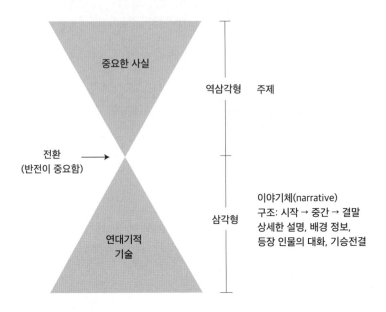

모래시계형(hourglass, 변형 역삼각형)의 리드와 처음 몇 문장
은 독자의 의구심이나 궁금증을 단 시간 안에 풀어 주는 역할을
한다. 기초적이면서도 중요한 정보를 던져 주기 때문에 독자는
첫 부분만 읽어도 무슨 주제인지를 명확히 알 수 있다. 이 부분을
읽고도 만족하지 못하거나 주제에 흥미를 느낀 독자는 나머지
삼각형 부분을 읽게 된다.

모래시계형에선 반전이 중요하다. 반전을 통해 연대기적인
이야기체 문장이 시작된다는 것을 알리는 게 일반적이다.'경

찰에 따르면…', '농부 김만철 씨는 폭풍우가 닥칠 때 헛간에서 풀을 치우고 있었다' 등으로 전환이 이뤄진다. 아랫부분은 시작, 중간, 결말이란 이야기의 구조를 갖춰야 한다. 연대기적 서술이어서 상세한 설명과 배경 정보, 등장인물의 대화 등이 담기는 게 일반적이다.

이 구조는 성급한 독자와 자세한 이야기를 원하는 독자를 동시에 만족시킬 수 있다. 굳이 따지자면 역삼각형을 선호하는 독자에 비해 느긋한 독자를 위한 구조라 할 수 있다. 아랫부분 삼각형은 기승전결을 갖춘 이야기의 온전한 전달을 목표로 한다. 범죄, 경제, 정책 등 모든 종류의 이야기에 사용이 가능하지만 극적인 요소를 갖추고 있는 연대기적 이야기에 가장 적합한 구성이다.

3) 다이아몬드형

다이아몬드형(nut graf)은 윗부분은 삼각형, 아랫부분은 역삼각형인 구조다. 이 유형은 주제를 상징하는 일화로 시작한다. 이 일화의 주제를 일반화해서 기사 가치를 강조한 뒤 핵심 정보와 배경을 담고 마무리하는 방식이다. 핵심 정보를 견과류(nut)에 비교해서 핵심 정보를 담은 문단은 너트 패러그래프(nut paragraph, graf)로 불린다.

이 유형의 리드는 독자의 코를 꿰는 일화로 시작한다. 일화는 극적인 요소가 있는 동시에 주제를 잘 반영하고 있어야 한다. 일화 대신 광경에 대한 묘사가 사용되는 경우도 있다. 서너 단락이 지난 뒤 기사의 가치에 의미를 부여해 독자에게 일화가 어떤 의미를 지니고 있는지를 설명한다. 이어 기사가 다루는 정보에 대한 설명과 배경 지식으로 핵심을 짚어 준다. 이 핵심 정보는 독자가 일화를 읽으며 가질 수 있는 의문을 풀어 줘야 한다. 자칫 잘못하면 설명이 장황해질 수 있어 조심해야 한다. 마무리는 대개 리드에서 쓴 일화로 다시 돌아가거나 특정인의 이야기로 끝이 난다.

6-3 다이아몬드형 스트레이트 기사의 구조

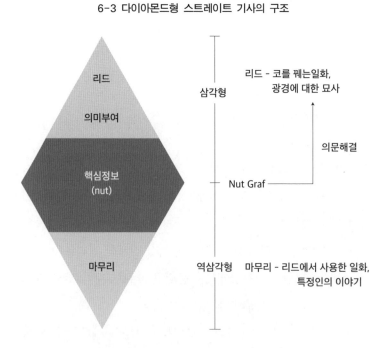

예컨대 새로운 에이즈 치료법에 대해 쓴다면 리드에 새 치료법을 절실히 원하는 환자의 일화로써 기사를 시작할 수 있다. 이어 이 치료법이 에이즈 치료에 어떤 의미가 있는지를 설명한다. 새 치료법이 도입되면 말기 에이즈 환자의 생존율을 획기적으로 높인다든지 하는 식이다. 핵심 문단에서는 새로운 에이즈 치료법에 대한 정보를 자세히 전달한다. 이 치료법을 쓰기 위한 전제조건이나 효과, 부작용 우려 등에 관한 이야기를 전개하는 것이다. 마무리 부분에는 새 치료법이 효과적이지 않다면 시한부 삶을 살아야 하는 환자를 맡은 주치의 이야기가 오거나 리드에 쓴 환자가 모든 위험을 무릅쓰고 새 치료법에 의존하는 이야기가 나온다.

독자는 일화를 읽고 기사를 읽을지 말지를 결정한다. 극적인 요소가 일화에 있으면 독자는 기사에 빠져든다. 이어 기사가치를 설명하는 대목도 의미와 재미가 있다고 느끼면 본문 속으로 빨려들게 된다. 독자에게 미끼를 던지는 식으로 전개되는 것이 특징이다.

4) 5가지 박스형

뚜렷이 구분되는 5가지 부분으로 이뤄진 기사 유형이다. 리드로 시작해 본질에 접근한 뒤 두 번째 리드가 나오고 다소 지루한 느낌이 들지만 중요한 정보를 주는 대목이 이어진 뒤 마무리된다. 즉 '리드-본질-두 번째 리드-BBI(Boring But Important)-킥커(Kicker: 강한 인상을 담기는 결말이나 상징적인 문장)'로 구성된다.

리드는 독자의 눈길을 끄는 세부 사항이나 이미지를 담는다. 한 문장일 수도 있고 여러 문장일 수도 있다. 본질은 기사를 요약하는 문장이며 독자에게 기사의 맥락을 이해하게 해 주고 배경을 설명해 준다. 두 번째 리드는 새로운 장면이나 세부 사항, 강한 이미지가 담긴 문장으로 독자를 다시 이야기의 본체로 끌어 들이는 역할을 한다. BBI는 전문가의 설명이나 주제를 보강하는 데이터를 담는다. 다소 지루할 수 있지만 이야기를 마무리하기 전 단계로서 기사 전체의 균형감을 갖추는 역할을 한다. 킥커는 독자에게 강렬한 인상을 주며 끝내는 문장이다. 인용이나 이미지, 코멘트로 이뤄질 수도 있다.

다소 복잡한 구성이어서 잘 쓰이지는 않지만 제대로 구사될 경우 독자에게 기사 자체가 잘 짜인 이야기라는 느낌을 준다. 세심하게 구사되어야 하는 유형이다.

5) 기사 구성하기

기사를 구성할 때는 말하려는 내용부터 살펴야 한다. 구성법은 기사를 담는 그릇이다. 기사를 액체라고 치면 그릇(틀)에 따라 그 모양이 다양하게 변한다. 틀이 기사에 적합한지 여부는 내용에 따라 결정된다. 위에서 설명한 몇 가지 스트레이트 구성법은 참고사항일 뿐이다. 기자들은 어떤 기사를 쓸 것인지를 생각하고 자신에게 익숙한 구성법을 사용한다. 이 구성법은 창의적인 형태일 수도 있다.

　기사를 구성하는 데 유용하게 사용할 수 있는 방법을 소개한다. 이 방법은 스트레이트뿐만 아니라 다른 유형의 기사에도 효과적이다.

　①쓰고자 하는 이야기의 목록을 만들자
기사에 들어갈 정보의 가짓수를 결정해야 한다. 자신의 취재 내용을 비슷한 정보끼리 모아 하나의 목록으로 삼는다. 큰 정보의 하부 단위로 묶어도 좋다. 예컨대 '목격자 증언'이란 목록이 있다면 서로 다른 정보를 담은 증언을 하부 단위로 삼는 식이다.

　②처음에 넣을 정보를 결정하자
스트레이트 기사라면 해당 사건의 핵심 정보나 상징적 일화가 앞에 놓여야 한다. 피처라면 일화나 묘사가 앞에 놓일 것이다.

③ 맨 끝에 넣을 정보를 고르자

역삼각형 방식이라면 중요도가 가장 떨어지는 정보가 마지막에 놓인다.

④ 중간에 넣을 정보를 고르자

스트레이트는 기사를 뒷받침하면서 중요도가 리드에 비해 다소 떨어지는 정보가 가운데에 들어간다. 중간에 들어가는 정보는 리드를 설명하거나 뒷받침하는 내용이다. 피처라면 배경 정보나 전문 지식 등이 가운데 놓인다.

⑤ 독자의 질문을 생각하자

기사는 독자 관심사에 따라 전개되어야 한다. 독자의 질문 목록을 만들어 보면 좋다.

⑥ 정보를 논리적으로 조직하자

기사의 설득력은 논리에서 나온다. 본문에 들어갈 정보를 논리적인 전개 순서에 따라 배열해야 한다.

⑦ 리드에 독자가 질문을 던지게 만들 정보를 넣자

리드에서 제기한 질문에 답하면서 다른 질문을 촉발하는 정보의 순서를 생각해야 한다. 이러한 질문에 대한 답이 순차적으로 주어질 수 있을 때까지 같은 과정을 반복해 보는 것이 좋다.

⑧ 제목과 부제를 붙여 보자

기사에서 좋은 제목이 나올 수 있다면 성공한 기사다. 좋다. 제목은 기사의 초점이다.

⑨ 리드 초안을 잡자

몇 가지 리드를 써 보고 가장 마음에 드는 것을 고르자.

⑩ 결론을 빨리 쓰자

기사의 목적지를 알면 그곳에 이르는 방법을 찾게 된다. 결론을 내는 논리를 세우는 데도 도움이 된다.

⑪ 장면을 생각하자

기사를 바탕으로 영화를 찍는다고 생각하고 각 장면을 머릿속에 영상화해 보자. 기사가 독자에게 어떤 느낌으로 다가갈지 추정할 수 있다.

기사를 구성하는 데 생각할 요소가 너무 많아 '언제 이걸 다 하나'라는 생각이 들지도 모른다. 기사의 초점 잡기에 유용한 13가지 질문을 소개하면서 말한 것과 마찬가지다. 모든 질문을 모든 기사마다 전부 할 필요는 없다. 기사에 따라 적합하다고 느껴지는 몇 가지 질문만 던져 보자. 기사를 구성하는 데 유용할 뿐만 아니라 리드를 쓰기에도 편해진다. 서너 차례 시도하면 점차 익숙해지면서 시간도 많이 줄어들 것이다.

2. 리드 쓰기

1) 리드란 무엇인가

리드는 기사의 시작을 알리는 문장이나 문단이다. 독자는 기사의 첫머리를 읽으면서 더 읽을지 말지를 결정한다. 효율적인 리드는 독자에게 '이 기사에는 읽을 만한 가치가 있다'고 말한다. 독자의 눈길을 끌고 유혹해야 한다. 리드에는 기사의 핵심이나 상징적 사건이 담겨야 한다.

기사 가치는 취재한 사실 간의 상호 관계에서 결정된다. 인물을 예로 들어 보자. 한 사건에 연루된 3, 4명이 있을 때 누가 리드에 담겨야 할까. 중요도가 높은 인물이어야 한다. 이 중요도는 등장인물과의 상호 관계에 따라 결정된다. 이런 관계를 파악하려면 취재가 제대로 이뤄져야 한다. 등장인물이 한 일과 전체 이야기의 흐름 속에서 차지하는 비중을 평가해야 한다. 앞서 이야기했지만 기자는 쓸 이야기의 전체 줄거리를 파악하고, 등장인물의 개별적 행위도 알아야 한다. **리드는 뒤에 이어지는 본문의 전개 순서에 큰 영향을 미친다. 리드를 쓰기 전에 취재한 내용을 5W1H의 원칙에 따라 재정리하면서 주제문을 먼저 쓰는 것이 좋다.**

리드를 쓰기 위해 2가지 질문을 던져 보자. 첫째, 무엇이 뉴스인가. 리드에는 뉴스를 담아야 한다. 바쁜 현대인들은 뉴스를 찾기 위해 기사 전체를 뒤지지 않는다. 둘째, 무엇에 대한 기사인

가. 기자들은 취재한 사건을 기사화하기 때문에 무엇을 쓰려는지 알고 있다고 생각한다. 이는 착각일 수도 있다. 기사화하려는 사안의 어떤 부분에 대해 쓴다는 세부적인 구체성이 중요하다. 유사 종교 단체에서 집단 자살극이 벌어졌다고 가정하자. 기사는 자살의 방법에 초점을 맞출 수도 있고, 그 원인에 초점을 맞출 수도 있다. 똑같은 자료나 사건이라도 여러 가지 초점이 나온다. 이는 기사를 어떻게 전개할 것인가와도 관련이 있다.

2024년 4월 10일 제 22대 국회의원 선거 결과를 각 신문이 어떻게 전달했는지 살펴보자.

민심은 윤석열 정부를 심판했다. 4 · 10 총선에서 더불어민주당이 21대 총선에 이어 또 지역구 의석만으로 과반을 확보하며 압승을 거둔 것으로 나타났다.
— 〈동아일보〉 2024년 4월 11일 자

민심이 윤석열 정부를 매섭게 심판했다. 10일 실시된 제22대 국회의원 선거에서 더불어민주당이 단독과반을 달성하는 등 범야권이 압도적인 승리를 거뒀다. 개표율 80.03%를 기록한 11일 오전 2시 현재 전국 254개 지역구 가운데 민주당이 156 곳에서 1위를 기록했다.
— 〈중앙일보〉 2024년 4월 11일 자

4 · 10 총선에서 더불어민주당을 비롯한 범야권이 약 180∼190석을 얻어 압승할 것으로 보인다. 국민의 힘은 110석 안팎을 얻을 것으로 예상된다. 여권은 개헌 · 대통령 탄핵선을 가까스로 지켰지만 윤석열 대통령의 조기 레임덕은 불가피할 것으로 전망된다. 민생 악화와 민주주의 위기 등에 따른 정권심판론이 작용한 결과다.
— 〈경향신문〉 2024년 4월 10일 자

이들 신문의 기사는 모두 더불어민주당의 제22대 총선 압승을 다뤘지만 초점은 다르다. 〈동아일보〉는 더불어민주당의 압승을, 〈중앙일보〉는 범야권의 압승을 부각했다. 〈경향신문〉은 이 선거로 인한 윤석열 정부의 조기 레임덕과 정권심판론에 주목했다. 〈경향신문〉은 스트레이트에 총선 결과에 대한 해설을 가미했다. 정치적 사건에선 해설성 스트레이트가 자주 눈에 띈다.

세 신문은 야당의 압승이 뉴스라는 점에서 일치했지만 리드의 초점은 다르다. 이런 차이는 작은 사건보다는 큰 사건에서 두드러진다. 큰 사건일수록 여러 가지 요소와 의미가 있어 기자의 취사선택에서 편차가 크게 벌어질 개연성이 높다.

이번에는 2023년 12월 25일 발생한 화재 사건의 기사를 살펴보자.

성탄절인 25일 새벽 아래층에서 발생한 화재를 피해 어린 자녀를 살리려 품에 안고 뛰어내린 30대 아버지가 끝내 숨졌다. 마지막까지 함께 살던 부모와 동생을 대피시키던 30대 남성도 숨진 채 발견됐다.

        – 〈한겨레〉 2023년 12월 26일 자

성탄절인 25일 새벽 서울 한 아파트에서 불이 나 30대 남성 둘이 사망하고 주민 30명이 부상했다. 숨진 남성 중 한 명은 불길을 피하려고 7개월 된 아이를 안고 아파트 4층에서 뛰어내렸다. 아이는 살았지만 아버지는 현장에서 숨을 거뒀다.

        – 〈조선일보〉 2023년 12월 26일 자

> 성탄절 새벽 서울의 한 고층 아파트에서 화재가 발생해 주민 2명이 사망하고 30명이 다쳤다. 발화지점인 3층에서 발생한 연기가 계단을 타고 순식간에 고층으로 퍼지며 피해가 커진 것으로 추정된다. 해당 아파트는 소방법 개전 전 완공돼 방화문이나 스프링쿨러를 갖추지 않았던 것으로 확인됐다. 두 아이를 키우던 30대 남성은 아이들을 지키기 위해 4층에서 뛰어내리다 사망했다.
> ─ 〈한국일보〉 2023년 12월 25일 자

〈한겨레〉는 화재사건에서 숨진 30대 남성의 사연에 주목했다. 〈조선일보〉는 인명 피해와 30대 남성 한 명의 사연에 초점을 뒀다. 〈한국일보〉는 인명 피해와 화재의 원인 및 제도, 숨진 한 명의 사연을 언급했다.

〈한겨레〉는 본문에서 두 명이 숨지게 된 경위를 먼저 설명한 다음에 인명 피해 규모와 주민들이 겪은 일을 적었다. 〈조선일보〉는 본문에서 다른 사망자가 가족을 대피시키고 숨진 일과 먼저 언급한 사망자의 사망 경위를 쓴 다음에 대피한 생존자들의 이야기를 실었다. 〈한국일보〉는 소방서의 출동 및 화재진화, 불이 퍼지는 과정에서 숨진 사망자와 연기로 인한 피해 확산 등을 썼다. 리드가 달라지면 본문의 전개 순서도 차이가 난다. 본문은 리드를 설명하는 식으로 전개되는 게 일반적이다.

무엇이 적합한 리드인지는 판가름하기 어렵다. 뉴스의 시간적 요소, 독자의 욕구 등 여러 요소를 고려해서 리드를 결정한다. 기사가 독자에게 첫 뉴스인지, 독자 대부분이 들어 알고 있는 뉴스인지가 리드에 큰 영향을 미친다. 독자들이 이미 알고 있다면 사건의 발발 소식만으로 독자를 만족시킬 수 있는지 생각해 봐야 한다. TV나 인터넷 등을 통해 실시간으로 축구 경기를 지켜본 사람이 많을 때 경기 결과만 담은 리드는 의미를 지니기 힘들다. 독자가 이미 알고 있는 정보를 단순히 반복해서는 독자의 눈길을 잡아끌기 힘들다.

2024년 아시안컵에서 한국과 요르단의 경기 결과를 전한 〈중앙일보〉 기사의 일부분을 살펴보자.

이 기사의 첫 단락에서 한국 축구 대표팀이 어느 팀과 맞붙었는지를 전혀 알 수 없다. '요르단'이란 상대국은 뒤에 나오고 경기 결과도 간략하다. 대부분 독자가 경기 결과와 내용을 아는 상태이기 때문이다. 독자는 이 경기에 관한 기사에서 다른 걸 원한다. 이 신문은 감독의 전술에 초점을 맞춰 기사를 썼다.

> "클린스만 감독의 전술은 의문 그 자체"
> AP는 64년 만의 아시아축구연맹(AFC) 아시안컵 우승을 노리던 한국이 탈락하자 이렇게 전했다.
> 위겐스 클린스만(독일) 감독이 이끄는 한국 축구대표팀은 7일 카타르 알라얀의 아흐마드 빈 알리 스타디움에서 열린 4강전에서 요르단에 0-2로 완패하면서 탈락했다. 국제축구연맹 랭킹 23위인 한국은 '역대 최강'의 전력이라는 평가를 받았지만 그보다 64계단이 아래인 요르단(87위)에 유효슈팅 '0'개의 굴욕적인 기록을 남기면서 졌다.
> – 〈중앙일보〉 2024년 2월 8일 자

자신이 쓰려는 기사가 남이 알지 못하는 특종이라면 이런 고민을 할 필요가 없다. 특종 기사란 새로운 뉴스를 담고 있으며 다른 언론에 나온 적이 없는 기사여서 독자는 이에 대한 정보가 없다고 보아야 한다. 기자나 국민 대다수가 아는 사안을 기사로 쓸 때는 기자는 고민하게 된다. 이때 첫 질문인 '무엇이 뉴스인가'란 질문은 의미가 퇴색된다. 둘째 질문인 '무엇에 대해 쓰는가'가 중요하다.

일반적으로 '무엇'은 작고 구체적일수록 좋다. 스트레이트뿐만 아니라 다른 유형의 기사도 '무엇'의 크기가 작을수록 초점이 명확해지고 쓰기에 편하다. 앞서 언급한 22대 총선 결과 기사를 살펴보자. 〈동아일보〉는 총선 결과를 개괄하는 스트레이트를 1면 머리기사로 게재하고 • 與, '한강벨트' 13곳 중 8곳서 밀려… 인천 14곳 중 1곳 당선 유력 • 與, 낙동강벨트 10곳 중 5곳 당선 유력 민주당은 3곳 확실 – 유력 … 2곳은 경합 • 한동훈, 참패 타격에도 당잔류 의지 … • '尹 – 韓 갈등 시즌2' 가능성 • 조국당, 12석 얻을 듯 … '지민비조 – 반윤 비명' 틈새 노려 등 다양한 기사를 실었다. 이들 기사는 제목에서 알 수 있듯이 선거의 여러 측면 중 한 가지에 집중했다. 초점이 명확하고, 리드도 명확하다. 본문의 내용도 이 초점에서 벗어나지 않을뿐더러 독자도 어떤 내용인지 알기 쉽다.

2) 리드의 유형

스트레이트 리드에는 몇 가지 유형이 있다. 어떤 유형이든지 독자가 기사를 읽게 만드는 역할을 한다.

① 요약형

요약형 리드는 역삼각형 구조 기사에서 흔히 찾아볼 수 있는 전통적인 유형이다. 기사의 핵심 사안을 요약해 전달하기에 기사의 의미나 주제가 첫 문장에서 드러난다. 요약형 리드는 대개 '누가 언제 무엇을 했다' 또는 '(언제) 어떤 일이 일어났다'라는 식이다. 이 리드 다음에는 해당 사건의 의미를 담은 문장이 오거나 5W1H를 담아 서술하는 문장이 온다. 본문은 리드에 들어 있는 핵심을 순차적으로 설명하는 방식을 취하는게 보통이다. 몇 가지 리드를 살펴보자.

경찰이 최근 실시한 사이버 도박 특별단속에서 검거된 3명 가운데 1명은 청소년인 것으로 나타났다.
- 〈경향신문〉 2024년 4월 26일 자

서울중앙지검 반부패수사3부(부장 김용식)는 부동산 사업 인허가 청탁 명목 등으로 8억 원대 금품을 받은 혐의(뇌물수수, 특가법상 알선수재)로 민주당 싱크탱크인 민주연구원의 부원장 출신 전준경(59)씨를 25일 불구속 기소했다고 밝혔다.
- 〈조선일보〉 2024년 4월 26일 자

〈경향신문〉의 리드는 '누가 무엇을 했다'는 식이며 〈조선일
보〉와 〈한겨레〉의 리드는 '어떤 일이 일어났다'는 식이다. 이
들 리드 뒤에는 독자가 상상할 수 있는 이야기가 뒤따른다.
〈경향신문〉 기사는 경찰이 단속한 사람 중 청소년이 몇 명인지
를 설명하고, 〈조선일보〉 기사는 검찰이 수사한 내용을 설명한
다. 요약형 리드에 담긴 핵심은 본문에서 그 구체적 내용이 하
나씩 드러나는 방식이다.

요약형 리드는 일반적으로 한 문장이지만 두 문장으로 이뤄
질 때도 있다. 한 문장으로 중요한 사실을 충분히 담을 수 없거
나, 한 문장에 담기에는 내용이 너무 길어 짧은 문장에 나눠 담
는 방식이다. 〈한국경제〉 2006년 11월 14일 자 주택 구입 연
령대에 대한 기사의 리드 부분이다.

통상 결혼 후 30평형대 이하 중·소형 주택을 처음으로 구입하
는 연령대인 만 35~39세 인구가 2008년에 최대를 기록한 뒤 감
소세로 돌아설 것으로 전망됐다. 중·대형 평형대를 구입하는 연령
대 중 40~44세 인구는 2013년, 45~49세는 2019년에 정점에
달할 것으로 예측됐다.

이 내용을 한 문장에 다 담으면 너무 길어진다. 두 문장 가운데 어느 하나를 버리면 기사의 초점이 중소형 주택 구입 연령대 또는 중대형 평형 구입 연령대 중 하나에 맞춰지게 된다. 이럴 때 두세 문장으로 리드를 구성하는 수밖에 없다.

이런 방식이 바람직하지는 않다. 리드(문단)의 문장 수가 많아질수록 기사가 독자에게 주는 인상은 흐릿해진다. 이 때문에 일단 두 문장짜리 리드를 썼다고 하더라도 문장 기술적인 측면에서 이를 한 문장으로 합치는 방법은 없는지 생각해 보는 게 좋다. '이 기사의 초점은 무엇인가?'라는 근본적인 질문을 자신에게 던져 보는 게 좋다.

〈서울신문〉은 같은 날 이 기사와 같은 내용의 기사를 실었다. 이 기사는 *"결혼 후 주택을 처음 구입하는 연령대인 만 35 ~39세의 인구가 오는 2008년 사상 최대를 기록한 뒤 감소세로 돌아설 것으로 분석됐다. 이론적으로 2008년까지 주택에 대한 잠재 수요가 계속 늘어난다는 얘기다"*로 시작한다. 기사의 초점을 '결혼 이후 첫 주택 구입 연령대'에 맞췄다. 둘째 문장에서 첫 문장의 이야기를 받아 잠재적인 주택수요 증가라는 해설성 내용까지 곁들여 초점을 다시 부각했다.

② 맹목형

'무슨 행사나 회의가 있었다'는 정도로 단순하게 쓰는 리드다. 요약형 리드와 달리 초점이 없어 기사 본문은 단순한 서술이 되기 십상이다. 가치의 우열을 가리기 힘든 내용을 하나씩 설명하기엔 좋다. 맹목형 리드는 밋밋하기에 자주 사용되지 않지만 다양하고 잡다한 이야기를 담을 수 있는 장점이 있다.

예컨대 '정부는 24일 정보통신부 등 6개 부처에 대한 개각을 단행했다'는 리드는 맹목형이다. 개각의 특성이나 주요 인물에 대한 초점이 없다. 이런 리드 뒤에는 A 부처의 장관은 ○○○, B 부처의 장관은 ○○○, C 부처의 장관은 ○○○이라는 기사 본문이 뒤따르게 된다. 이 개각이 정치인 출신 장관을 관료 출신으로 교체한 것이라고 치자. 이럴 경우 '24일 개각에서 정치인 출신 장관이 모두 관료 출신으로 교체됐다'고 쓰면 요약형이 된다. 이런 기사의 본문에는 'A 부처 장관은 ○○○ 의원에서 ○○○ 1차관으로 교체됐다. A 의원은 ○○ 지역구에 출마할 예정이다'라는 식의 내용이 담길 수 있다.

③ 종합형

몇 가지 유사한 사건을 하나로 묶는 리드로 사건의 특성이나 경향, 변화 등을 종합적으로 언급한다. 개별 사건은 본문에 담긴다. 5W1H 원칙에 맞춰 개요만 간단히 언급한다. 리드에 5W1H 가운데 일부가 나와 있다면 본문에서는 이를 생략하는 게 일반적이다. 예컨대 리드에서 '날씨가 따뜻해지자 봄을 감상하려는 행락객들이 산을 많이 찾았다'라고 했다면 본문에서는 산을 찾은 이유를 말하지 않고 단지 몇 명이 어느 산을 찾았는지만을 말하는 식이다.

몇 가지 종합형 리드를 살펴보자.

짧은 설 연휴 동안 고향을 오가는 차량들로 전국 고속도로는 몸살을
앓았다.

최근 서울 강남구 ○○동 일대에서 2인조 강도가 빈집만을 골라 여성
을 추행하고 돈을 빼앗아 달아나는 사건이 잇따라 발생하고 있다.

14일 전국에 폭우가 쏟아져 곳곳에서 주택과 농경지가 물에 잠기고
도로가 유실됐다.

정부의 부동산 대책 이후 서울 곳곳에서 전세가 품귀 현상을 빚어 전세
가격이 급등하고 있다.

종합형 리드는 광범위한 현상이 곳곳에서 일어날 때 주로 쓰인
다. 이 리드는 기사에 나오는 개별 사건이 특정한 지역이나 일시,
전국에서 여러 차례에 걸쳐 반복되거나 동시에 발생하는 걸 알려
주는 본문과 결합한다. 종합형 리드 기사의 한 예를 들어 보자.

서울 곳곳에서 전세 품귀 현상이 빚어져 세입자들이 울상을 짓고
있다.
강남구 대치동 ××아파트는 전세 매물이 지난달 10건에서 이달
들어 1건으로 급격히 줄었으며, 84m²형의 전세가는 10억 원에서
12억 원으로 20%나 급상승했다.
강북구 미아동 ○○아파트 단지는 같은 기간 전세 매물이 20건
에서 5건으로 줄었고 84m²형의 전세가는 5억 원에서 5억 8,000만
원으로 뛰었다.

종합형 리드 기사의 구성은 매우 간단하다. '리드+개별 사례'의 기본 구성에 해설을 리드와 개별 사례 사이 또는 개별 사례 뒤에 넣으면 된다. 해설은 이런 사건이 주는 의미나 전망 등을 주로 담는 게 일반적이다. 앞에서 예로 든 부동산 기사를 읽은 독자는 '왜 이런 현상이 벌어지는가', '이런 현상은 언제까지 계속될 것인가' 등의 의문을 품고 더 나아가 '지금 집을 사야 할 것인가'라는 질문도 던지게 될 것이다. 해설은 바로 이런 의문에 대답하는 것이다. 스트레이트의 특성상 해설도 사실에 기반해야 한다.

④ 추가형

추가형은 종합형의 변형이다. 뉴스 가치가 높은 개별 사건에 초점을 맞춰 전체 현상을 기술한다. '14일 전국에 폭우가 쏟아져 곳곳에서 주택과 농경지가 물에 잠기고 도로가 유실됐다'는 문장이 종합형 리드라면 '14일 전남 ○○군에서 주택 20채와 농경지 200ha가 물에 잠기는 등 전국 곳곳에서 폭우로 주택과 농경지 침수 및 도로 유실 피해가 잇달았다'는 문장은 추가형 리드가 된다.

추가형 리드에 나온 사례는 상징성이 강하다. 이 때문에 이 리드 다음 문장은 리드의 사례를 상술하는 게 일반적이다. 짧은 추가형 리드 기사에선 리드에 나온 사례 이외의 사례들이 언급되는 게 보통이다. 추가형은 종합형에 비해 구체적인 사례부터 제시하고 나온다는 점에서 독자의 눈길을 끄는 데 유리한 측면도 있지만 문장이 길어져 강렬한 맛은 덜하다.

3) 나쁜 리드

리드는 독자가 곧바로 이해할 수 있을 정도로 쉽고 간결해야한다. 독자가 리드를 읽으며 고개를 갸웃거린다면 그 기사는 이미 독자의 눈길 끌기에 실패했다고 봐야 한다. 리드를 쓸 때 주의해야 할 점 몇 가지를 살펴보자.

① 느슨한 문장

긴 종속절이나 어려운 외래어, 뜻을 설명해야 할 단어 등을 피해야 한다. 이런 요소가 많을수록 문장이 늘어져 긴장감이 없어진다. 리드의 문장은 단순할수록 독자에게 주는 느낌이 강렬하다. '훈련을 막 마치고 돌아와서 집에서 온 편지를 읽은 김 병장은 내무반 바닥에 주저앉아 눈물을 흘리며 엉엉 소리를 내 울었다'는 문장보다는 '김 병장은 엉엉 울었다'라는 문장이 훨씬 간결하고 강렬한 느낌을 준다.

② 복잡한 용어

설명이 필요한 용어를 가급적 피해야 한다. 특히 기술이나 과학 분야 기사를 쓸 때 어려운 용어가 남발되지 않도록 주의해야 한다. 'T세포 전사인자의 작용 메커니즘을 규명해 난치성 자가면역질환인 크론씨 병의 발병원인을 밝혀냈다'는 문장보다는 '난치성 질환인 크론씨 병의 원인이 밝혀졌다'고 쓰는 게 간명하다. 물론 '크론씨 병'이란 단어도 생소하지만 이는 명칭이니 어쩔 수 없다. 이 경우 크론씨 병(면역체계에 이상이 생겨 강한 통증과 출혈이 나타나는 병)이나 T세포 전산인자 등 복잡한 용어는 본문에서 설명해 줘야 한다.

특정 직업군이나 계층에서만 사용되는 용어도 경계대상이다. 어려운 한자어도 피해야 한다. 독자가 한눈에 알아볼 수 있는 용어를 주로 사용해야 한다. 독자가 이해하기 힘든 용어는 쉬운 용어로 바꿔 쓰고 본문에서 정확하게 설명해 주는 편이 낫다.

③ 질문

질문은 기사의 주제를 드러내기에는 부적합할 때가 많다. 리드는 기사가 설명하고 있는 중심 주제와 연관되어야 한다. 독자가 질문을 받기 위해 기사를 읽지 않는다. 질문보다는 답을 원한다. 이 때문에 질문 리드는 독자들을 짜증나게 만들기도 한다. 몇 가지 질문형 리드의 예를 들어 보자.

사 례   질문형 리드

"건강에 가장 나쁜 습관은 무엇일까?"
"이번 사고의 최대 피해자는 누구일까?"
"누가 한미 FTA 협상의 정부 대책 문건을 유출했을까. 정부와 국회는 문건 유출자 색출에 나섰다"

첫 번째 리드는 '불규칙한 생활습관은 건강의 큰 적이다', 두 번째 리드는 '정치인들이 이 사고의 최대 피해자가 됐다', 세 번째 리드는 '정부와 국회는 한미 FTA 협상의 정부 대책 문건 유출자 찾기에 나섰다'라는 식으로 고쳐 쓰는 게 간명하고 주제와 연관성도 높아진다.

모든 질문형 리드가 무의미한 것은 아니다. 질문은 눈길을 끄는 방법이긴 하지만 제한적으로 사용해야 한다. 눈끌기용 질문을 던지는 기사 중 상당수는 그 질문에 대한 답을 제시하지 못하기도 한다.

④ 행사

단순히 행사나 회의 개최만 리드에 담으면 초점을 잃을 우려가 있다. 기사는 무엇이 일어났고 그 결과는 무엇인지에 대해 말해야 한다. 행사나 회의 개최 소식이 아니라 그 결과를 알려야 독자의 관심을 끌 수 있다. 무엇이 중요하고 어떤 사실이 독자의 생활에 영향을 미치는가에 대해 직접적으로 말해야 한다.

'독일 월드컵이 9일 개막됐다'는 리드보다는 '독일 월드컵이 9일 '세계의 친구들과 함께'라는 주제로 개막됐다'가 훨씬 낫다. '정부는 10일 국가안전보장회의를 소집해 북핵 사태에 관한 대응책에 대해 논의했다'보다는 '정부는 10일 북핵 사태와 관련해 국가안전보장회의를 열어 유엔의 북한 제재 결의안을 적극 지지하기로 했다'가 독자의 눈길을 더 잡아끈다.

⑤ 숫자나 도표

숫자나 도표 등을 과다하게 사용해선 안 된다. 일반적으로 독자는 숫자의 마력에 약하다. 통계 기사나 여론조사 기사는 독자에게 신뢰감을 준다. 과학적 방법으로 산출되거나 조사된 사실이라는 느낌을 갖게 한다. 숫자나 도표 등이 많으면 독자는 싫증을 낸다. 최소한으로 표현해 독자가 편하게 읽을 수 있도록 해야 한다.

예컨대 '서울 지역 중학생 2,000명 가운데 49.1%인 982명이 학력 부진아인 것으로 조사됐다'는 '서울 지역 중학생의 절반가량이 학력 부진아인 것으로 조사됐다'로 쓰는 게 좋다. 49.1%는 딱 절반이 아니므로 부정확한 기사라고 생각하는 사람도 있을지 모른다. 본문에서 정확한 수치를 설명할 기회는 얼마든지 있다.

기사 본문도 숫자로 뒤범벅이 되면 곤란하다. 숫자의 연속인 기사는 독자를 골치 아프게 한다. 기사의 내용을 이해할 수 있는 선에서 적절히 조절해야 한다.

⑥ 5W1H 다 담기

6하 원칙은 기사에 꼭 필요한 요소지만 리드에서 이 모든 것을 다 담을 필요는 없다. 한두 가지만 있어도 충분하다. 6하 원칙을 리드에 다 담으면 독자는 이해하는 데 많은 시간을 써야 한다. 사안의 핵심과 관련된 꼭 필요한 것만 골라 담은 뒤 본문에서 천천히 설명하면 된다.

3. 피처의 리드

피처의 리드는 스트레이트에 비해 유연하고 자유분방하다. 르포, 인터뷰, 해설, 칼럼, 탐사보도, 내러티브 등 다양한 피처의 종류만큼이나 리드도 여러 모습을 띤다. 스트레이트처럼 한 문장으로 핵심을 요약하지 않고 여러 문장으로 리드 문단이 등장하는 경우가 많다. 물론 짧은 한 문장으로 된 리드도 있다.

피처의 리드에는 재미 또는 흥미가 담긴다. '이 기사가 재미있을 겁니다'라고 속삭여 독자의 관심을 유도한다. 피처의 리드에도 스트레이트처럼 기사의 핵심과 연관된 상징적인 요소가 있어야 한다. 몇 가지 유형을 소개한다.

1) 일화형

짧은 이야기로 이뤄진 리드다. 길이와 관계없이 시작, 전개, 결말 등 이야기의 기본 구성을 갖추고 있어야 한다. 첫 문장은 대개 인물이 주어가 돼서 '누가 무엇을 한다'라는 식이다. 이어서 기사 주제와 밀접하게 연관된 일이 전개된다. 결말에서 독자에게 강한 인상을 남겨야 한다. 독자가 기사를 더 읽게 만들어야 하기 때문이다.

〈중앙일보〉 2014년 1월 30일 자 '대한민국 마약 루트를 가다'의 일화형 리드를 살펴보자.

텔레그램에서 묘사한 그대로였다. 20대 초반으로 보이는 큰 덩치의 외국인은 언급했던 그 옷을 입고 있었고, 옆구리에 가방을 끼고 있었다. 그 역시 이쪽을 알아보는 눈치였다. 눈인사로 서로의 눈썰미가 틀리지 않았음을 확인한 뒤 그들은 일을 시작했다.

가방이 이쪽으로 전달됐다. 그런데 그 안에는 약속된 물건이 없었다. 의아해하는 표정을 읽었는지 외국인이 입을 열었다.

"Trust me(나를 믿어라)"

그가 목소리를 낮추더니 은밀하게 말을 이어 갔다.

"마약은 가방 안감 속에 숨겨져 있어."

그때였다. 건장한 사내들이 들이닥쳐 그 외국인을 포획했다. 그러고는 가방을 칼로 찢었다. 밀가루나 고운 설탕처럼 보이는 가루가 진공으로 포장돼 있었다. 필로폰이었다.

이 기사는 등장인물에 대한 묘사로 시작된다. 서로를 확인하고 뭔가 은밀한 거래가 시작된다. 8번째 문장에서 '마약'이란 단어가 등장한다. 독자에게 이 기사가 마약을 다루고 있다는 걸 알려 준다. 이 일화는 서로를 확인하는 전개를 거쳐 은밀한 거래 과정을 통해 긴장이 고조되고 필로폰을 지닌 외국인이 붙잡히는 클라이맥스에 도달한다.

〈동아일보〉 2007년 2월 20일 자 '표절 한국 바로잡을 규범 만들자'라는 시리즈 기사의 리드를 살펴보자.

중학교 3학년 때 미국 버지니아주로 가족과 함께 이민 간 김 모 (22) 씨는 2004년 버지니아주립대에 입학했다. 그는 졸업 후 의학전문대학원에 진학할 계획을 세우고 지난해 봄 화학 강의를 들었다. 친구의 실험보고서에서 서너 문장을 베껴 과제물을 냈지만 큰 문제가 되지 않을 것으로 생각했다.

담당 교수는 표절 대목을 정확히 찾아내 "절대 하지 말아야 할 금기를 깼다"면서 징계위원회에 김 씨를 회부했다. 무기정학을 당한 김 씨는 다른 대학에 편입할 수도 없었다. 미국 대학은 표절 사실을 성적표에 남기기 때문. 그는 한국인 상점에 취직해 한 달에 100만 원가량을 벌며 학교 측에 편지로 자비를 호소하고 있지만 학교 측은 꿈쩍도 않고 있다. 김 씨의 한 친구는 "그는 좌절감에 빠져 한국 친구들과도 연락을 끊었다"라고 말했다.

이 일화형 리드의 첫 단락은 미국으로 이민 간 김 모 씨가 친구 과제물의 몇 문장을 베껴 낸 일을 말한다. 평범한 이야기여서 여기까진 긴장감이 느껴지지 않는다. 둘째 단락은 전개와 결말에 해당한다. '표절'이란 주제어가 처음 등장하며 학교 측의 단호한 대처에 대한 이야기가 전개된다. 마지막 두 문장은 이 일로 인해 좌절된 김 씨의 삶으로 결론에 해당한다.

일화형 리드 기사는 일화에 이어 본론으로 들어간다. 일화형 리드가 지닌 의미를 일반화하면서 보다 큰 주제로 연결시키는 것이다. 이 기사에서 김 씨는 어릴 적부터 표절에 대한 교육을 받지 못해 글로벌 스탠더드에 어긋나게 행동하는 한국인을 상징하는 인물이다. 대학 측의 단호한 대처는 표절에 엄격한 외국 대학의 풍토를 상징한다. 이런 점에서 일화형 리드는 본론에 들어가기 전 주제에 대한 복선을 까는 역할을 한다. 독자는 흥미 있는 이야기에서 무거운 주제로 이동하는 데 대한 부담감을 갖지 않게 된다.

2) 이야기형

이야기형 리드는 중심인물의 행동을 단순히 늘어놓는 방식이다. 시작, 전개, 결말이란 형태를 취하지 않는다는 점에서 일화형 리드와 차이가 있다. 여러 가지 행동이 뒤섞여서 나오는 경우도 많다. 독자는 리드만으로 기사의 주제를 알기 힘들다. 등장인물의 몇 가지 행동이 독자의 눈길을 사로잡을 정도로 묘사가 섬세해야 한다.

다음과 같은 리드가 이야기형이다.

사 례　　이야기형 리드

　　김형운 상사는 바위 뒤에 몸을 가렸다. 총구만을 겨눈 채 앞을 주시했다. 바람이 산들산들 불어와 흘러내리는 땀방울을 훔쳐 줬다. 이 병장은 김 상사의 신호가 떨어지기만 기다렸다. 이 병장 뒤에는 분대 병력이 키 높이로 자란 갈대밭 곳곳에 엎드려 있었다.
　　이때 갑자기 총성이 울렸다. 모두 깜짝 놀라 총성이 나온 방향으로 시선이 쏠렸다. 아무런 움직임도 발견할 수 없었다.

이야기형 리드는 여러 사람의 동작을 통해 긴장감을 높여 가다 본격적인 이야기를 시작한다. 등장인물의 행동은 이야기의 분위기를 조성하는 역할을 한다. 기사 전체로서 시작, 전개, 결말이란 구성을 취한다. 이야기형 리드는 말 그대로 첫 부분인 시작에 해당한다. 이 때문에 단독 사건 등을 감칠맛 있게 전달하는 데 주로 쓰인다.

3) 장면 짜깁기형

여러 장소의 모습을 묘사하는 리드다. 독자에게 사건이 벌어질 장소의 곳곳을 살펴보도록 해서 현장감을 준다. 자세한 묘사일수록 독자를 현장으로 끌고 들어간다. 이 리드를 쓸 때는 장면의 구석구석을 실감나게 쓰면서 등장인물의 행동을 묘사해야 한다. 사람이 없는 장면은 죽은 장면이 된다. 이 리드에 들어간 인물은 주제와 관련이 있는 사람이어야 한다. 이 리드의 예를 들어 보자.

사 례　　**장면 짜깁기형 리드**

선착장에는 사람이 보이지 않았다. 선착장 입구의 가게 앞 평상 아래에 흰색 털이 상당히 자란 진돗개가 조는 듯 누워 있었다. 이 개는 가끔 눈동자만 이리저리 굴렸다. 오토바이를 탄 사내가 고갯길을 넘어 선착장 쪽으로 오더니 골목길로 들어서 탱자나무 울타리가 쳐진 집의 문을 열었다.

4) 종합장면형

비슷한 일이 곳곳에서 일어나고 있음을 알려주는 리드여서 한 주제에 다양한 장면이 등장한다. 이 때문에 전시회형으로 불리기도 한다. 반복되는 행동이나 사건 등은 바로 주제를 의미한다. 이 유형의 리드는 다음과 같은 방식으로 쓴다.

사 례　　종합장면형 리드

　서울 명동 한복판에서 구세군의 자선냄비 종소리가 울려 퍼졌다. 어둠이 짙어지자 선물 꾸러미를 든 사람들이 귀갓길을 재촉했다. 구세군의 종소리가 겨우 들리는 가게 앞 판매대에는 크리스마스용 양초가 그득했다. 가게 옆 음반 가게에선 캐럴이 흘러나왔다.

　이 리드에 등장하는 크리스마스 풍경은 기사의 주제가 된다. 다음에 나오는 이야기는 크리스마스와 연관되어 있다는 것을 강하게 암시한다. 독자는 이 리드를 통해 주제를 어느 정도 알아차리게 된다.

5) 단독사례형

한 가지 사례가 기사의 맨 처음에 등장한다. 이 사례는 보다 큰 주제와 연관되어 있다. 사례라는 점에서 일화형과 유사한 측면이 있으나 시작, 전개, 결말이란 구조를 갖추지 않고 있다는 점에서 차이가 난다. 여러 인물이 등장하지 않고 단 하나의 사례만 나온다는 점에서 이야기형과도 차이가 있다. 이 유형의 예를 들어 보자.

사 례　　　**단독사례형**

　　김소희(13) 양은 부모의 꾸지람을 듣고 집을 뛰쳐나갔다. 갈 곳이 막막했지만 부모에게 또 다시 꾸중을 들을까 무서워 며칠간 친구 집을 전전하다 청소년 쉼터에 찾아갔다.

김 양의 사례는 '청소년 쉼터'라는 보다 큰 주제와 연결된다. 이 기사는 쉼터를 찾는 청소년의 사연을 담거나 쉼터의 역할에 대한 이야기를 담았을 가능성이 높다. 주로 잡지 등에서 사용하기 시작한 이 같은 리드는 신문 등의 매체로 급속하게 퍼져 나갔다.

피처 기사의 리드는 다양하다. 여기서 소개한 몇 가지 리드 유형은 지금까지 나온 기사에서 추출한 것이다. 이런 유형으로 분류되기 어려운 리드도 많다. 한국에선 일화형이나 단독사례형 리드가 자주 쓰이는 편이다.

240

6) 리드 다듬기

스트레이트든 피처든 리드를 쓸 때는 생각나는 대로 빠르게 써야 한다. 붓이 가는 대로 쓰면 자신의 감각을 살릴 수 있다. 리드 몇 개를 빨리 써서 마음에 드는 걸 골라 가다듬는 게 좋다. 리드는 글의 도입이어서 잘 다듬어진 문장은 독자에게 깊은 인상을 남길 수 있다. 리드를 가다듬는 몇 가지 방법이 있다.

① 큰 목소리로 읽자

몇 차례 큰 소리로 읽으며 단숨에 읽을 수 있는지 살펴야 한다. 어색한 단어나 호흡이 막히는 대목이 있으면 읽기를 중단하고 어떻게 고칠지 생각해야 한다. 리드 작성자가 약간 이상하다고 느끼면 독자는 매우 이상하다고 느낄 것이다.

② 단어 수를 줄이자

리드에 몇 단어나 들어 있는지를 세고 최대한 단어 수를 줄일 수 있는지를 살펴야 한다. 짧은 문장이 힘이 있고 강렬하다. 기존 기사의 리드를 줄여서 써 보는 연습을 해 보자.

③ 은어와 상투적 표현을 없애자

은어는 그 뜻을 알지 못하는 독자를 어리둥절하게 만들고 상투적인 표현은 독자가 식상함을 느끼게 한다. 리드를 쓸 때는 상투적 표현을 삼가는 게 좋다. '세계에서 최초로', '세기적인', '최대' 등은 위험한 표현이다. 실제 그런지 검증하기도 힘들다.

④ 정확한지 다시 살피자

마지막에는 항상 사실이 정확한지를 점검해 봐야 한다.

4. 본문 쓰기

리드가 끝나면 기사의 본문이 시작된다. 본문은 리드를 뒷받침하는 사실로 시작되는 게 일반적이다. 본문은 리드의 내용을 상세히 설명하거나 관련 정보를 담는다. 긴 기사일 경우 리드의 내용을 한 차례 이상 설명하거나 리드와는 무관한 완전히 새로운 정보를 담기도 한다. 2024년 4월 30일 여러 언론에 실린 기사의 일부분을 보자.

---

① 테슬라 주가가 하루 만에 15% 이상 급등하면서 일론 머스크 테슬라 최고경영자(CEO)의 순자산이 하루 만에 25조 원 넘게 늘었다.

② 29일(현지시각) 뉴욕증권거래소(NYSE)에서 테슬라는 전 거래일보다 15.31% 급등한 194.05달러에 거래를 마쳤다. 이는 종가 기준 지난 3월 1일(202.64달러) 이후 약 2개월 만에 가장 높은 수준이다.

③ 〈블룸버그〉 억만장자 지수에 따르면 이날 머스크의 자산은 전날보다 185억 달러(약 25조 5,000억 원) 증가했으며, 최근 5일 동안 머스크의 순자산은 373억 달러(약 51조 3,000억 원)이나 늘었다.

---

④〈블룸버그〉에 따르면 이는 머스크가 440억 달러(약 60조 원)에 트위터(현재 엑스)를 인수하기로 합의하기 직전인 2022년 3월 이후 주간 상승 폭으로는 가장 크다.

⑤ 하락세였던 테슬라 주가가 반등한 것은 중국 내 완전자율주행(FSD) 소프트웨어 도입 가능성이 커졌기 때문이다.

⑥ 전날 비공식 일정으로 중국을 찾은 머스크는 리창 국무원 총리를 만나 이 같은 논의를 진행한 것으로 알려졌다. 머스크는 이날 엑스 계정에 리창 총리와 찍은 사진을 올리면서 "리창 총리를 만나 영광이다. 우리는 상하이에서부터 수년간 알고 지낸 사이"라고 밝혔다.

이 기사는 리드(①)에 두 가지 정보를 담았다. 테슬라 주가 15% 급등과 머스크의 자산 25조 원 증가를 언급했다. 본문은 이 두 가지를 차례대로 언급한다.(②와 ③) 이어지는 주간 상승 폭(④)과 주가 반등 이유(⑤)는 리드에는 없지만 급등 이유를 설명하기 위한 것이다. ⑥은 ⑤를 뒷받침하는 문단이다. 리드에 담긴 정보만 생각한다면 이 기사는 ③에서 끝내도 충분하다. ④부터는 설명이다. 만일 편집자가 지면이 부족해 기사를 다 실을 수 없다면 아래서부터 한 문단씩 지워 나가면 된다. 독자는 읽은 만큼 이 기사의 주요 정보를 얻을 수 있다.

〈동아일보〉 2007년 1월 23일 자 기사의 일부분을 살펴보자.

① 서울중앙지검 특별수사팀은 23일 열린우리당 G 의원을 특정범죄가중처벌법상 뇌물수수혐의로 불구속 기소하면서 지난해 8월부터 6개월 동안 진행된 사행성 게임비리 의혹에 대한 수사결과를 발표했다.

② G 의원은 지난해 5,6월 경 한국전자게임사업자협의회장 곽 모 (49) 씨에게서 스크린 경마게임 등에 유리한 방향으로 관련 법이 개정될 수 있도록 해달라는 부탁과 함께 3,000만 원을 받은 혐의다.

③ 검찰은 G 의원이 국회 문화관광위원회에서 상품권제도 폐지에 반대하는 발언을 한 것이 금품수수와 무관치 않은 것으로 보고 있다.

④ 그러나 G 의원은 이날 보도자료를 통해 "곽 씨가 돈을 전달한 시점에는 해외출장 중이어서 확실한 알리바이가 성립한다"며 "검찰의 '묻지마'식 기소에 대해 법원이 진실을 밝혀 줄 것"이라고 반박했다. (중략)

⑤ 노무현 대통령 조카인 노지원 씨, 영화배우 명계남 씨, 권기재 전 대통령비서실 행정관, 김문희 전 국회 문화관광위 수석전문위원 등 관련 의혹도 사실이 아닌 것으로 검찰은 결론 내렸다. (중략)

⑥ 특별수사팀과는 별도로 검찰과 경찰은 지난해 사행성 게임과 관련해 9만 7,090명을 단속해 이 중 4,060명을 구속했다. 또 게임기와 컴퓨터 7,550대, 현금 50억 9,000만 원, 상품권 873만 장을 압수했다.

이 기사의 리드(①)는 G 의원에 대한 불구속 기소를 앞세워 검찰이 수사결과를 발표했다고 적었다. 잇따라 보도되는 사건에선 새로운 사실을 앞세워 기사를 쓰는 게 일반적이다. 리드에서 G 의원을 앞세웠으므로 본문은 G 의원의 이야기로 시작된다. G 의원의 혐의(②)에 이어 의정 활동과 금품 수수의 관련성에 대한 검찰의 판단(③)이 이어진다. ④는 이에 대한 G 의원의 반론이다. 이로써 G 의원에 관한 이야기는 모두 끝나고 ⑤는 리드에 명시되지 않았지만 수사결과에 담긴 이야기다. ⑥은 검찰의 수사결과는 아니지만 이 사건과 연관된 정보다. 참고로 G 의원은 법원에서 무죄 판결을 받았다.

같은 해 〈동아일보〉 1월 13일 자 기사를 통해 본문의 특성을 더 살펴보자.

---

① 된장, 청국장, 간장, 액젓 등 한국의 전통 발효식품에서 유해물질인 바이오제닉아민이 검출되자 이 물질의 유해성을 둘러싼 논란이 일고 있다.

② 식품의약품안전청은 2005년 한 해 동안 국내에서 유통 중인 장류와 젓갈류, 김치 등 82종 474건에서 바이오제닉아민이 kg당 1.3~1127.6mg 검출됐다고 13일 밝혔다.

③ 이 물질의 함유량은 재래식 된장 260.1~952.0mg, 간장 13.8~229.8mg, 멸치액젓 352.5~1127.6mg, 배추김치 3.4~142.3mg 등이다.

④ 식약청에 따르면 바이오제닉아민은 농축수산물의 저장 및 발효식품의 숙성 과정에서 발생하며 많이 섭취하면 신경 및 혈관을 자극해 식중독 편두통 알레르기 등의 증상을 일으킬 수 있는 물질이다. 이 물질은 발암물질로 전환될 개연성이 있는 것으로 알려졌다.

⑤ 문제는 바이오제닉아민의 적정 기준치가 없고 많은 한국인이 된장, 청국장 등을 오랫동안 먹어 왔지만 이로 인해 이상이 있었다는 학계의 보고가 없다는 점이다.

⑥ 식품안전기구 국제연합체인 국제식품규격위원회(CODEX)는 어류와 가공어육에 한해 이 물질의 기준치를 kg당 100~200mg으로 규정하고 있다.

⑦ 식약청은 바이오제닉아민을 줄이려면 저온 발효(섭씨 30도 이하) 및 보관 유통(섭씨 4도 이하)이 최선책이라고 설명했다. 하지만 제조업체들은 "전통 장류는 30~80도에서 발효된다"면서 "업계가 자율적으로 이를 낮추기 위해 노력하겠다"고 말했다. 현재로선 뾰족한 수가 없는 실정이다.

이 기사는 리드(①)에서 전통 발효식품에서 바이오제닉아민의 검출 소식과 이 물질의 유해성 논란을 담았다. ②~③은 바이오제닉아민이 어디서 얼마나 검출됐는지 상술했다. ④는 독자에게는 생경한 바이오제닉아민이 어떤 물질인지를 설명하고 있다. 이 대목이 없으면 독자가 이 기사의 가치를 이해하기 힘들어진다. 기사의 알기 어려운 용어는 본문에서 설명하는 것이 일반적이다. ⑤~⑦은 리드의 후반부와 관련이 있다.

본문은 리드를 뒷받침하는 구조를 갖춰야 한다. 리드에서 독자의 궁금증을 자극했으면 이에 대한 답을 줘야 한다. 독자 입장에서는 기사를 다 읽고도 궁금증을 해소하지 못하면 황당하다. 기사의 본문을 쓸 때 독자에게 새로운 궁금증을 던지면 곤란하다. 기사가 대답할 수 있는 한도를 벗어나지 않는 선에서 궁금증을 자극해야 한다.

5. 정보 출처

기사는 뉴스에 대한 정보의 출처를 담아야 한다. '기사가 믿을 만한가'라는 독자의 물음에 대한 답이 있어야 한다. 기사에 담긴 정보, 논란이 되는 주장, 의문을 제기하는 정보를 말해 준 사람이나 기관, 단체 등을 명기하면 독자는 기사의 신뢰도를 평가할 수 있다. 바이오제닉아민 기사에서 '식품의약품안전청'이란 출처가 없다면 독자는 기사의 신뢰성에 의문을 품을 수도 있다. 정보 출처가 한 학자나 대학이라면 어떨까. 독자가 대학이나 학자를 식약청보다 더 믿는다면 기사의 신뢰성은 더 높아진다. 반대의 경우라면 신뢰성이 떨어지게 된다.

직접 확인하기가 힘든 정보는 뉴스의 출처가 더욱 중요하다. 똑같은 내용이라도 뉴스 출처에 따라 기사 가치가 달라진다. 북한의 핵문제를 예로 들어 보자. 북한이 고농축우라늄(HEU)을 가지고 있다고 미국 대통령이 말하는 것과 북한을 탈출한 주민이 말하는 것은 차이가 있다. 거대한 정보기관으로 보고를 받는 위치에 있는 미국 대통령과 떠도는 이야기를 들었을 개연성도 있는 북한 주민은 발언의 신뢰성 수준이 다르다.

정보 출처는 실명으로 밝히는 게 원칙이다. '홍삼화 씨(45·자영업)는 "폭풍우가 다가오고 있다"고 말했다'라는 식으로 이름과 나이, 직업까지 밝혀야 한다. 정보 제공자의 신상정보가 자세할수록 신뢰도는 높아진다.

정보 제공자를 익명으로 하는 경우가 있다. 정보 제공자가 익명을 요구했거나, 실명으로 쓸 경우 정보 제공자에게 피해가 있을 우려가 있으면 익명 또는 가명을 사용한다. '정부의 한 관계자는', '정부의 한 고위 관계자는', 'ㅇㅇ회사의 한 마케팅 관계자는', '이 일을 담당한 적이 있는 한 관계자는', '한 주부는' 등 익명 처리 방법은 다양하다. 한국 언론은 익명 처리가 잦아 이를 문제로 보는 학자가 적지 않다.

가명을 쓸 때는 반드시 가명이라고 명시해야 하며 이름 이외의 신상정보를 담는 게 좋다. '홍길동 씨(45·상업·가명)는', '다단계 판매의 피해를 입은 홍길동 씨(45·상업·가명)는' 등 여러 가지 방법을 활용한다. 최근에는 나이 등 개인정보를 밝히지 않은 기사가 적지 않다. 당사자가 거부하면 이를 명시할 수는 없는 일이다. 나이 등 신상정보가 기사의 중요한 요소가 되기도 한다. 다음은 2024년 5월 10일 여러 언론에 실린 기사의 한 대목이다.

> "젊었을 때는 용기를, 장년기에는 신념을 가진 사람이 보람 있게 살 수 있습니다."
> '104세의 철학자' 김형석 연세대 명예교수가 책 《김형석, 백 년의 지혜》(21세기북스)를 출간했다. 《백 년의 지혜》는 100년 넘게 살아오며 얻은 인생의 진리와 깨달음을 담은 책이다.
> 김 교수는 지난 9일 서울 중구 한 식당에서 열린 출간 기념 기자 간담회에서 "나이가 들었거나 젊거나 학생이거나 직장에 다니거나 하고 있는 모든 이들의 공통적 문제에 대해 이야기를 나누고 싶었다"라고 설명했다.
> — 〈파이낸셜 뉴스〉 2024년 5월 10일 자

이 기사는 104세라는 걸 유독 강조했다. 김 교수가 100세 이상 살면서 쓴 책이라는 걸 부각하고 싶었을 것이다. 나이가 때론 기사의 가치에 큰 영향을 미친다. 만일 10살 어린이가 인생의 지혜에 대한 책을 냈다면 어떨까. 대부분 10살은 지혜를 논하기에 적절한 나이는 아니라고 생각할 것이다. 이처럼 나이 등 신상정보가 기사 가치를 결정짓는 역할을 하기도 한다.

정보 출처는 밝힐 때는 주로 '~라고 누가 말했다'라는 문장을 쓰지만 정보 출처를 주어로 해서 쓰기도 한다. '서울지방경찰청 외사과는 위조 여권을 만들어 동남아 지역 외국인에게 판 ○○○ 씨를 23일 구속했다'라고 쓴다면 독자들은 '~라고 누가 말했다'와 같은 식으로 쓰지 않더라도 정보의 출처를 파악하는 데 무리가 없다.

기사에 담긴 모든 정보의 출처를 밝혀야 하는 것은 아니다.

한 문장마다 출처를 표기하면 흐름이 끊겨 난삽한 문장이 되고 만다. 기자가 직접 관찰한 정보나 상식에 속하는 정보는 출처를 밝히지 않고 쓸 수 있다. 축구, 야구 등 스포츠 경기의 결과에 대한 기사나 관전기에는 정보 출처가 나오는 일이 거의 없다. 기자가 경기를 직접 지켜보면서 쓴 기사일 뿐만 아니라 득점은 공개적으로 발표돼 누구나 알기 때문이다.

6. 인용

기사에 특정 인사의 말이 담기기도 한다. 대개 따옴표를 쓴 인용문이나 축약 형태로 담는다. 인용이 효율적으로 쓰이면 기사는 힘을 얻는다. 직접적인 관계자의 생생한 목소리가 담기기 때문이다. 인용문은 개인적 경험 등 당사자가 아니면 말하기 어려운 내용일 수도 있어 독자가 더욱 흥미로워하기도 한다.

직접 인용은 한 문장 이상이어야 하고 말한 내용을 그대로 옮겨 적는 게 원칙이다. 특히 해당 인물의 어감이 묻어나야 하는 기사에선 독특한 단어 등을 포함해 말한 그대로 적어야 맛깔나는 기사가 된다. 말이 너무 길어서 소화하기 곤란하거나 어법이 맞지 않아 그대로 옮기면 혼란스러울 때는 일부분이나 단어만을 간접 인용하거나 문장 속에 녹여서 쓰는 경우가 많다. 당사자의 말을 그대로 옮기면 문장의 의미가 통하지 않을 때에는 기자가 괄호 안에 몇 마디를 넣어서 의미가 통하도록 만들기도 한다.

7. 숫자

숫자는 조심스럽게 다뤄야 한다. 숫자가 사실을 잘 나타내는 것처럼 보여도 오류가 있을 수 있다. 기자는 의미 있는 숫자와 그렇지 못한 숫자를 분별해야 한다. 잘못된 숫자를 사용하면 기사 자체가 잘못돼 독자에게 틀린 사실을 전달하게 된다. 기자는 통계처리의 기본 지식을 갖춰야 한다. 각종 조사가 어떻게 이뤄지고, 어떤 조건에서 숫자가 의미 있는지를 명확히 이해해야 한다. 요즘은 통계조사 기법이 기사에 자주 활용되고 있어 숫자에 대한 이해와 사용은 기사쓰기에 필수적인 요소가 됐다.

8. 스트레이트 실습 1

수강생에게 다음과 같은 경찰청 보도자료를 주고 스트레이트를 쓰도록 한 적이 있다. 2022년 2월 23일 자 보도자료다. 이 자료를 자세히 읽고 스트레이트를 써 보자.

'4장 기사 구성(설계하기)'를 참조해 기사가 풀어낼 전체 이야기를 한 문장으로 요약한 주제문을 만들어 보자. 그다음에 문단별 주제어를 적어 가면서 구성을 해보자. 기사 전체가 큰 이야기 꾸러미라면 각 문단은 작은 이야기 꾸러미다. 구성은 작은 이야기 꾸러미의 순서를 정하는 일이다. 리드와 본문은 이 장을 참고하면 된다.

위조 신분증으로 캄보디아에서 도피 중이던 수백억 원 편취 사기범 송환

경찰청(청장 김창룡)은 2009년 국내에서 사기 후 캄보디아에서 도피 중이던 많은 금액 사기 피의자를 국제형사경찰기구(인터폴) 국제공조를 통해 검거(2021. 11. 30)하여 13년 만에 (2022. 2. 23) 국내로 송환하였다고 밝혔다.

피의자 A 씨 (63세, 남)는 2009년에 피해자들에게 주식계좌를 개설해 이를 담보로 대출을 받아 주면 갚겠다고 속여 수십억 원 편취한 것을 비롯해 다른 건 피해자들에게 수백억 원의 사기를 저질렀다.

* 경찰 수배 1건, 검찰 수배 5건

경찰청에서 실시한 상반기 사기 범죄 특별단속과 관련하여 외사국과 수사국의 국외 도피 경제사범 일제 합동 점검을 통하여 A 씨에 대한 국제공조가 진행되고 있지 않은 것을 확인하고, 2021년 3월 적색수배를 발부받는 등 인터폴 공조를 진행하게 되었다.

A 씨에 대한 검거는 국외 도피 사범을 전담해서 추적하는 서울경찰청 인터폴 국제공조팀이 2021년 8월 입수한 첩보로부터 시작되었다. 첩보는 '캄보디아에서 신원을 알 수 없는 한국인이 위조한 캄보디아인 신분증을 사용하며 체류 중'이라는 내용이었다.

경찰청 인터폴계에서는 정확한 신원을 확인하기 위해 수소문하기 시작하였고, 캄보디아에서 그가 바로 A 씨라는 정보가 입수되어 이를 경찰청 과학수사관리관을 통해 최종적으로 A 씨인 것을 확인하게 되었다 (2021. 8. 23).

A 씨의 현지 검거를 위해서는 좀 더 확실한 증거가 필요했다. 이에 캄보디아 경찰에 A 씨의 캄보디아인 신분증 발급 경위를 확인 요청하였고, 캄보디아 경찰 수사결과 2010년 4월경 A 씨가 사망한 캄보디아인 명의를 도용하여 허위 신분증을 발급받은 사실이 밝혀졌다. 캄보디아 경찰은 즉시 A 씨의 검거 절차에 돌입하였고, 2021년 11월 30일 A 씨를 검거하였다.

경찰청은 코로나19 감염 위험을 최소화하기 위해 캄보디아 공항에서 입국 절차 없이 공항 보안구역에서 캄보디아 경찰로부터 신병을 인계받는 방식으로 국내 송환(미입국 송환)을 추진하여 금일 A 씨를 강제송환하였다.

강기택 인터폴국제공조과장은 "A 씨가 해외 도피를 지속하고자 캄보디아에서 철저히 신분을 위장하고 생활했다며, 이번 검거와 송환은 캄보디아와의 긴밀한 협력관계를 바탕으로 국외 도피 사범을 끈질기게 추적한 결실이고 앞으로도 국외 도피 사범 검거와 송환을 위해 국제형사경찰기구(인터폴) 공조를 강화해 나가겠다"라고 밝혔다.

* 제공 가능한 자료: 위조된 신분증, 검거된 피의자 사진, 현지 출생신고서 등

이 자료를 바탕으로 쓴 기사의 사례를 보자. 수강생에게 문단별 주제어와 기사 주제문장을 함께 만들도록 요청했다.

[구성]

1. 사기범 검거
2. 사기 행각
3. 인터폴 공조 시행
4. 강제 소환
5. 인터폴 강화

[주제문장]

경찰청이 수백억 원의 사기를 저지른 후 캄보디아에서 허위 신분증으로 체류 중이던 A 씨를 국제형사경찰기구 국제공조를 통해 검거 후 송환하였다.

경찰청, 캄보디아로 도피한 수백억 원대 사기범 13년 만에 국내로 송환

경찰청이 2월 23일 국내에서 수백억 원대의 사기 행각을 벌인 뒤 캄보디아로 도피한 피의자를 검거했다. 국제형사경찰기구(인터폴) 국제공고를 통한 13년 만의 국내 송환이다.

피의자 A 씨(63세, 남)는 2009년 국내에서 피해자들에게 주식 계좌 개설 및 담보 대출을 요구하고 이를 갚지 않아 수십억 원을 편취하였으며 그 외 수백억 원의 사기를 저지른 뒤 캄보디아로 도피했다.

경찰청은 2021년 3월 A 씨에 대한 인터폴 국제 공조를 진행했다. 8월 서울경찰청 인터폴 국제공조팀은 신원을 알 수 없는 한국인이 캄보디아인 위조 신분증을 사용해 체류하고 있다는 첩보를 받은 후, 23일 경찰청 과학수사관리관을 통해 A 씨임을 최종 확인했다.

경찰청은 캄보디아 경찰에 A 씨의 캄보디아인 신분증 발급 경위 확인을 요청했다. 캄보디아 경찰은 2010년 4월경 A 씨가 사망한 캄보디아인 명의를 도용해 허위 신분증을 발급받은 사실을 확인했고 2021년 11월 30일 A 씨를 검거했다. 경찰청은 2월 23일 캄보디아 경찰로부터 A 씨를 인계받아 그를 국내로 강제 송환했다.

강기택 인터폴국제공조과장은 "캄보디아와의 긴밀한 협력관계를 바탕으로 국외 도피 사범을 추적할 수 있었다"며 "앞으로도 국제형사경찰기구(인터폴) 공조를 강화해 나가겠다"라고 의지를 표명했다.

기사쓰기　　**스트레이트 실습 1 기사사례 2**

[구성]
첫 번째 문단 : 국제 사기범 검거
두 번째 문단 : 수백억 원 편취
세 번째 문단 : 인터폴 공조 진행
네 번째 문단 : 첩보 입수
다섯 번째 문단 : 첩보 통해 검거
여섯 번째 문단 : 코로나19로 강제 송환
일곱 번째 문단 : 인터폴 공조 강화

[주제문]
인터폴 공조 통해 수백억 원 국제 사기범 13년 만에 국내 송환

수백억 원 사기범, 인터폴 공조로 '13년' 만에 국내 송환

위조 신분증으로 캄보디아에서 도피 중이던 수백억 원 편취 사기범 A(63) 씨가 국제형사경찰기구(인터폴) 국제공조를 통해 13년 만에 현지에서 검거돼 23일 국내로 송환됐다.

경찰에 따르면, A 씨는 2009년 피해자들에게 주식계좌를 개설해 이를 담보로 대출을 받아 주면 갚겠다고 속여 수십억 원을 편취한 것을 비롯해 수백억 원의 사기를 저질렀다.

경찰은 A 씨에 대한 국제 공조가 진행되고 있지 않은 것을 확인하고, 지난해 3월 적색수배를 발부받는 등 인터폴 공조를 진행했다.

지난해 8월 '캄보디아에서 신원을 알 수 없는 한국인이 위조한 캄보디아인 신분증을 사용하며 체류 중'이라는 내용의 첩보를 입수했고, 수소문한 끝에 A 씨라는 것을 확인했다.

캄보디아 경찰 수사결과, A 씨가 사망한 캄보디아인 명의를 도용하여 허위 신분증을 발급받은 것으로 밝혀졌다. 캄보디아 경찰은 즉시 검거에 나섰고, 지난해 11월 A 씨를 검거했다.

경찰은 코로나19 감염 위험을 최소화하기 위해 입국 절차 없이 금일 A 씨를 강제 송환했다.

강기택 인터폴국제공조과장은 "A 씨가 해외 도피를 지속하고자 캄보디아에서 철저히 신분을 위장하고 생활했다"며 "이번 검거와 송환은 캄보디아와의 긴밀한 협력관계를 바탕으로 끈질기게 추적한 결실이고 앞으로도 인터폴 공조를 강화해 나가겠다"고 밝혔다.

기사 1, 2를 읽었으면 보도자료를 다시 읽어 보자.

앞서 기사는 이야기라는 점을 누누이 강조했다. 이야기하기 위해선 이야깃거리가 있어야 한다. 이를 위해 취재가 필요하다. 여기서 취재는 보도자료를 읽는 것이다.

보도자료를 어떻게 읽어야 할까. 우선 등장인물을 살펴보자. 여기에선 경찰(한국 측 경찰, 경찰청의 각 부서 포함), 피의자 A, 캄보디아 경찰 등 셋이다. 수강생 중에는 인터폴을 등장인물에 포함한 사람이 있었다. 인터폴은 국제기구로 국제공조가 이뤄지도록 돕는 역할만 하기에 행위 주체로 보기에는 미약하다.

이들은 어떤 일을 했을까. 5W1H를 챙기면서 메모를 하면 전체 내용을 파악하는 데 도움이 된다.

자료읽기　　5W1H을 따른 기사 작성용 메모

경찰
- 국외 도피사범 점검 통해 A에 대한 국제공조 없음 확인
- 2021년 3월 인터폴 통해 적색수배
- 2021년 8월 위조 신분증으로 캄보디아 체류 한국인 첩보 입수 및 분석
- 캄보디아 경찰에 확인 요청 및 검거
- 2022년 2월 캄보디아 공항에서 A씨 인계받아 송환

피의자 A
- 2009년 주식계좌 개설 담보 대출 수십억 원 사기
- 모두 6건 수배 수백억 원 피해
- 2010년 4월 숨진 캄보디아인 신분증 발급받아 숨어 지냄

캄보디아 경찰
- 2021년 11월 위조신분증 확인하고 A 검거
- 한국 경찰에 인계

이처럼 메모하면 등장인물별 행동이 정리되고 전체 이야기가 쉽게 머릿속에 들어온다. 이야깃거리를 모으면 기사를 쓸 1단계 준비가 끝난다.

이 이야기의 전체 내용은 '주식계좌를 담보로 대출받은 돈

을 가로채는 등 수백억 원대 사기범이 현지인 신분증을 위조해 캄보디아에서 숨어 지내다 국제공조로 붙잡혀 13년 만에 송환됐다'는 줄거리다. 기사는 이야기이니까 이야기의 줄거리가 기사의 주제문이 된다.

이 주제문에서 리드도 나오고 구성이 나와야 한다. 스트레이트의 리드는 전체 이야기의 핵심을 짚어야 한다. 가장 중요한 이야기가 들어 있어야 한다. 구성은 리드를 상술하는 것이다.

리드를 만들기 위해선 기사의 초점이 무엇인지 생각해야 한다. 앞선 주제문에는 주식계좌 담보 대출, 수백억 원 사기, 현지인 신분증 위조, 국제공조, 13년 만에 송환 등이 들어 있다. 이 사건에서 가장 특징적인 요소는 무엇인가. 사기 금액이나 국제공조나 13년간 도피 등은 다른 사건에서도 찾아볼 수 있는 정도의 일이다. 이 사건보다 사기 금액이 더 크거나 도피 기간이 긴 사건도 적지 않다. 국제공조는 수시로 이뤄진다. 이런 점을 고려하면 숨진 현지인 신분증을 위조해 숨어 지냈다는 점이 특이하다. 경찰도 보도자료의 제목을 '위조 신분증으로 캄보디아에서 도피 중이던 수백억 원 편취 사기범 송환'으로 달았다. 초점은 위조 신분증이다.

이 기사의 리드는 '숨진 현지인 신분증을 위조해 캄보디아에서 숨어 지내던 사기범이 국제공조로 13년 만에 송환됐다' 정도면 되지 않을까. '숨진 현지인 신분증으로 캄보디아에 숨어 지내던 사기범이 송환됐다'로 더 짧게 만들 수도 있고, '수백억 원대 사기범이 캄보디아에서 숨진 현지인 신분증을 위조해 숨어 지내다 국제공조로 13년 만에 송환됐다'로 더 길게 만들 수도 있다.

구성은 어떻게 하는 것이 좋을까. 기사는 사안의 실상을 잘 전달하는 이야기라는 걸 다시 생각하자. 메모의 내용을 잘 요약해 전달하면 기사가 된다.

자료읽기　　메모 내용을 요약해 기사 구성하기

(리드) 문단 1 : 현지인 신분증 위조해 숨어 지내던 사기범 송환
　　　　문단 2 : A 씨 혐의 내용
　　　　문단 3 : 인터폴 통한 적색수배
　　　　문단 4 : 첩보 입수 및 분석
　　　　문단 5 : 캄보디아 경찰의 확인 및 검거
　　　　문단 6 : 강제송환
　　　　문단 7 : 인터폴 공조 강화 방침

기사 1과 기사 2를 다시 살펴보자. 모두 주제문과 구성이 기사와 일치하지 않거나, 구성에 있어 구체성이 떨어진다. 주제문과 리드의 초점이 맞지 않는다. 기사의 팩트가 보도자료와 정확히 맞지 않는 건 큰 문제다.

보다 구체적으로 보면 기사 1은 • 주제문과 달리 리드에서 위조 신분증을 언급하지 않았고 • 인터폴 공조의 구체적 내용(적색수배)이 없고 • 구성에서 사건 경위가 드러나야 기사 작성에 편하지만 '인터폴 공조 시행 – 강제 소환'으로 모호하게 표현했으며 • 구성과 실제 기사에 차이가 있고 • 제목과 리드 문단에 13년 만에 송환했다고 했지만 기사에는 관련 내용이 없다.

기사 2는 •주제문이 제목과 같아 기사 전체 내용을 요약적으로 알 수 없지만 •구성은 이 사건의 경위를 알 수 있어 기사 작성의 길잡이 역할을 하고 있고 •리드는 기사 1에서 두 문장을 차지하는 내용이 한 문장에 담겨 깔끔하고 •리드에서 위조 신분증을 언급해 기사 1보다 잘 정리된 편이다.

이들 기사에서 몇 가지 생각해볼 점이 있다. 우선 '편취'라는 단어다. 편취(騙取)는 남을 속여 재물이나 이익을 빼앗는다는 한자어로 일상생활에 쓰이는 단어는 아니다. 취재원의 언어나 보도자료의 단어 중 어려운 말은 쉬운 말로 바꿔야 독자가 이해하기 편하다. '편취' 대신에 '가로채다'란 표현이 적정하다.

'적색수배'는 무엇일까. '황색수배'도 있는가. 모르는 용어는 검색이나 취재를 통해 뜻을 명확히 해야 한다. 인터폴 수배는 8가지가 있고 적색수배는 최고단계다. '국제재판 관할 또는 국제법정에 의해 신병 인도가 요구되는 자를 체포'하라는 수배다.

피의자 A 씨는 사기범인가. 이들 기사는 A 씨를 범인처럼 다루고 있지만 실제로는 사기 혐의가 있는 피의자다. 경찰이 사기범이란 표현을 썼더라도 기사가 '사기범'으로 단정하면 곤란하다. A 씨가 이러저러한 혐의를 받고 있다고 서술하는 것이 정확하다.

A 씨는 캄보디아로 달아났는가. 보도자료는 캄보디아에 살고 있다고 했지 캄보디아로 달아났다고는 하지 않았다. A 씨가 제3국으로 달아난 다음에 캄보디아로 갔을 수도 있다. 한국에서 검거를 피해 외국에 있는 것을 달아났다고 할 수 있지만 캄보디아로 달아났다는 것은 정확하지 않을 수도 있다. 정

확한 사실 파악은 기사쓰기의 첫 단계다.

A 씨를 검거해 송환하는 데 13년이 걸린 것에 대해 어떻게 생각하는가. 보도자료를 보면 경찰이 A 씨에 대한 국제공조가 진행되지 않은 것을 (뒤늦게) 확인하고 조치했다. '누락'은 잘한 일이 아니지만, 검거는 잘한 일이다. 경찰의 자신의 성과를 알리려고 보도자료를 냈지만, 기자는 왜 13년이나 걸렸는지를 취재해 이를 비판하는 기사를 쓸 수도 있다.

9. 스트레이트 실습 2

1) 기사자료

기사자료　스트레이트 실습 2
_____

낙태사이트를 통한 미성년 낙태 행위 급증

인터넷상 '낙태' 관련 사이트는 기존 '자살 사이트'의 경우처럼 각 게시판에 미성년자들의 낙태방법, 병원정보, 비용 등의 낙태관련 정보를 교환하는 등 미성년 낙태가 급증하고 있어 미성년 낙태를 시술하는 산부인과 병원 8곳을 적발하고 그중 홈페이지를 통해 미성년자를 포함한 부녀자들에게 낙태시술을 권유하고 7개월 이상 된 태아까지도 유도 분만 후 약물주사로 죽이는 방법으로 무분별하게 낙태시술 한 J 산부인과 원장을 살인, 의료법 위반 혐의로 구속하고 나머지 7명 불구속 입건하고 수사확대.
_____

사안의 특징

http://www.sangsaeng.org(相生), http://cafe.daum.net/
bc ; (더나은 선택 – 낙태이야기), http://edu01.joongang.co.k
r/kswo/ : (한선옥의 낙태이야기) 등 인터넷 '낙태' 사이트는 표면
상 낙태에 관련된 논의와 낙태방지를 표방하고 있으나 실제 각 게
시판은 미혼모뿐만 아니라 미성년자들의 낙태방법, 병원정보 등에
대한 문의로 가득 차 있고, 부모 몰래 시술할 수 있는 값싸고 저급
한 병원을 소개해 달라는 문의와 답변이 오가는 등 기존 '자살 사이
트'의 경우처럼 낙태 정보를 공유하는 반인륜적인 사이트로 변질되
고 있고, 심지어는 미성년자임에도 이미 낙태를 4, 5번씩 경험했다
는 글이 게재되고 아예 낙태 자체가 피임의 한 수단인 것처럼 경험
담을 올려놓는 게시물들이 하루에도 수십 건씩 게재되고 있어 미성
년자 및 7개월 이상의 낙태시술을 하는 병원을 적발하기 위해 위
낙태 관련 사이트 및 산부인과 홈페이지에 낙태정보를 구하는 글을
게재한 게시자의 진술을 확보, 해당 병원에 대해 압수수색영장 발부
받아 적발하게 된 것임.

실제 위 사이트들에는 부모 몰래 수술을 받은 미성년자들의 게
시물이 경험담처럼 게재되어 있고, 부모의 동의가 필요 없는 값싼
병원에 대한 정보를 얻고 혼자 낙태 시술을 받는 등 위 낙태사이트
들을 통한 미성년 낙태가 급증하고 있음.

적발된 J 산부인과의 경우 http://junjun.doctor.co.kr :
홈페이지의 상담게시판을 통해 낙태방법 및 비용을 문의하는 미성
년자에게 "…부모동의 없어도 가능하다…", 8개월 반이 넘어 버렸
다는 미성년자의 문의에도 "늦었지만 원하신다면 해 드린다. 비용
은 200만 원 정도 든다", "빨리 병원으로 오라"라는 식으로 낙태
수술을 권유하고 영리를 목적으로 환자를 유인하는 행위를 하고
있음.

7개월 이상의 경우 통상의 임신중절시술로는 불가능하고, 부녀의 안전을 염려하여 모자보건법상으로도 명백히 금지하고 있음에도 불구하고, 음성적으로 J 산부인과의 경우처럼 유도분만을 통해 미숙아를 분만케 한 뒤, 모체 밖으로 배출된 미숙아를 그대로 방치하거나 미숙아의 심장에 염화칼륨(KCL)을 주사하여 사망케 하는 반인륜적인 시술을 하고 있음이 실제로 확인되었음.

일부 산부인과의 경우에는 현금거래가 이루어진다는 점을 악용, 수술을 시행했음에도 환자진료의 가장 기초인 진료기록부조차 비치하고 있지 않아 대부분의 미성년 낙태는 은폐되고 있음.

이번에 적발된 대다수 병원은 아주 열악하고 비위생적인 환경에서 음성적인 낙태 시술을 행하고 있고, '낙태' 사이트 게시판에는 낙태 후유증으로 고생하는 내용과 후유증을 염려하는 글들이 반복적으로 게재되는 등 낙태수술을 받은 여성들의 상당수가 의료사각지대로 내몰리고 있음.

적용법조

형법 제250조 제1항 (살인) … 사형, 무기, 5년 이상 징역
형법 제270조 제1항 (업무상촉탁낙태) … 2년 이하 징역
의료법 제25조 제3항 (환자유인행위 등) … 3년 이하 징역,
1천만 원이하 벌금
의료법 제21조 제1항 (진료기록부미비치 등) … 300만 원이하 벌금

사건개요

피의자 1) 박○○은
1) 2001년 2월 22일 경위 J 산부인과 의원을 방문한 건 외 석○○ (가명, 만23세)으로부터 낙태수술을 하여 줄 것을 의뢰받아 이를 승낙하고 그 대가로 금 130만 원을 수령한 뒤, 같은 달. 24일 13시 50분 경 동 의원 수술실에서 분만을 유도케 하는 방법으로

임신 7개월(28주)의 태아를 모체 밖으로 배출시킨 뒤 미숙아인 상태로 유도 분만된 위 석○○의 영아가 울음을 터뜨리자 신체에 치명적인 염화칼륨(KCL) 40mEq 용량의 1병을 주사기를 사용하여 위 석○○의 영아의 심장에 투약하여 살해하고,

2) http://junjun.doctor.co.kr라는 주소로 홈페이지를 개설한 뒤 동 홈페이지를 방문하여 상담게시판 란에 낙태수술 가능 여부, 부모동의 필요 유무, 낙태비용, 임신 중절방법 등을 문의하는 게시물을 올린 미성년자를 포함한 불특정다수의 인터넷 사용자들에게 '수술 이외에는 없습니다. 본 병원에 오셔서 수술을 하기 바랍니다 … 다시 한번 만나 뵙기를 바랍니다'라고 답변글을 게재하는 방법으로 영리를 목적으로 환자를 유인하는 행위를 하고,

3) 2001년 5월 16일경 전○○(가명, 만 21세)으로부터 낙태비용으로 금 130만 원을 수령한 뒤 분만을 유도케 하는 방법으로 임신 7개월(29주)의 태아를 모체 밖으로 배출시켜 수술실 바닥에 엎어 놓은 채 방치하여 사망에 이르도록 하는 방법으로 낙태하게 한 것을 비롯하여 미성년자 13회 등 도합 59회에 걸쳐 부녀를 낙태하게 한 것이다.

(2001년 7월 20일 서울지방경찰청 사이버수사대)

2) 기사쓰기 준비

이 사건을 친구에게 전하는 이야기를 나눈다고 가정하자. 권력세 대통령 사례를 참고해 친구와 주고받는 대화를 만들어 보자. 친구의 궁금증을 자극해 질문을 끌어낼 수 있는 이야기를 던지고, 친구의 질문에 따라 하나씩 사실을 전하는 방식이다. 친구의 관심을 끌어야 대화가 지속될 수 있다는 점을 생각해야 한다. 이 대화가 잘 이뤄진다면 그 순서에 따라 기사를 써 보자. 이에 앞서 자료를 자세히 읽고 내용을 파악하고 초점을 정해야 하는 것은 물론이다.

3) 기사사례

기사쓰기   스트레이트 실습 2 기사사례 1

서울지방경찰청 사이버수사대는 ○○일 인터넷 사이트에서 낙태 시술을 해준다는 정보를 보고 찾아온 임산부들을 대상으로 태아를 유도분만시킨 후 살해한 혐의로 J 산부인과 원장 박 모(○○) 씨 등 검거해 구속했다.

경찰에 따르면 박 씨는 지난 ○○월부터 병원 홈페이지 상담게시판을 통해 낙태를 문의하는 산모들에게 "미성년자는 부모동의 없이도 시술이 가능하다"고 광고한 후, 찾아온 임산부들에게 낙태를 시술했다. 박 씨는 통상 임신 7개월이 넘으면 낙태가 불가능한데도 지난 ○년 동안 유도분만을 통해 미숙아를 분만케 한 뒤, 영아에게 약물을 투여하거나 수술실 바닥에 엎어 놓은 채 방치하는 등의 방법으로 영아를 살해한 혐의를 받고 있다.

이외에도 박 씨는 인터넷 사이트를 보고 찾아온 임산부들에게 59회에 걸쳐 낙태를 시술했으며 이중 13회는 미성년자를 대상으로 시술한 것으로 밝혀졌다. 박 씨와 함께 검거된 의사 7명도 인터넷 '낙태사이트'를 보고 찾아온 산모들에게 낙태를 시술한 혐의를 받고 있다. 경찰은 의료법 위반 혐의로 이들 7명을 불구속 입건하는 한편 이른바 인터넷 '낙태사이트'를 통한 불법 낙태 시술 사례가 더 있을 것으로 보고 수사를 확대하고 있다.

기사쓰기　　스트레이트 실습 2 기사사례 2

인터넷이 불법 낙태정보를 교류하고 시술병원을 홍보하는 장소로 악용되고 있다.

서울 경찰청 사이버수사대의 조사에 의하면, 낙태에 대한 논의 공간을 표방하며 다음카페 등에 개설된 사이트들이 실제로는 불법 낙태를 위한 정보교류 공간으로 활용되고 있다. 주로 게시되는 내용은 부모의 동의가 필요 없는 값싼 병원에 대한 정보나 낙태를 피임의 수단으로 여기는 경험담 등으로, 이들 사이트는 기존의 자살 사이트의 경우처럼 반인륜적 사이트로 변질된 상태다.

또한 인터넷 홈페이지가 영리를 목적으로 불법낙태시술을 하는 산부인과들의 홍보장소로 이용되기도 했다. 사이버수사대에 적발된 J 산부인과의 경우, 상담게시판을 통해 낙태를 문의하는 미성년자에게 "부모의 동의 없이도 가능하다.", 8개월 반이 넘었다는 미성년자에게 "원하시면 해 드린다"는 식으로 낙태수술을 권유하고 환자를 유인했다. 이 산부인과는 7개월 이상의 태아를 유도분만한 뒤, 배출된 미숙아를 방치하거나 심장에 염화칼슘을 주사해 사망케한 혐의다. 이에 따라 경찰은 원장을 구속하고(살인 · 의료법위반) 나머지 7명을 불구속 입건했다.

경찰에 따르면, 이번 조사는 인터넷 사이트를 이용한 미성년 낙태가 급증하고 있다는 판단 아래 이루어진 것으로 앞으로 수사를 확대할 예정이다.

병원 인터넷 홈페이지에 낙태정보를 제공하고 이를 보고 찾아온 미성년자 등 여성들을 상대로 낙태시술을 해온 산부인과 의사들이 경찰에 적발됐다. 이들 중엔 모자보건법상 낙태가 금지된 7개월이 넘은 태아를 유도분만한 뒤 그대로 방치하거나 약물을 투여해 사망하게 한 의사도 있는 것으로 드러났다. 서울경찰청 사이버수사대는 ○○일 J 산부인과 원장 박 모 씨를 살인, 의료법위반 등 혐의로 구속하고 나머지 의사 7명은 불구속 입건했다.

경찰에 따르면 박 씨는 지난 2001년 2월 낙태를 의뢰한 석 모 씨(23)에게서 130만 원을 받고 유도분만을 해준 뒤 7개월 된 태아가 울음을 터트리자 신체에 치명적인 약물을 주사해 숨지게 한 혐의다. 또한 박 씨는 같은 해 5월에도 유도분만 된 영아를 수술실 바닥에 엎어 놓은 채 방치해 숨지게 한 혐의를 받고 있다.

박 씨는 자신의 병원 홈페이지 상담게시판을 통해 낙태방법 및 비용을 문의하는 미성년자에게 "부모동의 없어도 가능하다", "8개월 넘은 경우도 원하면 해 주겠다" 등 답변을 게재하는 방법으로 환자를 유인해 미성년자 13회 등 총 59회에 걸쳐 낙태시술을 한 것으로 드러났다.

경찰 조사 결과 일부 병원은 낙태시술이 주로 현금거래로 이뤄진다는 점을 악용해 환자진료기록조차 남기지 않았으며, 적발된 대다수 병원들은 아주 열악하고 비위생적인 환경에서 음성적으로 낙태를 시술하고 있는 것으로 밝혀졌다.

4) 기사검토

①번 기사는 구성이 흐트러져 있다. 리드에 박 모 씨를 구속했다는 이야기가 나오고 마지막 문장에 다른 산부인과 의사 7명을 불구속 입건했다는 이야기가 나온다. 보도자료에 나온 박씨의 혐의 내용은 한꺼번에 붙잡힌 의사 8명 가운데 대표적인 사례일 뿐이다. 비슷한 이야기는 한곳에 모아야 한다. '박 모씨를 구속하고 다른 산부인과 의사 7명을 불구속 입건했다'고 한꺼번에 써야 한다. 이 기사는 박 씨의 행위를 설명할 때 시간과 장소 등이 없어 구체적이지 않다는 느낌을 준다.

②번 기사는 낙태 정보가 인터넷 사이트에 횡행하는 현실에 대해 장황하게 기술해 독자의 흥미를 떨어뜨린다. 스트레이트 기사는 사건의 핵심을 곧바로 짚으면서 시작하는 게 일반적이다. J 산부인과를 사례로 들면서도 시간 장소 등 5W1H의 기본 요소를 빠트렸다. 구속된 사람이 누구인지도 나와 있지 않으며 '나머지 7명'이 어떤 사람인지도 설명되어 있지 않다. 스트레이트 기사는 구체적 사실을 통해 사안을 설명해야 한다.

③번 기사는 ①, ②번 기사에 비해 구체적이지만 장소를 빠트렸다. 인터넷 사이트가 낙태 정보 교환 장소로 활용된다는 점에 대한 설명은 약한 편이다. 이 기사의 리드는 간결하게 고쳐 쓰는 게 좋겠다.

③번 기사의 세부 표현 및 내용을 살펴보자. 밑줄 친 부분은 문제점이 있는 대목이며, 괄호 안에 이에 대한 설명을 담았다.

병원 <u>인터넷</u> 홈페이지에 <u>낙태정보를 제공하고 이를 보고 찾아온</u> 미성년자 등 여성들을 <u>상대로</u> 낙태시술을 해 온 산부인과 의사들이 경찰에 적발됐다.

✓ 첨삭: '인터넷'은 삭제하는 게 낫다. 인터넷과 홈페이지가 내용상 중복이다. '낙태정보를 제공하고 이를 보고 찾아온'은 '제공한 낙태 정보를 보고 찾아온' 또는 '올린 낙태 정보를 보고 찾아온'으로 고쳐야 간결하다. 들을 상대로'는 '들에게'로 바꾸면 기사 분량도 줄고 간결하다.

이들 중엔 모자보건법상 낙태가 금지된 7개월이 넘은 태아를 유도분만한 뒤 그대로 방치하거나 약물을 <u>투여해 사망하게 한</u> 의사도 있는 것으로 드러났다.

✓ 첨삭: '투여해 사망하게'는 '주사해 숨지게'로 고쳐 쓰자.

서울경찰청 사이버수사대는 0일 J산부인과 원장 박 모 씨를 살인, 의료법위반 등 혐의로 구속하고 나머지 의사 7명은 불구속 입건했다. 경찰에 따르면 박 씨는 지난 <u>2001년 2월 낙태를 의뢰한 석 모(23) 씨에게서 130만 원을 받고 유도분만을 해준 뒤 7개월 된 태아가 울음을 터트리자 신체에 치명적인 약물을 주사해 숨지게 한</u> 혐의다.

✓ 첨삭: '지난 2001년 2월'은 '2001년 2월 24일 오후 1시 반경'으로 명확히 해줘야 한다. 범행 장소가 없다. 보도자료에는 'J 산부인과 의원 수술실'이라고 되어 있다. 앞 문장에서 박 씨가 J 산부인과 원장이란 걸 알 수 있으므로 '자신이 경영하는 병원의 수술실에서'라고 장소를 명시해야 한다. 문장을 간략히 하기 위해선 사실 관계가 명확해야 한다. 그다음 문구는 '130만 원을 내고 낙태를 의뢰한 석 모(23·가명) 씨의 7개월 된 태아가 유도분만된 뒤 울음을 터뜨리자'로 고쳐 써야 한다. 그렇지 않으면 주어 박 씨의 행위에 대한 서술이 받고', '해준', '주사' 등 3개여서 문장이 복잡해진다.

또한 박 씨는 같은 해 5월에도 유도분만된 영아를 수술실 바닥에 엎어 놓은 채 방치해 숨지게 한 혐의를 받고 있다.

✓ 첨삭: 이 문장도 앞의 문장처럼 시간과 장소를 갖춰서 쓰는 게 원칙에 맞다. '또한'은 '혐의를'을 '혐의도'로 바꾸면 필요하지 않다.

박 씨는 자신의 병원 홈페이지 상담게시판을 통해 낙태 방법 및 비용을 문의하는 미성년자에게 "부모동의 없어도 가능하다", "8개월 넘은 경우도 원하면 해 주겠다" 등 답변을 게재하는 방법으로 환자를 유인해 미성년자 13회 등 총 59회에 걸쳐 낙태시술을 한 것으로 드러났다.

✓ 첨삭: '을 통해'는 '에'로, '게재하는 방법으로'는 '실어'로 바꿔야 한다. '등'은 '등의'로 바꾸자. '미성년자 13회 등 총 59회에 걸쳐'는 '미성년자 13명 등 모두 59명에게'로 고치자.

경찰 조사 결과 일부 병원은 낙태시술이 주로 현금거래로 이뤄진다는 점을 악용해 환자진료기록조차 남기지 않았으며, 적발된 대다수 병원들은 아주 열악하고 비위생적인 환경에서 음성적으로 낙태를 시술하고 있는 것으로 밝혀졌다.

✓ 첨삭: '낙태시술이 주로 현금거래로 이뤄진다는 점을 악용해'는 반드시 넣을 필요가 없는 대목이다. 진료기록을 남기지 않았다는 점이 문제가 되기 때문이다. '아주 열악하고'와 '비위생적'은 경찰의 판단이어서 경찰의 설명을 인용하는 것이 낫다. '경찰 조사 결과 밝혀졌다'보다는 '경찰이 밝혔다'는 표현이 더 낫다. 직접 확인하지 않은 사실은 설명의 주체를 명확히 하는 게 좋다.

5) 기사예시

　병원 홈페이지를 통해 미성년자 등을 포함한 임신부를 유치해 불법으로 낙태시술한 의사들이 경찰에 적발됐다.

　서울경찰청 사이버수사대는 7개월 이상 된 태아를 유도분만한 뒤 약물을 주사해 숨지게 한 J 산부인과 원장 박 모 씨를 살인 및 의료법 위반 등의 혐의로 구속하고, 미성년자에게 낙태 시술 등을 한 산부인과 의사 7명을 의료법 위반 혐의로 불구속 입건했다고 20일 밝혔다.

　경찰에 따르면 박 씨는 2월 24일 오후 1시 반경 자신이 경영하는 의원의 분만실에서 130만 원을 내고 낙태를 의뢰한 석 모(23·가명) 씨의 7개월 된 태아가 유도분만된 뒤 울음을 터뜨리자 태아의 심장에 치명적인 약물을 주사해 숨지게 한 혐의를 받고 있다.

　현행 모자보건법은 7개월 이상 된 태아의 낙태를 금지하고 있다.

　박 씨는 5월 16일 전 모(21·가명) 씨의 7개월 된 태아를 유도분만한 뒤 수술실 바닥에 방치해 숨지게 한 혐의도 받고 있다.

　박 씨는 미성년자 13명을 포함해 모두 59명에게 낙태 시술을 한 것으로 조사됐다. 그는 홈페이지 상담게시판에 낙태 방법 등을 문의하는 미성년자에게 "부모동의 없이도 가능하다"라고 하는 등 낙태 수술을 권유해 환자를 유인했다고 경찰은 밝혔다.

　박 씨는 임신 8개월 반이 넘었다는 미성년자에게 "늦었지만 원하신다면 해 드린다. 비용은 200만 원 정도 든다"라는 답변을 남긴 것으로 조사됐다.

　경찰은 낙태 관련 사이트가 낙태법과 병원 정보로 가득 차 미성년자 낙태가 늘어나고 있으며 낙태가 마치 피임의 수단인 양 소개하는 글도 있었다고 소개했다.

　경찰은 일부 병원은 환자 진료기록조차 남기지 않았으며, 적발된 대부분 병원이 비위생적인 환경에서 낙태 시술을 하고 있다고 밝혔다.

7

르포 & 스케치 기사 쓰기

1. 르포란 무엇인가

'르포'로 불리는 르포르타주(reportage)의 어원은 보고(報告, report)다. 기자가 자신의 식견을 바탕으로 심층 취재해 에피소드 등을 포함한 다면적 기사를 써서 독자에게 보고한다는 의미를 지니고 있다. 르포는 현장에 대한 묘사에서 감성적 요소를 많이 사용하기에 문학과 기사 사이에 있는 글이다. 실제 사실을 전달하는 정확성을 지니고 있어야 한다는 점에선 여느 기사와 다르지 않아 픽션(fiction)이 주류인 문학과는 구별된다.

르포는 1960년대 기존 언론에 대한 반성을 담아 새로운 저널리즘(new journalism)으로서 등장했다. 언론의 정형화된 기사 형식, 정보를 상품으로서 해석하는 관점, 선정적 사건 추구 등은 기자의 행동반경을 좁혀 놓았다. 기사는 종종 사실과 사건을 유리시켜 독자에게 사건 전체의 모습을 전달하지 못했을 뿐만 아니라 복잡한 전후 관계와 배경을 너무 단순화하고 사소한 단면을 선호했다. 게다가 바쁘고 무관심한 독자에 적합한 효율적인 언어를 선호해서 기사를 통한 현실 해석은 정형화되는 측면이 있었다.

문학은 상상, 창조, 환상의 산물이다. 문학은 실제 삶과 직접적인 연관을 지닐 필요가 없었다. 문학은 이미지와 은유, 비유를 사용하며 시적 언어에 의해 풍부해지며 압축을 통해 에너지를 끌어낸다. 철학, 통찰, 반성, 감성, 상상 등 언론이 잘 그려내지 않지만 현실 속 인간 내면의 변화를 다양한 차원으로 표현한다.

기자는 독자가 보지 못한 사건을 전달하는 '독자 대체 목격자'다. 독자가 개인적으로 경험하기 힘든 사건의 개요를 전달할 뿐만 아니라 독자의 상상력을 자극하고 완벽하고 다면적이며 생생한 이미지가 살아 있는 보도를 해야 한다. 르포는 이런 관점에서 시작된 기사다.

르포는 문학의 영역에서 먼저 시작됐다고 봐야 한다. 《세계를 뒤흔든 10일간》(1919), 《서부전선 이상 없다》(1929), 《중국의 붉은 별》(1938), 《카탈루냐 찬가》(1938) 등은 대표적 기록 문학으로 꼽힌다. 레마르크는 《서부전선 이상 없다》에서 19세 학도병 '파울'을 통해 전쟁의 비참함과 공허함을 생생하게 기록했다. 파울은 1차 세계대전이 터지자 8주간 훈련을 받고 입대한다. 그는 서부 전선에 배치돼 급우들이 차례차례 쓰러져 가는 것을 목격한다. 파울은 오랜만에 전투가 소강상태에 접어든 쾌청한 날 나비를 발견하고 뒤쫓는다. 참호에서 나와 손을 내미는 순간 저격병의 총탄을 맞고 전사한다. 그날 전선은 하루 내내 조용했다. 전선 사령부는 본국에 "서부 전선 이상 없다"는 전문을 보낸다. 비극을 역설적으로 표현한 작품이다. 기록문학은 픽션을 배제하는 논픽션은 아니다. 르포는 신문과 기록문학 사이의 영역을 메우면서 등장했다.

The New Journalism(1973)을 펴낸 톰 울프(Tom Wolf)는 르포는 문학에서 4가지 방식을 빌려왔다고 말했다. 첫째, 장면을 사용하는 이야기 전개 방식이다. 가능한 전통적인 이야기체에서 벗어나려고 한다. 기자가 이야기를 전달하는 데 치중하기보다는 이야기가 벌어진 장면을 전달해 독자가 이야기의 줄거리를 이해하고 그 속에 빠져들게 한다. 둘째, 전체 대화 문장의 사용이다. 일반 기사는 대화를 일부 인용하거나 그 요지를 주로 사용한다. 르포는 가능하면 등장인물의 대화를 그대로 인용해 말의 감각을 살린다. 셋째, 1인칭 관점이다. 기자가 직접 현장을 관찰해 벌어진 일을 전달하거나 특정 인물의 눈을 통해 모든 장면을 보여 준다. 넷째, 행동, 감정, 친구, 가족 등 일상의 세부 사항을 기록한다. 이를 통해 등장인물의 삶을 보여 준다. 이런 점에서 최근 일부 언론이 시도하는 내러티브 기사와 흡사하다.

전통적 의미의 르포는 한국 신문에 자주 등장하지 않는다. 외국에서도 르포는 신문보다 잡지에서 자주 등장하는 기사 형식이다. 1990년 이후 여행, 환경, 레저 등의 분야에서 르포가 많지만 정보 위주의 전개가 여전히 주류를 이룬다.

르포식 기사쓰기는 독자의 오감을 자극해서 독자를 기사가 발생한 현장, 사건의 현장으로 데려갈 수 있다는 장점이 있다. 독자는 기자의 설명을 수동적으로 듣기보다는 기자가 늘어놓은 현장의 장면을 읽으면서 능동적으로 현장 속으로 빠져들게 된다. 속보 위주 보도를 주로 하는 한국 언론 환경에서는 대형 사건에서 르포식 기사쓰기가 빛을 발한다. 남북 이산가족의 상봉에 관한 기사나 대규모 참사에서는 르포식 기사가 자주 등장한다. 한국 언론에선 '스케치'란 용어를 자주 쓴다. 화가가 그림을 그리듯 묘사한다는 의미이다. 르포식 기사쓰기는 생생한 스트레이트 쓰기를 위해서라도 익혀둘 가치가 있다.

2. 르포 기사의 종류

르포는 크게 사건성 르포와 기획 르포로 나뉜다. 사건성 르포는 사회적 이슈여서 속보가 요구되는 르포다. 짧은 시간, 사건이 진행되는 시간에 기자가 현장을 찾아 현장성을 살려 쓰는 묘사 기사다. 기자는 자신이 보고 들은 것을 정리할 시간적 여유가 많지 않다. 2024년 6월 25일 발생한 화성 리튬전지 공장 참사처럼 사건이 터지자마자 급히 현장을 찾아 쓰는 르포가 사건성 르포다.

기획 르포는 상당한 시간적 여유를 가지고 사전에 기획해서 쓰는 기사이며 기사 길이도 사건성 르포에 비해 긴 편이다. 기자가 상당한 배경 지식을 바탕으로 르포 대상을 선정하고 취재 이후 기사를 쓰는 데도 시간적 여유가 있기 때문에 생산과정이 사건성 르포와는 판이하다.

1) 사건성 르포

기자의 현장 대처 능력과 빠른 글쓰기 능력이 잘 드러나는 르포다.

기자는 대형 사건이 발생했다는 소식을 듣거나 취재 지시를 받고 현장으로 달려간다. 보고서나 추가 취재만으로도 사건의 개요를 기사화할 수는 있으나 현장이 주는 생생함을 전달하기는 힘들다. 일반적으로 현장에 일찍 도착할수록 더 좋은 르포를 쓸 수 있는 위치에 놓이게 된다. 사건이란 대개 일회성이어서 시간이 지나면 다시 반복되지 않기 때문이다. 즉, 일찍 도착한 사람이 가장 원형에 가까운 현장을 볼 수 있다. 늦게 도착하면 사건은 모두 마무리된 뒤이거나 사건 현장이 치워지기도 한다.

기자는 현장에 도착하면 우선순위를 정해 취재해야 한다. 현장에서 곧바로 챙겨 두지 않으면 사라질 개연성이 높은 장면이나 기사 요소를 먼저 챙기는 게 좋다. 사건의 정확한 개요나 원인 등 나중에 취재해도 파악할 수 있는 요소는 뒤로 미뤄야 한다. 이런 순서는 일반적인 기사 취재에서도 마찬가지지만 현장성을 살려야 하는 르포에선 매우 중요하다. 예컨대 화재 현장에 갔다고 하면 화재 발생 시간이나 원인보다는 현장에서 곧바로 빠져나온 피해자의 체험담이나 화재 진압을 둘러싸고 벌어지는 소방관의 모습, 현장 주변 주민들의 대피 장면 등을 먼저 취재해 기록에 남겨야 한다. 르포를 쓸 생각이라면 개요보다는 눈앞에서 벌어지는 장면에 주목해 특성이나 변화를 포착해야 한다.

사건은 기자를 기다려 주지 않는다. 기자가 사건 소식을 들었을 때는 사건이 모두 마무리된 뒤일 경우가 많다. 현장에 부리나케 가서 벌어지고 있는 장면을 찾아보기가 힘들 수도 있다. 기자는 사후 취재를 하더라도 르포성 기사를 쓰려면 현장을 찾아봐야 한다. 사건 개요를 파악하고 현장의 모습을 살펴보고 상상력을 발휘해 목격자나 사건 조사자를 상대로 한 취재 내용을 서로 짜맞춰 복원해야 한다.

사건성 르포의 초점은 분명하다. 일반 르포와 달리 다면적인 접근을 하기보다 사건 그 자체에 초점을 맞춰 진행되는 경우가 많다. 사건이 벌어진 장면을 정확히 묘사하는 데 주목적이 있기 때문이다. 기자의 생각이나 식견이 끼어들 여지가 많지 않다. 사실만을 중심으로 사건이 벌어진 장면을 독자가 생생하게 이해할 수 있도록 재구성해야 한다.

1991년 4월 27일 자 〈동아일보〉에 실린 명지대생 강경대 군의 사망 경위에 기사를 살펴보자.

26일 오후 4시경 서울 서대문구 남가좌동 명지대 앞. '구속 학우 석방하라'는 등의 구호를 외치며 교문 밖 도로까지 진출한 명지대생 400여 명은 경찰이 최루탄을 쏘아 대자 돌과 화염병으로 응수했다. 학교 앞 도로 200여m는 이들이 주고받은 최루탄과 화염병으로 순식간에 전쟁터로 변했다.

학생들은 300여 명의 시위 본대와 100여 명의 선봉대로 나뉘어 있었다. 선봉대는 본대와 100여m 이상의 거리를 두고 경찰과 최일선에서 대치하고 있어 본대로부터 전체적인 전황과 경찰의 동정을 연락 받아야 했다. 이 학교 경제학과 1학년생 강경대군(19)은 동료 학생 2명과 함께 '연락조'로 시위에 참가했다. 강 군은 활동하기 편하도록 다른 시위 참가 학생과는 달리 화염병이나 돌을 들지 않았다.

경찰은 시위대와 직접 맞서는 진압복 차림의 의경 2개 중대와 사복체포조 1개 중대로 구성되어 있었다. 사복체포조는 학교 앞 골목에 2개 소대가, 학교 옆 골목에 1개 소대가 배치돼 학생들의 움직임을 살피고 있었다.

학생과 경찰은 일진일퇴의 공방을 주고받으며 치열한 접전을 계속했다. 오후 4시 15분 경 학생들이 던진 화염병 한 개가 사복체포조 중 한 명의 뒷머리에 맞아 사복 경찰관의 온몸이 화염에 휩싸였다. 이 광경을 본 사복체포조들은 흥분하기 시작했다. "다 죽여 버린다. 물러나지 말고 맞붙어 … "등의 소리가 사복체포조의 대열에서 터져 나왔다.

오후 5시 10분경 학생들과 경찰은 10여m 거리를 두고 다시 대치했다. 강 군은 이때 최루탄으로 자욱한 도로를 뛰어다니며 본대와 선봉대 사이를 이어 주고 있었다. 갑자기 '와' 하는 함성과 함께 쇠파이프를 든 사복체포조 2개 소대가 학교 앞 골목길에서 뛰쳐나와 시위 본대와 선봉대 사이로 뛰어들었다. 이들은 검은색 테이프로 감은 1.2m 길이의 쇠파이프를 휘둘렀다. 기습당한 학생들은 놀라 학교 안으로 도망치기 시작했다.

입학한 지 두 달이 채 지나지 않아 시위 경험이 별로 없는 강 군은 도주로를 차단당하자 순간적으로 당황해 어찌할 바를 몰라 하다가 오른쪽으로 50여m 거리의 벽돌이 허물어져 높이가 1.5m 밖에 되지 않는 담 쪽으로 뛰었다. 강 군을 담을 손으로 짚고 넘으려다 사복체포조에 의해 발목이 잡혔다.

강 군은 담 아래 인도로 나뒹굴었다. 사복체포조 5, 6명은 쓰러진 강 군을 둘러싸고 발길로 차고 쇠파이프로 내리쳤다. 강 군은 금방 축 늘어졌다. 그러자 사복체포조는 강 군의 양팔을 잡고 5,6m가량 끌고 갔다. 이를 본 명지대생들은 화염병과 돌을 던져 이들을 쫓아냈다.

강 군은 벌떡 일어나 다시 담을 손으로 짚었으나 힘없이 쓰러졌다. 명지대생들은 쓰러진 강 군을 학교 내 보건소로 급히 옮겼으나 이때 강 군은 이미 숨진 뒤였다.

이 기사는 필자가 강 군이 숨질 당시의 장면을 사후 취재를 통해 얻은 사실을 바탕으로 재구성한 것이다. 시위 상황, 숨진 강 군의 역할, 경찰의 배치, 동료의 부상에 자극받은 경찰, 경찰의 시위대 갈라치기, 고립된 강 군, 강 군의 도주 시도, 경찰의 폭행, 명지대생의 대응 등이 이야기의 구성 요소가 됐다.

필자는 당일 오후 6시경 서울 신촌 세브란스병원 응급실로 가라는 지시를 받았다. 무슨 일이 일어났는지도 몰랐다. 현장에 도착해서야 강 군이 숨졌으며 시신이 그 병원에 있다는 걸 알았다. 기자 10여 명이 현장으로 갔다. 주민, 명지대생 등 현장에 있었던 사람을 닥치는 대로 만나 당시 상황을 자세히 물었다. 취재를 마친 기자들이 밤 10시경 회사에 모여 회의를 하면서 강 군이 숨지는 상황을 복원하는 기사를 쓰기로 했다. 수많은 취재 메모를 통해 이 기사는 만들어졌다.

기자가 직접 강 군이 숨진 장면을 목격하지는 않았다 하더라도 사후 취재를 통해 사실 중심으로 기사를 쓸 수 있다. 기자가 현장에 있었더라도 다른 목격자를 통한 취재는 필요하다. 때로는 기자가 본 사실을 다른 사람의 증언으로 재확인해야 할 경우도 있다. 사건 현장은 목격자의 위치와 시간에 따라 여러 모습으로 포착된다. 이 때문에 기자는 자신의 취재를 다른 사람의 목격담으로 보완할 필요가 있으며 자신이 보지 못한 장면을 다른 사람의 눈으로 확인해서 독자에게 전달해야 한다.

2) 기획 르포

전통적인 의미의 르포로 문학성이 가미된 기사다. 대개 시간적 여유를 갖고 사전 기획과 조사, 취재, 집필 등의 순서를 밟는다. 때에 따라선 집필에 필요한 구성을 먼저 한 다음에 취재하고 기사를 쓰기도 한다.

기획할 때 가장 중요한 일은 주제 정하기다. 주제 그 자체만으로 독자의 관심을 끌기도 하고 버림을 받기도 한다. 일본의 르포라이터 혼다 가츠이치(本多勝一) 씨는《르포, 어떻게 쓸 것인가》라는 저서에서 일화를 들어 주제 정하기의 중요성을 다음과 같이 설명하고 있다.

당시 사회부장이 '세상을 깜짝 놀라게 할 만한 통쾌한 해외 르포 기획을 세워보지 않겠나'라고 하기에, 나는 네다섯 가지 안을 내면서 뉴기니아, 에키스키 순으로 하고 싶다고 했다. 다시로 부장은 에스키모를 먼저 하라고 했는데, 나중에 생각해 보니까 역시 그렇게 하기를 잘한 것 같다. 왜냐하면 에스키모는 그 민족의 존재 자체가 이미 널리 알려져 있는 데 반해, 일본인의 눈으로 본 구체적인 모습은 당시 인류학자가 쓴 몇몇 보고서가 있을 뿐, 르포를 통해서는 알려진 것이 없었기 때문이다. 많은 일본인의 관심을 불러일으키기에 유리한 조건이었다.

만일 화성인이 있다면 아마 파군성(破軍星)인보다 높은 관심을 불러일으킬 것이다. 화성이나 화성인은 어린아이들까지 다 알고 있을 정도로 유명한 데 반해 그 실태에 대해서는 거의 알려진 것이 없기 때문이다. 일반적으로 북두칠성 가운데 하나인 파군성(또는 알카이드성)을 아는 사람은 적다. 두 별에 인류가 있다고 가정한다면 탐험 대상으로서 더 매력적인 쪽은 이미 잘 알려진 화성일 것이다. 이런 점은 기획을 세울 때 고려해야 할 요소다.

주제를 정할 때 일반인의 관심이 형성되어 있는가를 생각해야 한다. 일반인의 관심을 다른 말로 바꾸면 '시장'이다. 이미 물건을 사려는 사람들이, 소비자 군이 있는가 하는 문제다. 존재 자체에 대한 인식이 없다면 잠재 수요가 있더라도 소비자에게 그 물건이 어떤 것인지를 설명해서 관심을 끌어야 하는 단계가 필요하다. 많은 기자가 독특한 주제, 특색 있는 주제를 찾는다. 이때 독특함 추구가 지나쳐 일반인의 관심사에서 멀어지지 않도록 해야 한다. 기사는 주제 정하기에 중요한 참고 자료다. 매일 신문이나 잡지 등을 읽으면서 르포성 기사로서 적합한 소재를 탐색하면 일반인이 관심 있어 하는 주제를 찾아낼 수 있다.

주제를 정하면 조사에 들어가야 한다. 이전에 작성된 비슷한 주제의 기사를 찾아보고 그 기사가 가진 한계와 의문점을 정리하는 게 가장 빠른 길이다. 인터넷이나 학술서적, 전문가 등을 찾아 상세한 조사를 해야 실제 취재를 할 때 유리하다. 취재 현장에서 자신을 도와줄 수 있는 사람이 있는지도 조사 단계에서 알아 봐야 한다. 현장에 대해 가능한 모든 것을 파악해야 한다. 때에 따라 현장은 실제 벌어지는 일 정도만 관찰하는 장소가 되기도 한다.

조사할 때 취재 및 기사화 가능성을 염두에 두고 있어야 한다. 예컨대 동물 생태계에 대한 르포를 할 때 대상 동물의 개체 수가 매우 적어 며칠간 취재를 하더라도 그 동물을 볼 가능성이 매우 낮으면 취재 여부를 재검토해야 한다. 취재 열망이 크더라도 시간, 비용 등 현실의 벽을 넘지 못하면 기사를 쓸 수 없게 된다.

르포 취재는 주제에 따라 다양한 방법으로 이루어진다. 여행기를 쓰더라도 가이드를 따라 다니면서 쓰는 기사가 있는가 하면 일반 여행객처럼 현지를 둘러보면서 쓰는 기사가 있다. 기자가 산을 찾아 직접 오르면서 쓰는 르포가 있는가 하면 산을 찾아서 현지 주민을 인터뷰해서 쓰는 르포도 있다. 일반적으론 여러 가지 방법을 동시에 사용하면서 그 비중을 달리한다. 이러한 취재 방법의 배합은 어떤 방식으로 기사를 전개하느냐와 직결된다.

3. 보여 줘라, 말하지 말라

르포의 가장 큰 특징은 "보여 줘라. 말하지 말라."(Show! Don't tell.)다. 독자가 직접 장면을 보는 듯한 느낌이 들게 해야 한다. 현장에서 벌어진 사실만을 조합해서 그 장면을 묘사해야 한다. 이러한 묘사를 통해 독자가 받는 느낌이 바로 기사의 메시지다.

르포에서도 사실의 중요성은 스트레이트 기사에 못지않다. 스트레이트의 팩트는 그 누가 시비를 걸기 힘든 '확정된 사실'이라면, 르포의 팩트는 기자가 직접 보거나 취재한 '목격된 사실'이어야 한다. 스트레이트의 팩트가 독자에게 지식이나 정보의 형태로 다가간다면 르포의 팩트는 감성으로 다가간다. 팩트의 결합으로 이뤄진 기사가 독자에게 판단이나 느낌을 불러일으키는 것이다.

기자의 직접적인 감정 표현은 스트레이트나 르포의 금기 사항이다. 이는 독자에게 뭔가를 느끼게 하는 게 아니라 판단을 강요하는 역할을 한다. 독자는 스스로 생각할 수 있는 능력을 갖추고 있다는 점을 염두에 두고 독자가 판단을 내릴 수 있게 도와준다는 생각으로 사실을 짜맞춰서 독자의 가슴에 심상(心象)을 형성해야 한다.

> 3일 오전 29중 차량 연쇄추돌 사고가 발생한 경기 평택시 포승면 만호리 서해안고속도로 서해대교 상행차로는 폭격을 당한 전쟁터를 방불케 하는 <u>참혹한 모습</u>이었다.
>
> 추돌 사고로 불이 나면서 승용차, 고속버스, 트럭 등은 매캐한 연기를 내뿜으며 종잇장처럼 구겨져 있었다. 40t 대형 덤프트럭 차체도 심하게 뒤틀리고 휘어져 추돌의 강도를 짐작케 했다. 사고로 숨진 11명의 시신과 크게 다친 사람들의 신음소리가 곳곳에서 들리는 등 서해대교는 <u>아비규환 그 자체였다.</u>
>
> ─〈한겨레〉 2006년 10월 3일 자

〈한겨레〉에 실린 연쇄 추돌사고 기사의 일부분이다. 이 기사의 밑줄 친 부분에는 기자의 판단이 들어갔다. '전쟁터를 방불케 하는' 현장에서 기자는 참혹함을 느꼈고 '사람들의 신음소리가 곳곳에서 들리는' 현장에서 기자는 아비규환을 떠올렸다. 이런 직접적인 표현은 독자가 장면을 통해 스스로 판단을 내리는 데 방해가 된다. 전쟁터는 영화나 사진을 통해 본 적이 있는 사람이 있겠지만, 아비규환을 본 사람은 없다. 아비규환은 아비지옥(阿鼻地獄)과 규환지옥(叫喚地獄)을 아울러 이르는 말이다. 여러 사람이 비참한 지경에 빠져 울부짖는 참상을 비유적으로 표현한다. 상상 속에 있는 모습이다.

만일 위 기사의 첫 문장을 '… 방불케 했다'로 마치고 둘째 문장을 '신음이 서해대교 곳곳에서 들렸다'고 끝맺으면 어떻게 될까. 문장이 간결해지면서 현장 모습만을 보여 주게 된다. 독자가 사고 현장에 대한 묘사를 읽으면서 '참혹'이란 단어를 떠올리고 '아비규환'이란 단어를 떠올릴 수도 있을 것이다. 현장의 모습만을 보여 주면서 독자가 스스로 느끼고 판단하게 하는 것이 르포의 특성이다. 기자의 감정이나 판단으로 독자를 일부러 끌고 들어갈 필요는 없다.

15일 오후 6시경 서울 중구 황학동 경찰병원 영안실. 치안본부 대공수사 2단에서 교내시위혐의 등으로 조사를 받고 숨진 서울대생 박종철 군(21·언어학과 3년)의 분향실이 마련된 이곳의 경비는 삼엄하기 짝이 없었다.

기자들이 도착, 분향실로 들어가려 하자 건장한 체구의 경찰관들이 몸으로 막고 나섰다. 기자들이 분향실 안을 향해 "유가족 누구 없습니까?"라고 소리치자 건장한 사내들 뒤편에 웅크리고 앉아 흐느끼던 박 군의 누나 은숙 양(24)이 나섰다.

"13일 밤 철이한테서 전화가 걸려왔어요. 하숙비를 좀 보내달라고 …. 그런데 집에는 돈이 한 푼도 없었거든요 …." 박 양은 목이 메어 잠시 말을 끊었다.

"그런데 … 15일 저녁 낯선 남자가 찾아와 아부지를 데리고 상경한 뒤 오늘 아침 아부지한테서 염불 책과 철이 사진을 가져오라는 전화가 왔잖아요." 박 군의 누나는 말을 잇지 못하고 흐느꼈다. 이때 아버지 박정기 씨(57)가 실성한 모습으로 분향실 안으로 들어왔다.

"뭐요, 뭘 알고 싶소? 우리 자식이 못돼서 죽었소."

박 씨는 내뱉듯 외쳤다.

기자가 "아드님을 왜 못됐다고 하십니까?"라고 묻자 박 씨는 "이놈의 세상은 똑똑하면 못된 거지요"라고 고함지르듯 말하고 고개를 떨군 뒤 박 양을 데리고 나갔다.

16일 오전 8시 25분 박 군의 사체는 영안실을 떠나 벽제화장장으로 옮겨져 오전 9시 10분 화장됐다.

286

두 시간여의 화장이 계속되는 동안 아버지 박 씨는 박 군의 영정 앞에서 정신 나간 듯 혼잣말을 계속했고 어머니 정차순 씨(53)는 실신, 병원으로 옮겨졌다.

화장이 끝난 박 군의 유골은 분골실로 옮겨졌고 잠시 뒤 하얀 잿가루로 변해 박 군의 형 종부 씨(29)의 가슴에 안겨졌다.

종부 씨는 아무 말 없이 박 군의 유해를 가슴에 꼭 끌어안은 채 경찰이 마련한 검은색 승용차에 올랐다. 잠시 후 일행은 화장장 근처의 임진강 지류에 도착했다.

아버지 박 씨는 아들의 유골가루를 싼 흰 종이를 풀고 잿빛 가루를 한줌 한줌 쥐어 하염없이 샛강 위로 뿌렸다.

"철아, 잘 가그래이 ⋯,"

아버지 박 씨는 가슴 속에서 쥐어짜는 듯한 목소리로 말했다. 아버지 박 씨는 끝으로 흰 종이를 강물 위에 띄우며 "철아, 잘 가그래이 ⋯ 이 아부지는 아무 할 말이 없다이 ⋯"라고 통곡을 삼키며 허공을 향해 외쳤다. 이를 지켜보는 주위 사람들은 흐느끼거나 눈시울을 붉혔다.

박 군의 유골가루를 뿌린 후 박 군의 아버지를 태운 승용차는 경찰병원에 들러 박 군의 부검을 지켜본 삼촌 월길 씨를 태우고 시내를 한 동안 헤맨 뒤 치안본부 대공분실 마당 안으로 사라졌다.

– 〈동아일보〉 1987년 1월 17일 자

2017년 개봉된 영화 〈1987〉의 주인공 박종철 군의 장례식 장면을 다룬 기사다. 1987년 1월 17일 〈동아일보〉 '창(窓)'란에 실린 이 기사는 이틀간 박 군 유족의 모습을 담았다. 유족의 말과 행동을 통해 세상에 대한 분노와 슬픔을 드러낸다. 기자가 '가족은 박 군의 죽음을 납득하지 못했다'라고 말하지 않고 "뭐요, 뭘 알고 싶소? 우리 자식이 못돼서 죽었소"라는 박 군

아버지의 역설적인 말 한마디가 더 강렬하다. 또 "철아, 잘 가 그래이 … 이 아부지는 아무 할 말이 없다이 … "라는 말 한마디가 박 군 가족의 슬픔을 보여 준다. 이처럼 르포는 기자가 직접 말하지 않더라도 실제 벌어진 일을 보여 줌으로써 독자에게 충분한 메시지를 전한다.

4. 오감을 통해 보자

르포는 사실로 독자의 감성을 자극하는 기사이고, 기자는 독자의 대리 체험자이므로 기자는 현장에서 오감을 동원해야 한다. 기자가 아무런 감성이 없다면 독자에게 감성적 요소를 전달하기 힘들다. 르포는 기자가 현장에서 보고, 듣고, 맡고, 만지고, 맛보는 오감(五感)을 통해서 사물을 인식한 결과물이다. 기자 사회에서는 '기자는 온몸이 무기'란 말이 쓰이곤 한다. 기자는 자신의 모든 것을 동원하여 취재하는 사람이라는 뜻이다.

기자는 오감을 단련해야 한다. 다른 사람이 보지 못하는, 쉽게 간과하는 사실도 파악할 수 있도록 현장을 세세히 훑어보는 습관이 필요하다. 세밀한 관찰이 우선되어야 한다. 한 인물을 보면 코의 모양, 머리 스타일, 표정, 안경 착용 여부, 신체적 특징 등을 파악해야 한다. 처음에는 쉽지 않겠지만 자신이 파악할 사항의 목록을 만들어서 연습하면 어느 순간 모든 요소를 한눈에 파악할 수 있게 된다. 이는 다른 분야의 감각 단련에서도 마찬가지다. 청각과 후각은 독자를 자극하는 중요한 요소다. 시각이나 촉각보다 더 자극적일 수 있다. 현장에서 나오는 소리를 모두 기록해야 한다. 특히 등장인물의 특정한 동작과 관련된 의성어나 소리는 현장감을 더욱 살려 준다. 후각도 마찬가지다. 주방에서 나온 요리사와 화재 진압 현장에서 나온 소방관의 냄새에 주목해 보자. 냄새가 그 인물의 모든 것을 말하는 경우도 있다. '향수 냄새가 나는 여자'라는 묘사보다는 '장미향을 날리는 여자'라는 표현이 훨씬 자극적이며 사실에 충실하다. '향수'는 단순히 명사일 뿐이지만 장미향이라는 특정한 향수 냄새는 구체적인 묘사이며 현장을 불러온다.

한 가지 감각보다는 공감각(共感覺)이 효과를 발휘할 때가 많다. 청각을 시각화한 '밝은 소리', 후각을 청각화한 '요란한 냄새' 등의 표현은 오감을 더욱 자극한다. 2가지 이상의 감각을 동시에 표현하는 문학의 수사법이다. 공감각을 사용할 때 주관에 치우치지 않도록 해야 한다. '어두운 색깔'이라면 구체적으로 어떻게 해서 어두운 색깔인지를 뒷받침해 주는 사실이 있어야 한다. 기자의 감각을 전달할 때도 반드시 사실에 의해 보강되어야 강력한 힘을 발휘한다.

〈동아일보〉 2006년 11월 16일 자 기사를 예로 들어 보자. 화재 현장에서 숨진 서병길 소방장에 대한 기사의 일부분이다.

이때까지만 해도 벽체가 남아 있어 2층 건물을 떠받치고 있었다. 그러나 건물은 '우지직' 소리를 내며 곧 붕괴될 기미를 보였다. 순간 주변에서 "안에 서너 명이 더 있다"라는 고함 소리가 들렸다. 이 주택에는 4가구가 세 들어 살고 있었다.

그는 동료들을 내보낸 뒤 1층 구석구석을 뒤졌다. 누군가 그의 손길을 애타게 기다릴지도 모른다는 생각으로 매캐한 연기 속을 헤매던 순간 2층 주택이 "우르릉, 꽝!"하면서 순식간에 무너져 내렸다.

'우지직', '우르릉, 꽝!' 등의 의성어는 현장의 긴박함을 잘 드러낸다. 곧 뭔가 일어날 듯한 느낌을 준다. 이 의성어를 빼고 기사를 읽어 보면 글이 무미건조하다. 현장에서 오감을 동원한 취재의 중요성을 알려 준다. '매캐한 연기'는 후각과 시각을 자극하는 공감각적인 표현이다. 연기라는 단어가 매캐하다는 후각과 결합함으로써 독자의 공감각을 불러일으킨다.

오감을 동원할 때는 기자 자신이 가장 인상적으로 느낀 대목에 주목해야 한다. 자신뿐만 아니라 다른 사람들의 눈과 귀를 사로잡는 사안은 독자에게 전달할 만한 충분한 가치가 있다고 봐야 한다.

5. 구체적 사실에 주목하자

생생함은 구체적 사실에서 나온다. 현장의 세부 사항을 알려 주면 독자는 그 사실을 바탕으로 자신의 감각을 활용해 현장을 느끼게 된다. 직접 관찰하거나 현장 관계자에게 끌어낸 정확한 사실이 필요하다. 세부 사실에 대한 묘사는 특별하게 느껴지지 않는 광경에도 독자가 눈을 돌리게 한다.

> 청문회가 자정을 넘기면서 방청객의 절반이 자리를 떴다. 하지만 앞줄의 여자는 그녀의 빨간 스웨터를 여전히 뜨고 있었다. 뒷줄의 중년 남성은 고개를 숙인 채 가볍게 코를 골고 있었다. 스미서드 의원은 벽의 회반죽이 벗겨진 자국을 세고 있는 듯 보였다. 손더스 의원은 뺨을 의사봉에 대고 쉬고 있었다. 앞으로 의사봉을 두드릴 필요가 없어 보였다.
>
> (*The Associated Press Guide to News Writing*, 79p)

이 기사는 회의가 길어지면서 따분해지기 일쑤인 의사당의 모습을 보여 주고 있다. 절반이 빈 방청석, 뜨개질하는 여자, 코를 고는 남자, 딴짓하는 의원, 의사봉에 뺨을 대고 쉬는 의원 등을 통해 맥 빠진 분위기를 보여 주고 있다. 청문회 장면을 사진으로 찍었다고 가정하고 사진에 나온 등장인물의 행위를 하나씩 구체적으로 설명하는 것과 흡사하다. 르포에선 한 단면, 한 장면을 세부 사실을 통해 독자에게 제시한다.

사실을 단순하게 일반화해서 의미가 불분명한 형용사나 명사를 쓰는 건 구체적인 묘사를 방해한다. 기자가 어떤 사실을 일반화하거나 적절한 형용사를 선택하는 순간 구체적 사실에 근거하지 않고 사안을 설명할 수 있게 된다. 사실이 추상적이고 간명할수록 독자들은 구체적인 실체에 접근할 수 없게 된다. 역으로 구체적 사실에 집착할수록 기사는 더욱 명료해진다.

다음 두 가지 글을 비교해 보자.

비 교　　**구체적 사실 1**

　김 의원은 국회 밖에선 부드러운 남자로 통한다. 깔끔한 얼굴, 요새 유행하는 헤어스타일, 단정한 넥타이는 입사 지원자를 연상케 한다. 말투는 조용한 세일즈맨과 닮았다.

비 교　　**구체적 사실 2**

　김 의원은 일단 의사당을 나서면 좀처럼 화를 내지 않는다. 푸른빛이 감돌 정도로 면도한 얼굴, 짧게 깎아 올백으로 빗어 넘긴 머리, 밝으면서도 차분한 색깔의 넥타이 차림이다. 목소리는 일반인보다 한 옥타브 정도 낮은 저음이면서도 또렷하다.

첫 글에선 '부드러운 남자', '깔끔한', '요새 유행하는', '단정한', '세일즈맨' 등의 단어가 실체적 접근을 방해한다. 도대체 '부드러운 남자'란 어떤 남자인가. 한때 유행했던 말이지만 그 실체를 짐작하기란 쉽지 않다. 다른 묘사도 마찬가지다. 뭔가 설명하는 듯하면서도 구체적 사실을 말하지 않는 묘사가 글의 생동감을 빼앗는다.

둘째 글은 첫째 글과 크게 다르다. '부드러운 남자'는 '좀처럼 화를 내지 않는'으로 특정됐다. 또 얼굴이나 복장에 대한 묘사가 보다 구체적이다. '깔끔', '단정' 등의 단어가 무엇을 뜻하는지가 명확해졌다. '조용하다'는 한 옥타브 정도가 낮은 목소리를 뜻하는 것임이 분명해졌다.

첫 글은 기자가 전한 인상일 뿐이다. 둘째 글은 독자에게 첫 글의 형용사를 떠올리게 하거나 아니면 다른 형용사를 떠올리게 한다. 르포는 보여 주는 방식으로 써야 하며, 보여 주기 위해서는 세부 사항에 대한 구체적인 묘사가 필요하다. 이 묘사는 사실에 기반해 전개되어야 한다.

6. 손에 잡히는 표현을 쓰자

고 노회찬 의원은 서민 친화적인 단어로 상대방을 논박하기로 유명했다. 그는 2004년 한나라당과 민주당을 싸잡아 비판하면서 "50년 동안 같은 판에다 삼겹살 구워 먹으면 고기가 시꺼메집니다. 판을 갈 때가 왔습니다"라고 말했다. 새까만 삼겹살 구이판은 누구나 쉽게 상상할 수 있는 단어다. 그는 또 2017년 공수처 신설을 반대하는 사람들에게 "모기가 싫어한다고 에프킬라 안 삽니까?"라고 말했다. 모기와 에프킬라도 누구나 알 법한 단어다. 일반인에게 매우 친근한 단어, 누구나 상상할 수 있는 의미를 지닌 단어는 강력한 힘을 발휘한다.

르포의 묘사도 손에 잡힐 듯한 단어와 표현이 들어가면 독자가 쉽게 이해할 수 있다. 일반화된 언어보다는 독자가 그 의미를 견주어 볼 수 있는 언어를 주로 사용해야 한다. '몇 명의 의원이 졸고 있다'라는 표현보다는 '의원 15명 가운데 5명이 고개를 앞뒤로 움직이면서 졸고 있다'가 더 구체적인 묘사다. '그 회사는 직원을 줄일 예정이다'라는 문장보다는 '그 회사의 직원 300명이 일자리를 잃게 될 것이다'라는 문장이 독자에게 더 강하게 느껴진다. '그 사람은 거구였다'라는 문장은 '그 사람은 키가 190cm가량이었다'로 바뀔 때 독자에게 '거구'라는 느낌을 준다.

7. 시나리오의 요소를 갖추자

행위를 묘사할 때 구체성은 필수 요소다. 기사에 제시된 행위가 얼마나 구체적인지는 어떻게 판단해야 할까. 여러 방법이 있겠지만 기사를 연극으로, 등장인물을 주인공으로 생각하면 쉽다. 기사의 세부 사실이 주인공의 행위를 지시하는 시나리오와 흡사할 정도의 요소를 갖추면 된다.

서울지하철 노조가 파업하면 시민의 불편을 전하는 기사가 자주 나온다. 각 지하철역은 승객들로 북적이게 된다. 이 광경을 묘사한 두 가지 가상 기사를 살펴보자.

서울지하철 노조가 파업에 들어간 29일 오전 서울 전철 1, 2호선 환승역인 신도림역은 하루 종일 붐볐다. 이날 오전 8시경 승강장은 발을 디딜 틈이 없었다. 청량리행 전동차가 승강장에 멈추자 승객들은 서로 타려고 아귀다툼을 벌였다. 전동차는 이미 만원이었지만 승객들은 틈을 비집고 들어가려고 애를 썼다. 전동차는 문을 닫지 못해 출발이 상당히 지연됐다.

서울지하철 노조가 파업에 들어간 29일 오전 서울 전철 1, 2호선 환승역인 신도림역. 이 역은 원래도 붐비는 곳이지만 이날은 평소보다 2배 이상 많은 1,000여 명의 이용객이 승강장에 서서 전동차가 오기만을 기다렸다. 이날 오전 8시경 승객이 출입구에서 승강장으로 이어지는 계단까지 들어찼다. 이미 만원이 된 청량리행 전동차가 멈춰 섰다. 전동차 안에서 "아저씨 비켜 주세요. 내려야 해요"라는 아가씨의 숨찬 목소리가 들려왔다. 한 차량에서 10여 명이 간신히 내리자마자 승객 100여 명이 이 차량의 출입문으로 몰려들었다. 비집고 들어가려는 승객들로 인해 문을 닫지 못한 전동차가 2분 이상 멈춰 서자 안내 방송이 흘러나왔다. "다음 차량을 이용해 주시기 바랍니다." 출근길이 바쁜 승객들은 이 방송을 들으며 연신 시계를 봤다.

기사 ①은 기자의 주관적 평가를 바탕으로 쓰였다. '붐볐다', '발을 디딜 틈이 없었다', '아귀다툼을 벌였다', '애를 썼다', '상당히 지연됐다' 등의 표현에는 기자의 생각이 들어갔다. 기사 ②는 기자가 현장에서 보고 들은 사실만을 객관적으로 전달한다. 첫 기사를 본 독자는 그 광경을 막연히 상상하겠지만 둘째 기사의 경우 보다 구체적으로 상상할 수 있다. 첫 기사를 바탕으로 연극을 만든다면 승강장을 메울 단역 배우를 몇 명이나 동원해야 할지 모를 것이다. 둘째 기사에선 단역 배우의 수를 금세 알 수 있다. 또 첫째 기사에선 등장인물의 말까지 나와 있지 않은가. 평소 신도림역을 이용했던 독자는 파업 당일의 상황을 짐작하고, 머릿속에 그 모습을 그려볼 수 있을 것이다. 첫 기사를 본 독자는 이런 상상을 하기가 힘들다.

잘 짜인 구체적 사실은 독자를 생각하고 상상하게 만든다. 독자가 기사에 제시된 사실을 바탕으로 실제 벌어진 일을 상상할 수 있는 토대를 마련한 기사가 좋은 기사다. 어떤 일이 벌어졌는지 구체적으로 알 수 없으며 기자의 느낀 점만 들어 있는 기사는 좋은 르포식 기사라 할 수 없다.

8. 다면적으로 살펴보자

스트레이트가 직선적이고 일면적이라면 르포식 기사는 곡선적이고 다면적이다. 스트레이트건 르포건 특정 주제를 다룬다는 점은 같지만 그 주제를 이끌어내는 방식은 다르다. 집에서 직장으로 갈 때 가장 짧고 간명한 길로 가는 게 스트레이트라면 여기저기를 둘러보고 골목길로 돌아가는 게 르포다. 르포는 이런 과정을 통해 독자에게 여러 측면을 조망하게 해 주고 재미를 준다.

2024년 1월 미국 대선 경선을 취재한 〈중앙일보〉의 르포 일부분을 살펴보자.

"한국은 미국의 오랜 동맹국입니다. 미국과 한국은 점점 더 가까워지고 있고, 앞으로 더욱 가까워져야 하는 관계입니다." (중략)

오는 23일 열리는 공화당 대선 경선 2라운드 '뉴햄프셔 프라이머리(예비선거)'를 사흘 앞두고 경선 전 열기가 달궈지고 있는 가운데 헤일리 전 지사는 20일 오후 뉴햄프셔주 남부 내슈아에 위치한 이벤트센터에서 선거 캠페인 행사를 열었다.

오후 7시로 잡힌 유세를 1시간 30분 앞둔 5시 30분쯤부터 지지자 150여 명이 행사장 입구에서 약 70m의 긴 줄을 이뤘다. 현장 치안을 담당한 <u>내슈아시의 경찰</u>은 "정치적 관점을 말할 수 없는 입장이지만 이렇게 긴 행렬의 사람들을 보는 건 자주 있는 일이 아니다"라고 말했다.

오후 5시 40분쯤 유세장 입구 문이 열리자 헤일리 전 주지사의 영문 이름 'Nikki Haley'가 적힌 티셔츠와 모자를 쓰고 'Pick Nikki'(니키를 찍어주세요) 등의 팻말을 든 지지자들이 행사장을 가득 메웠다. 'NH 러브 NH'라고 적힌 피켓을 든 한 지지자에게 "'뉴햄프셔'(NH)는 니키 헤일리(NH)를 사랑한다'는 뜻이냐?"고 묻자 "맞다. 하지만 거꾸로 써도 맞다"며 웃었다. (후략)

– 〈중앙일보〉 2024년 1월 21일 자

이 기사는 헤일리의 지지자들이 모이는 집회지만 지지자가 아닌 경찰관이 등장한다. '70m의 긴 줄'이란 객관적 표현이 있지만 지지 집회로서 사람이 많은지 가늠하기 힘들다. 중립적인 경찰관의 말 한마디가 인파가 많다는 걸 보여 준다.

2012년 5월 부산 서면의 한 노래주점에서 불이 나 9명이 숨지고 25명이 다친 사건이 터졌다. 이 사건을 계기로 많은 언론이 노래방의 화재 취약성을 보여 주는 르포를 했다. 〈조선일보〉에 실린 기사의 일부분을 살펴보자.

8일 오후 5시쯤 서울 강남구 <u>L노래방.</u> 여고생들이 걸그룹 최신 유행가를 부르는 소리가 쿵쿵 울려 퍼졌다. 노래방은 방 8개에 면적 165m²로 소규모였지만, 소리가 어느 방에서 나오는지 알기는 어려웠다. 이 노래방은 카운터를 중심으로 작은 방들이 부채꼴로 배치됐고, 방문 위치도 제각각이었다. 6번방에서 8번방까지 이동하려면 'ㄷ'자 형태의 복도를 빙 돌아야 했다.

이날 노래방 소방 안전점검에 나선 강남소방서 김용렬 소방관을 향해 이 업소 직원 박모 씨(42)는 "우리는 화재 안전시설을 완벽하게 갖췄다"고 했다. 그러나 돌아본 결과 화재 위험요소는 곳곳에 있었다.

이 소형 노래방 구조는 '미로'처럼 복잡했다. 처음 방문한 손님은 비상구를 찾기 어려울 정도였다. 중앙소방학교 실험 결과에 따르면, 3m 길이 복도가 있는 노래방에 화재가 나면 연기로 인해 4분 15초만 지나도 비상구 유도등을 알아보기 어렵게 된다. 직원은 "내부가 복잡해지면 (동선이 길어져) 손님들이 심리적으로 노래방이 넓은 것처럼 느끼기 때문에 이같이 방을 배치했다"고 말했다. <u>D인테리어 정윤수 실장</u>은 "규모가 작을수록 룸을 제외한 공용면적을 최대한 줄이고 자투리 공간까지 활용하므로 미로식 구조가 되곤 한다"고 말했다.

젊은 세대의 취향도 '미로식 구조'에 한몫을 한다. 한 노래방 업주는 "요즘 젊은 세대들은 은밀한 구석방을 좋아한다. 이들 기호에 맞춰 일부러 복잡한 구조로 노래방을 꾸미는 경우도 있다"고 했다. 현행 '노래연습장 시설 기준'에는 노래방 통로 폭을 1m 이상으로 하라는 규정은 있지만, 통로를 일직선으로 한다는 등의 별도 규정은 없는 상태다.

이날 점검에서는 '생명의 문'인 비상구도 제 기능을 못하는 점이 확인됐다. 방이 고작 4개인 강남구 S 노래방에는 입구 한 곳 외에 비상구도 한 곳이 있었다. 그러나 비상구 문 앞 한쪽에 시멘트 벽돌과 의자를 놓아두고, 가재도구도 쌓아뒀다. 문이 활짝 열리지도 않았다. 점검 소방관이 "비상구 쪽 전등 좀 켜 주세요"라고 하자, 업주는 "이게 잘 켜졌는데 오늘따라 안 켜지네…"라고 했다. (후략)

– 〈조선일보〉 2012년 5월 10일 자

이 기사에선 노래방이 여러 곳 등장한다. 또 소방관, 업주, 직원과 인테리어 업자 등이 등장한다. 한 사람의 시각이 아니라 여러 사람의 시각으로 노래방의 구조와 이런 구조가 등장하는 이유에 대해 다각적으로 살펴보고 있다.

〈한국일보〉2003년 6월 17일 자 '대구病 앓는 대구'란 르포기사를 살펴보자.

"여기서 90%만 찍었어도 1번이 됐다니까. 그러면 대구가 이 꼴은 아이다." (중략)

"맞다. 경기 침체, 침체하지만 대통령 선거만 잘 됐어도 이보다는 좀 나았을 기다."

노무현 대통령의 방문이 있었던 12일, 대구 중심가의 후미진 골목 술집엔 30대 회사원들의 새된 목소리가 떠다니고 있었다. (중략)
동대구로에서 (중략)

"전국에 이런 도로가 어디 있었겠노. 동대구로 만들어질 때야 대구가 잘 나갔제."

한 택시기사의 말끝이 씁쓸했다. (중략)

"박정희 대통령이 대구에 한 번씩 내려오면 수성관광호텔에서 잤거던. 박통이 지나가다가 '길이 안 좋다'고 한 마디 한 기라. 그러니까 당장 공사 들어가 이래 넓게 내놓은 거 아이가." 동대구로 변에서 부동산을 운영하는 서 모 씨(51)의 얘기다. (중략)

의식의 밑바닥엔 공식이 깔려있었다. '정권상실 → 경기침체 → 분위기 침체.' 결국 모든 것은 '정권'이었다. (중략)

대구의 두 D 백화점에서

대구의 백화점들은 연중 세일 중이었다. 건물 외벽은 늘 사은 행사를 알리는 광고로 둘러싸였다. 대구 지역을 장악해 온 두 D 백화

점과 올해 초 서울에서 내려온 L 백화점의 대결이 벌어지는 소리 없는 전장이었다. (중략)

서울에서 대구로 진출한 한 기업인은 '백화점 전쟁'을 보면 이런 생각이 든다고 했다. "대구 전반에 그런 정서가 깔려 있고 사람들이 그걸 자랑스러워해요. 마치 거대한 성으로 둘러싸인 봉건 시대 영지 같아요. 이런 연 저런 연으로 똘똘 뭉쳐 외지인들은 좀처럼 받아 주지를 않아요. 서울에서 웃고 내려와 울고 간다는 곳이 대구예요."

지하철 중앙로역에서 (중략)

학원 강사 장경석 씨(32)는 "참사 이후 대구 시민들 사이에선 잠시나마 자성하는 분위기가 있었다"고 전했다. "국회의원에 시장, 도지사, 지방의회 의원들까지 모두 한나라당 일색이다 보니 비판과 견제가 사라져 결국 이런 일이 빚어졌다는 개탄이 많았다"라고 했다. (중략)

유니버시아드 주경기장에서 (중략)

중앙로에서 만난 한 시민은 "U대회 U대회 하니까 '뭔가 하는가 보다'고 하지만 사람들의 절반 이상이 U대회가 어떤 대회인지도 모른다"라고 했다. '유니버시아드를 재도약의 전기로 삼자'는 플래카드와 대회기가 시내 곳곳에 내걸렸지만 시민들은 무심했다. (중략)

이 기사는 대구의 몰락을 주제로 다뤘다. 기자는 여러 곳에서 거리의 풍경을 스케치하고 여러 사람을 만나 이야기를 들었다. 기사에 나타난 장소는 '술집 골목', '백화점', '중앙로', '유니버시아드 주경기장' 등이다. 30대 회사원, 택시기사, 부동산 중개업자, 기업인, 학원 강사, 시민이 등장했다. 전체 기사에선 이보다 더 많은 사람과 장소가 등장한다. 대구의 몰락이란 주제로 여러 곳에서 여러 사람을 만나 다각적 조망을 했다는 느낌을 준다.

이 기사엔 기자의 판단도 들어갔다. "의식의 밑바닥엔 공식이 깔려 있었다. '정권상실 → 경기침체 → 분위기 침체.' 결국 모든 것은 '정권'이었다"라는 대목이다. 이 기사는 이런 판단을 이끌어 내기 위해 여러 사람의 이야기를 풀어놓고 공통점을 추출하는 방식을 택했다. 기자의 판단마저 다각적인 취재와 조망의 결과라는 논리를 펴고 있는 셈이다.

르포에선 이처럼 다각적 조망과 관찰이 필수 요소다. 독자에게 있는 그대로 말하지 않고 보여 주되 여러 모습을 보여 줘야 한다. 기사가 영화 필름이라면 개개의 장면은 하나의 컷이다. 이런 컷이 모여 독자에게 하나의 동영상이 되어 특정한 느낌을 준다.

9. 르포 실습

대학생에게 늦겨울의 캠퍼스를 주제로 르포를 하라고 한 적이 있다. 첫 르포 기사에 대해 평을 한 뒤 고쳐 쓰고 첫 번째와 비교하면서 스스로 평가하라고 했다. 자평(自評)이 놀랍도록 정확했다. 기사가 어떻게 변했는지 비교하고 글쓴이가 어떻게 생각하는지를 살펴보는 것은 좋은 기사쓰기 공부 방법이다. 사례 1과 2는 초보자가 겪기 쉬운 오류가 고스란히 드러나 반면교사의 역할을 한다. 사례 3은 겨울의 경복궁을 주제로 쓴 르포를 분석했다.

1) 사례 1

늦겨울의 캠퍼스는 텅 빈 것처럼 보여도 눈에 띄지 않는 곳에서 조용히 꿈을 키워가고 있는 이들이 있다. 학생회관 맞은편 계단을 올라가면 나오는 '도자실습실'에 들어가 보았다.

"이게 지금 금을 칠하고 있는 거거든요. 지금은 이렇게 갈색이지만 구워서 나오면 금색이 돼요."

김○○ 씨(23 · 공예과 3학년)가 왼손으로 나뭇잎 모양의 수저받침을 내밀었다. 오른손은 여전히 붓을 쥔 채였다. 맞은편에는 이○○ 씨(24 · 공예과 3학년)가 손톱만한 크기의 귀걸이에 붓으로 색을 입히고 있었다. 흙내음이 물씬 풍기는 실습실의 실내온도는 28도. 마치 가마에 들어온 듯 후끈한 열기 속 두 사람의 뺨은 붉게 상기돼 있었다. 눈발이 흩날리던 16일 오후, 공예과 학생 23명이 모두 들어가고도 남는 넓은 실습실엔 김 씨와 이 씨 두 사람만이 나와 있었다.

"누가 '도자기 브랜드'하면 딱 '아, 그 브랜드'하고 저희를 떠올릴 수 있게 되면 좋겠어요." 입을 모아 말하는 이들은 올 겨울 내내 쉬지 않고 수저받침이며 액세서리, 촛등 등 도예품을 만들고 있다. 이들은 만든 도예품에 자신들의 브랜드 스티커를 붙여 매주 서울 각지의 플리마켓에서 판다.

16일 3시경 ○○대 캠퍼스에는 개학이 얼마 남지 않았는데도 학생이 몇 명밖에 보이지 않았다. 도로에도 인적이 드물었다.

학생회관 맞은편 계단을 올라가자 '도자실습실'이 보였다. 문을 열자 반짝거리는 소품에 칠을 하고 있는 학생 2명이 눈에 들어왔다.

"지금 금을 칠하고 있거든요. 지금은 갈색이지만 구우면 금색이 돼요."

김○○ 씨(23 · 공예과 3학년)가 나뭇잎 모양의 자기 수저받침을 왼손으로 내밀었다. 오른손은 여전히 붓을 쥔 채였다. 맞은편에는 이○○ 씨(24 · 공예과 3학년)가 손톱만한 크기의 자기 귀걸이에 붓으로 색을 입히고 있었다. 한구석에 쌓여 있는 점토에선 여름 소나기가 지나간 시골길에서나 나는 듯한 냄새가 풍겼다. 눈발이 흩날리는 날씨에도 실습실 온풍기 모니터의 실내온도는 28도를 가리켰다. 마치 가마에 들어온 듯 후끈한 열기 속 두 사람의 뺨은 붉게 상기돼 있었다. 공예과 학생 23명이 모두 들어가고도 남는다는 넓은 실습실엔 겨울방학 내내 김 씨와 이 씨뿐이었다고 한다.

"누가 '도자기 브랜드'하면 딱 '아, 그 브랜드'하고 저희를 떠올릴 수 있게 되면 좋겠어요." 입을 모아 말하는 이들은 올 겨울 내내 쉬지 않고 수저받침이며 귀걸이, 촛등 등 도예품을 만들고 있다. 이들은 만든 도예품에 자신들의 브랜드 스티커를 붙여 매주 서울 각지의 플리마켓에서 판다.

이들은 2학년이었던 작년 초 창업을 위해 의기투합했다. 처음 판매를 시작했던 여름엔 인지도가 없었지만 지금은 적어도 일주일 내내 나와 작업을 해야 판매 물량을 맞출 수 있을 정도다. 점심 무렵에 나와 컵밥으로 끼니를 때우고 밤 늦게까지 작업을 하다 돌아가는 게 하루 일과다. 이 씨 뒤편에는 이들이 이날 먹고 올려놓은 컵밥 용기가 그대로 남아 있었다.

이들의 대표작인 수저받침은 두 개들이 한 세트에 2만 원이다. 비싸다며 얼굴을 찌푸리는 사람들을 볼 때마다 김 씨는 안타까운 마음이 든다고 한다. 이들이 손에 쥐고 있는 것은 벌써 두 번을 구운 뒤 마지막으로 가마에 들어갈 준비를 하고 있는 작품들이었다. 어떤 작품이든 세 번 가마에 들어가고 사이사이 금칠을 하는 등의 까다로운 손질을 거쳐야 비로소 완성된다. 작업 시작부터 마지막으로 가마에서 꺼낼 때까지 걸리는 시간만 2주다.

공예과 김○○ 교수(59)가 실습실에 들어왔다. 김 교수는 김 씨와 이 씨를 보고 태연히 "왜 불을 다 안 켜고 해? 어둡지 않니?"라고 물었다.

교수진 사이에서도 이들은 대견스러운 제자다. 따로 불러 포장을 조언해 준 교수도 있었다. 끊임없이 작업을 한 덕분에 도예 기술이 숙련돼 좋은 평가를 받았다는 것이다. 이른 시기에 창업을 한 것도 교수들을 놀라게 했다.

이들은 작년 초 창업을 위해 의기투합했다. 여름엔 인지도가 없었지만 지금은 일주일 내내 나와 작업을 해야 판매 물량을 맞출 수 있을 정도다. 점심 무렵에 나와 컵밥으로 끼니를 때우고 밤늦게까지 작업을 하다 돌아가는 게 하루 일과다. 이 씨 뒤편에는 이들이 이날 먹고 올려 놓은 컵밥 용기 두 개가 석고 틀과 함께 나뒹굴고 있었다.

이들의 대표작인 수저받침은 두 개들이 한 세트에 2만 원이다. "저번 주에 플리마켓에 나갔을 때는 어떤 여자 분이 '예쁘다'며 얼마냐고 물어봐서 2만 원이라고 했더니 '2만 원이요? 너무 비싸다'하고 그냥 휙 가 버리더라고요. 들이는 공에 비하면 비싼 건 아닌데 … ." 김 씨가 붓으로 나뭇잎의 결을 그리며 입술을 삐죽 내밀었다. 이들이 손에 들고 있는 것은 벌써 두 번을 구운 뒤 마지막으로 가마에 들어갈 준비를 하고 있는 작품들이었다. 어떤 작품이든 세 번 가마에 들어가고 사이사이 금칠을 하는 등의 까다로운 손질을 거쳐야 비로소 완성된다. 작업 시작부터 마지막으로 가마에서 꺼낼 때까지 걸리는 시간만 2주다.

공예과 김○○ 교수(59)가 실습실에 들어왔다. 김 교수는 실습실을 휙 둘러보고는 김 씨와 이 씨에게 태연히 "왜 불을 다 안 켜고 해? 어둡지 않니?"라고 물었다. 교수진 사이에서도 이들은 대견스러운 제자다. 끊임없이 작업을 한 덕분에 도예 기술이 숙련돼 좋은 평가를 받았다. 이른 시기에 창업을 한 것도 교수들을 놀라게 했다. 연구실로 따로 불러 포장을 조언해 준 교수도 있었다.

[A] 학생들이 오지 않는 학교, 상인들은 시름 가득 (2,026자)

모든 작업이 성공적인 것은 아니다. 10개 중 6개만 건지는 경우가 대부분이다. 이날도 작업대 위 초록색 상자엔 '실패작'들이 20여 개 담겨 있었다. 너무 얇게 만들어 굽는 바람에 색이 구리색으로 잘못 나와 버린 것이었다. 침을 잘못 선택해 팔지 못한 귀걸이만 한 뼘 크기 비닐봉지 가득이다. 올 겨울에는 추워서 플리마켓에도 잘 나가지 못했다. 그러나 이들은 쌓이는 시행착오 앞에서도 싱글벙글이다.

"변수가 많아서 힘들 때도 있지만, 도자기를 만드는 과정이랑 비슷한 것 같아요. 이제 안정기를 찾아가고 있으니 열심히 해서 후배를 키울 수 있는 도예공방도 차리고 싶어요"

이들은 꽃피는 봄을 기다리며 오늘도 흙내음이 풍기는 가마 속에서 꺼내지길 기다리고 있다.

[B] 적자 보며 장사하는 학교 주변 가게들, 방학이 두려워(1,859자)

작업을 하면 10개 중 6개만 건지는 경우가 대부분이다. 이날도 작업대 위 초록색 상자엔 실패작이 20여 개 담겨 있었다. 너무 얇게 만드는 바람에 색이 구리색으로 잘못 나와 버린 것이었다. 김 씨가 내민 비닐봉지에는 귀걸이가 가득 담겨 있었다. 사람들은 은침을 선호하는데, 처음엔 그것을 모르고 아무 침이나 가져다 만들었더니 팔리지 않았다는 것이다.

이야기를 하는 내내 싱글벙글했던 이들에겐 브랜드를 유명하게 만드는 것 외에도 또 다른 꿈이 있다.

"변수가 많아서 힘들 때도 있지만, 이 과정이 도자기를 만드는 거랑 비슷한 것 같아요. 이제 안정기를 찾아가고 있으니 열심히 해서 후배를 키울 수 있는 도예공방도 차리고 싶어요"

평가

전체적으로 비유적인 표현이 줄어들고 그 자리에 자세히 설명하는 문장이 추가돼 의미를 알 수 없었던 부분이 줄어들었다. 특히 A 기사 마지막 부분의 비유하는 문장을 삭제하고 그 대신 인터뷰를 인용해 마무리하는 느낌을 전달했다. 또 A 기사와 달리 B 기사에는 처음부터 날짜와 시간, 장소를 구체적으로 제시해 이전 기사보다 기사의 형태가 갖춰졌다.

인터뷰를 인용할 때에도 과도하게 생략해 자세한 내용을 알 수 없었던 부분을 강조하고, 필요 없는 군더더기 말을 삭제해 의미가 명확해졌다.

다만 르포 기사의 느낌이 잘 나지 않는다. 이 기사를 쓰기 위해 한 장소에 머무르면서 정적인 행동을 묘사해야 했는데, 그 묘사의 양도 부족하고 내용 또한 아쉽다. 또 기사에서 강조하려는 메시지를 충분히 강조하지 못한 느낌이다. '아무도 없는 방학 중 학교에서 노력하는 이들'의 모습을 그리고 싶었다면 텅 빈 학교의 모습을 더 강조하고 이들의 노력을 더 부각시켜야 했을 것이다.

2) 사례 2

[A] 학생들이 오지 않는 학교, 상인들은 시름 가득 (2,026자)

한파가 다시 찾아온 16일 오전, ○○대에는 함박눈이 내렸다. 펑펑 쏟아지는 눈과 달리 학교는 고요했다. 사람이 없는 누런 잔디밭과 비어 있는 벤치는 쓸쓸해 보이기까지 했다.

"방학 땐 학생들이 통 없죠. 교직원들, 공부하러 나오는 고시반 학생들 말고는 거의 못 본 것 같아요"

○○대 수정관 로비에 있는 카페 ○○의 사장 A 씨는 텅 빈 로비를 바라보며 말했다. 로비에는 알록달록한 색상의 소파와 테이블이 있었지만, 대부분 비어 있었다. 카페 옆 책상에 앉아 있던 한 학생도 이내 자리를 떴다. A 씨가 서 있는 카운터 앞엔 '방학 땐 김밥을 판매하지 않는다'라는 안내문이 부착돼 있었다. 그녀는 "방학 땐 손님이 없기 때문에 김밥을 준비하면 버리는 게 더 많다"고 말했다. 학기 중에 김밥은 오후 3시 전에 모두 판매될 정도로 '인기메뉴'이지만, 방학 땐 '애물단지'가 된다. A 씨는 앞에 편의점도 있으니 굳이 팔지 않아도 될 것 같다며 씁쓸한 미소를 지었다.

그러나 ○○ 바로 맞은편에 위치한 편의점 또한 사정은 비슷했다. 점심을 앞둔 시간이었지만 손님 두 명이 간단한 음료를 사갈 뿐이었다. 학기 중엔 3~4명의 알바생이 상주해 있지만, 사장인 B 씨만 카운터를 지키고 있었다. 그는 "오전엔 은행 업무를 보고 10시나 돼서 문을 연다. 어차피 사람이 없기 때문에 오후 5시까지만 운영한다"라고 말했다. 방학이 아닐 때 편의점은 오전 8시에 문을 열고 오후 7시가 넘어서 문을 닫는다.

한파가 다시 찾아온 16일 오전, ○○대에는 함박눈이 내렸다. 펑펑 쏟아지는 눈과 달리 학교는 고요했다. 누런 잔디밭과 비어 있는 벤치. 그 주변에선 사람이 지나간 흔적조차 찾기 힘들다.

"방학 땐 교직원이나 고시반 학생들 말고는 거의 못 본 것 같아요" ○○대 수정관 로비 카페 '○○'의 사장 A 씨는 텅 빈 로비를 바라보며 심드렁하게 말했다. 로비에는 알록달록한 소파와 테이블이 있었지만, 대부분 비어 있었다. 카페 옆 책상에 앉아 있던 한 학생도 이내 자리를 떴다. 카운터 앞엔 '방학 땐 김밥을 판매하지 않는다'라는 안내문이 붙어 있다. 그녀는 "방학 땐 김밥을 준비해 봤자 팔리지 않아 버리는 게 더 많다"고 말했다. 학기 중엔 오후 3시 전에 매진될 정도로 인기가 많은 김밥이지만 방학 땐 애물단지인 셈이다.

○○ 맞은편 편의점 사정도 매한가지였다. 점심을 앞둔 시간이었지만 손님 두 명이 간단한 음료를 사갈 뿐이었다. 학기 중엔 알바생 서너 명이 있지만 사장 B 씨만 카운터를 지키고 있었다. 그는 "오전엔 은행 업무를 보고 10시나 돼서 문을 연다. 어차피 사람이 없기 때문에 오후 5시까지만 운영한다"라고 말했다. 방학이 아닐 때 편의점은 오전 8시에 문을 열고 오후 7시가 넘어서 문을 닫는다.

평소 학생들이 즐겨 찾는 도넛 체인점은 고요했다. 다양한 종류의
도넛이 가득 놓여 있어야 할 판매대에는 도넛 4접시만 덩그러니 놓여
있었다. 판매대의 10분의 1 정도만 채워 놓은 것이다. 동생의 가게를
방학 동안 봐주고 있다는 C 씨는 "기껏해야 하루 10명에서 20명 정
도 오는 게 전부라 빵을 적게 가져다 놓았다"라고 얘기했다. 영업을
안 하는 게 차라리 나을 수 있지만, 매달 나가는 월세가 아까워 가게
문을 열고 있다.

도넛가게와 붙어 있는 5개의 상점 중 영업을 하지 않는 곳도 절반
이상이었다. 안경점 입구는 연보라색 천으로 가려져 있고 "교육으로
인해 영업을 쉽니다"라는 안내문만 자리를 지키고 있었다. 서점과 기
념품샵도 주인 없이 방치돼있었다.

방학 땐 마음을 비워 … 손해 보며 장사해

학기 중 학생들이 가장 많이 찾는 카페 '○○○'는 손님이 좀 있지
않을까. 옆 건물인 ○○관 5층에 위치한 카페 ○○○를 찾았다. 한산
하긴 했지만, 7명의 학생이 각자 널찍한 테이블을 하나씩을 차지하고
앉아 있었다. 그러나 이들 중 음료를 갖고 있는 학생은 2명에 불과했
다. 나머지는 음료를 사지 않고 조용히 책만 읽고 있었다. ○○○는
학교 내부 공간이라 음식물을 사지 않아도 자유롭게 출입할 수 있다.

아르바이트생 D 씨는 하루에 음료가 20잔도 채 팔리지 않는다고
했다. 카페에 있는 알바생은 2명. 2016년 최저시급이 6,030원임을
감안하면, 3,000원짜리 음료 20잔을 팔아선 2명의 알바생 하루 일
당도 채우지 못한다.

평소 학생들이 즐겨 찾는 도넛 체인점 판매대에는 도넛 20여 개만 덩그러니 놓여 있었다. 원래 200개가 넘는 도넛을 가져다 놓지만, 매출이 없어 판매대의 10분의 1 정도만 채워 놓았다.

동생의 가게를 방학 동안 봐주고 있다는 C 씨는 "기껏해야 하루 스무 명 정도 오는 게 전부라 빵을 적게 가져다 놓았다"고 얘기했다.

A 씨와 B 씨, C 씨 모두 "생각보다 매출이 너무 없다"며 한숨을 내쉬었다. 학교 안에 있는 가게니 방학 땐 사람이 없다는 걸 감안하더라도 정도가 심하다는 것이다. 12개월 중 방학 기간이 4개월 이상인데, 1년의 3분의 1을 파리만 날리는 가게를 운영하려니 금전적으로 어려움이 많다고 했다. "적자 보고 장사하는 거예요. 그래도 매달 월세가 나가니 영업을 안 할 수는 없고 … 울며 겨자 먹기로 가게 문을 열죠." C 씨가 얘기했다.

실제 매출과 운영비 따져 보니 … 알바생 시급도 안 나와

○○관 5층에 위치한 카페 ○○○의 아르바이트생 D 씨는 하루에 음료가 20잔도 채 팔리지 않는다고 했다. 카페에 있는 알바생은 2명. 2016년 최저시급이 6,030원임을 감안하면, 3,000원짜리 음료 20잔을 팔아선 알바생 두 명의 하루 일당도 채우지 못한다.

　학교 밖에 위치한 가게들은 유동인구가 꽤 있는 곳에 위치해 있어 조금 나을 것 같지만, 월세만 겨우 낼 정도의 매출을 올리는 건 똑같다. 테이크아웃 커피전문점 사장 E 씨는 방학 때 매출은 평소의 5분의 1 수준이라고 했다. "적자예요, 적자. 매출로 재료값은 안 나오고, 월세만 겨우 내요."

　"인근 가게 사장님들 사이에서 방학 때 장사 안 된단 얘기는 유명해요. 알고 들어오긴 했는데 생각보다 더 심한 것 같아요" 작년에 개업해 두 번째로 방학 시즌을 맞는다는 베이글 가게 사장 F 씨의 말이다. "저는 그냥 마음을 비웠어요. 방학 땐 신메뉴 개발에 힘쓰고, 개강 후에 바짝 벌어야죠." 그녀는 씩씩하게 말했다. 그러나 이내 "××대는 방학에도 학생이 많아서 가게들 사정이 좀 낫다던데…"라며 부러움을 드러냈다.

　개강이 다가오지만, ○○대 인근 상인들은 다음 방학이 또 걱정이다. 다시 찾아온 한파만큼이나 차가운 현실이 그들 앞에 놓여 있다. '학생들이 오지 않는 쓸쓸한 학교'그곳에서 가장 애가 타는 건 매번 방학을 가슴 졸이며 맞이하는 상인들이다.

학교 밖에 위치한 가게들은 유동인구가 꽤 있는 곳에 위치해 있어 조금 나을 것 같지만, 월세만 겨우 낼 정도의 매출을 올리는 건 똑같다. 테이크아웃 커피전문점 사장 E 씨는 걱정스런 얼굴로 방학 때 매출이 평소의 5분의 1 수준이라고 했다. "적자예요, 적자. 매출로 재료값은 안 나오고, 월세만 겨우 내요."

"보통 학교 근처 가게들은 휴가지에 있는 가게들처럼 방학 아닐 때 바짝 벌어서 1년을 난다고 생각하시는데, 이렇게 사람이 없으면 1년 매출을 따져도 손해일 수 있어요." 작년에 개업해 두 번째로 방학 시즌을 맞는다는 베이글 가게 사장 F 씨의 말이다. "그래도 원체 사람이 없으니 마음을 비웠어요. 방학 땐 신메뉴 개발에 힘쓰고, 개강 후에 바짝 벌어야겠죠." 그녀는 씩씩하게 말했다. 그러나 이내 다른 대학교는 방학에도 학생들이 나오지 않느냐며 유독 ○○대 학생들이 방학 기간에 학교를 찾지 않는 것 같다고 한숨을 내쉬었다.

개강이 다가오지만, ○○대 인근 상인들은 다음 방학이 또 걱정이다. 다시 찾아온 한파만큼이나 차가운 현실이 그들 앞에 놓여 있다. '학생들이 오지 않는 쓸쓸한 학교' 그곳에서 가장 애가 타는 건 매번 방학을 가슴 졸이며 맞이하는 상인들이다.

자평

1. 주제를 "학교 주변 가게들이 장사가 안된다"에서 "학교 주변 가게들이 방학 때 장사가 안되는 건 당연하지만, 생각보다 그 정도가 심하다"로 조금 더 발전시켰습니다. 그랬더니 필요 없는 부분이 많이 보였고 그런 부분을 빼니 분량이 훨씬 줄었습니다. 분량은 줄었지만, 수정 후 기사가 주제를 훨씬 잘 표현하는 것 같습니다.

2. 군더더기로 보이는 표현은 줄이고 가게의 물건 수나 상인들의 표정을 조금 더 자세히 묘사했습니다. 문장이 짧아지니 가독성이 좋아졌고 상인들의 표정을 상세히 서술하니 글의 분위기가 살아났습니다.

3. 취재한 내용이 다소 부족해 여전히 주제를 압축적이고 효과적으로 표현하지는 못하는 것 같습니다. 매출이 얼마나 적은지, 학기 중의 벌이로 방학 때의 매출을 감당할 수 있는지 등 매출과 관련해 조금 더 자세한 답변이 있었다면 새롭게 초점을 맞춘 주제를 더 잘 살릴 수 있었을 것 같습니다. 취재 전 사전 기획과 질문을 만드는 것의 중요성을 느꼈습니다.

3) 사례 3

①"대장금, 대장금"

여기저기서 환호성이 들려온다. 겨울의 경복궁은 썰렁할 것이란 예상과는 달리 많은 사람들로 북적였다. 그 대부분이 외국 관광객들이다. 겨울에 접어들면서 경복궁의 관람객 중 외국인이 차지하는 비율은 큰 폭으로 증가했다. 올 11월, 12월 총 관람객 수는 26만 8,445명, 그중 외국인이 18만 8,067명으로 전체 방문객의 약 70%를 차지했다. 이는 내국인 수가 3만 명가량 더 많았던 9, 10월의 수치와 뚜렷이 구분된다.

②"옛날에는 미국이나 일본 관광객이 많았는데 요즘은 태국, 대만 등 동남아 등지에서 오는 관람객들이 많아요."

5년째 가이드를 해오고 있다는 김○○(여 · 45) 씨는 비수기였던 예전과 달리 요즘은 겨울이 더 호황이라며 신나게 얘기를 이어갔다. "지금 동남아에서 한국 드라마가 인기를 끌면서 관광객이 크게 늘었죠. 특히 거기서는 겨울에 눈을 볼 수 없으니까 대부분 관광객들이 겨울에 한국을 찾아요."

③ 이런 영향 때문인지 실제로 경복궁 관리사무소가 밝힌 2005년 관람객 통계를 보면 지난 한 해 경복궁을 찾은 총 외국인은 113만 902명인데 이 가운데 겨울철 방문객 수는 55만 8,605명으로 거의 절반에 육박한다.

④"와아~"

경회루에 이르자 야단법석이 일어난다. 경회루의 모습도 모습이지만 경회루를 둘러싼 연못이 꽁꽁 얼은 것을 보고 무척이나 신기해하는 모습이다. 안에 돌을 던져 보는 젊은 관광객의 모습도 종종 눈에 띈다.

그러나 이들의 시선을 잡아끄는 것은 교태전, 강녕전 등 전통적인 왕궁 건물. 이곳에 이르자 사람들은 다들 "포토"를 연발하며 각자 사극의 한 장면처럼 나름대로의 포즈를 연출한다.

⑤ 가이드는 "여기 사람들은 아직 한국 문화 자체보다는 드라마에서 본 한국의 이미지를 확인하고 싶어 한다"며 "경복궁 관광도 건물 서너 개 보여 주면 끝이다"라고 말하며 웃음을 지었다.

확실히 건물을 순회하고 박물관에 이른 관광객은 180도 다른 사람으로 변했다. 건물을 돌 때만 해도 흥미진진해했던 사람들의 관심도와 참여도는 현저하게 떨어져 일행의 절반 이상이 박물관으로 들어가지 않고 현관 로비에 남아 사진을 찍거나 기념품 상점으로 들어가 쇼핑에 열을 올렸다.

숭 프리야와트(21·태국) 씨는 "옛 왕국이 인상 깊었다"면서도 박물관이나 다른 것들은 어떠냐는 질문에 웃으며 잘 모르겠다고 답했다.

⑥ 이렇게 겨울철에도 많은 관광객을 유치하는 경복궁이지만 경복궁 측은 이러한 계절적 특수성을 고려하지 못하고 있는 것 같다.

⑦ 민속박물관 옆 제 2관람실에서 제 3관람실로 들어가는 통로는 다 찢어져 너덜거리는 장판으로 복도가 덮여져 있었고 전시관 몇몇 곳에서는 공사로 인해 소음과 진동이 일어났다. 한 가이드는 "소음 때문에 시끄러워서 도저히 설명을 하기가 어려울 때도 많다. 겨울에 날씨가 추우면 박물관에서 시간을 보내게 되는데 …"라고 토로하기도 했다.

⑧ 빈약한 콘텐츠도 문제다. 겨울은 상대적으로 볼거리가 없기 때문에 관람객을 위한 문화 행사 등이 필요하다.

⑨ 이에 대해 경복궁 담당 문화재청 관리사무소 측은 "겨울은 비수기라서 다음 시즌을 대비한 보수, 관리 등에 신경을 쓰고 있다"며 "경복궁이 갖고 있는 브랜드 파워가 있어 별다른 행사들은 고려하지 않는다"라고 답했다.

⑩ 그러나 외국인 관람객의 절반은 겨울에 집중되어 있으며 2005년 외국인 관광객 수는 전년보다 30만 명이 감소했다.

기사는 어떤 종류든 주제가 명확해야 한다. 여러 가지 사실이 한 주제를 중심으로 응집력 있게 배열되어야 기사의 메시지가 살아난다. 한 기사에 여러 가지 주제가 혼재해 있거나 주제를 뒷받침하는 사실이 부족하면 주제는 힘을 잃는다. 독자가 기사를 읽고도 무슨 말인지 이해하지 못하거나 수수께끼를 풀듯이 주제를 찾는 일이 벌어진다.

이 기사의 주제는 '겨울철 경복궁을 찾는 외국인 관광객에 대한 배려 부족'이라고 할 수 있다. 이 주제와 연관된 여러 가지 질문을 소화해 낼 수 있는 사실들이 담겼는지 살펴보자. '경복궁에는 겨울철에 어떤 콘텐츠가 있나?', '다른 계절에는 어떤 콘텐츠가 있나?', '겨울철 외국인 관광객은 무엇을 원하는가?', '겨울철 외국인 관광객을 무엇을 하나?', '이들은 경복궁에 대해 어떤 평가를 내리고 있는가?', '다른 나라나 다른 유적지의 콘텐츠는 어떻게 구성되어 있는가?' 등 여러 질문이 있을 수 있다. 이 기사에서는 한 가지를 제외한 다른 질문의 답을 찾을 수 없다.

이 기사의 구성을 살펴보자. 기사 분량의 3분의 2가량을 차지하는 ①~⑤ 부분은 관람객의 행동과 가이드의 말, 겨울철 경복궁 관람객의 통계 등으로 이뤄져 있다. ⑥ 이하 부분이 주제와 직접적인 관련이 있다면 주제에 들어가는 입구가 너무 긴 셈이다. ①~⑤ 부분에서 관람객의 행동이나 말 등을 주제와 직접 연관이 있는 부분만 살리거나 주제와 연관이 있는 사실을 더 집어넣어야 한다.

르포의 맛이 살아날 수 있도록 관람객의 행동 등 현장감을 살려야 한다. 이를 위해선 '관광객이 2시간 동안 얼음 등을 가지고 장난을 치는 등 한국의 겨울을 즐기는 데만 신경을 썼다'는 식으로 경복궁 자체의 콘텐츠가 이들의 눈길을 끌지 못한 것을 구체적으로 취재해 기사화해야 한다. 또 경회루, 강녕전 등에 대한 가이드의 설명을 듣거나 안내문을 주의 깊게 살피는 사람이 얼마나 되는지도 취재해야 한다. 콘텐츠에 주의를 기울이지 않는 이유를 끈질기게 물어서 찾아내야 한다. 만일 한 관광객이 어느 나라 유적지를 갔는데 겨울철에도 각종 행사를 하더라는 식으로 이야기했다면 경복궁의 현실과 대조가 된다. 취재가 주제에 연관되게 이루어져야 좋은 르포를 쓸 수 있다.

주제와 관련 있는 부분도 현장감이 살아 있어야 한다. 예컨대 '경복궁 문화행사 안내 전단에는 가을철에 ××, ○○ 등 문화행사가 하루에도 몇 차례 열린다고 나와 있었지만 겨울철에는 단 한 가지만 있었다'라는 식으로 구체적으로 써야 한다. 현장에서 이야깃거리를 찾아 현장감을 살리는 게 르포의 요체다.

세부적으로 살펴보자. 우선 이 기사에서 관람객의 숫자에 관한 통계치가 세 곳에 흩어져 있어 어지러운 느낌이 든다. 한 곳에 모아 간략히 소개해야 한다. 숫자가 이 기사의 초점은 아니다. 숫자는 도우미일 뿐이다.

묘사는 객관성이 있어야 한다. 기자가 느낌을 전달할 때는 구체적인 모습이나 현상을 묘사하는 데 그쳐야 한다. 독자를 직접적인 느낌 표현이 아닌 현장 모습을 통해 유도해야 한다. '썰렁

할 것이란 예상'은 '찬바람이 휘몰아치는 경복궁 옆길엔 인적이 거의 없었다. 안으로 들어서자 낯선 말을 쓰는 관람객이 곳곳에 무리 지어 있었다'라는 식으로 구체적으로 묘사해야 한다. 밑줄 친 표현에는 기자의 판단이 직설적으로 드러나 있다.

8

인터뷰 기사 쓰기

1. 인터뷰는 기사의 원천

인터뷰(interview)는 인터뷰어(interviewer: 질문을 던지는 사람)와 인터뷰이(interviewee: 질문에 답하는 사람) 사이에서 대화로 이뤄진다. 일상생활에서도 수많은 대화(질문과 답)가 오가지만 모든 대화가 인터뷰는 아니다.

웹스터(Webster)의 *New World Dictionary*에 따르면 인터뷰는 라틴어에서 유래한 'inter'(between, among)와 'view'(to see)의 합성어인 프랑스어 앙트레뷰(entrevue)에서 나온 단어다. 인터뷰는 • 사람들이 직접 대면해 논의하는 만남(고용주와 지원자 사이의 대화, 여론조사원의 대면 조사 등) • 기자와 기사의 대상이 되는 인물과의 대담 • 이 같은 정보를 주는 언론의 기사 등을 의미한다.

인터뷰는 특정한 목적을 지니고 이뤄지는 커뮤니케이션의

일종이며, 정보를 얻기 위해 구조적으로 짜인 만남이다. 일반 적으로 인터뷰어가 인터뷰이에게 정보를 수집하기 위해 사전에 인터뷰를 계획한다. 사전에 합의하지 않은 경우라도 인터뷰어는 자신의 필요성에 의해 인터뷰를 계획하고 시도하기도 한다. 인터뷰는 일반 대화와는 달리 분명한 방향성을 지니고 있다. 인터뷰어는 인터뷰이와의 대화가 사전에 생각한 주제에서 벗어나지 않도록 그 내용을 통제하려고 부단히 시도한다. 일상 대화는 목적을 위한 통제가 없거나 비교적 느슨하며 특정 결과를 산출하려는 목적이 없어도 이뤄진다는 점에서 인터뷰와 다르다.

인터뷰의 주목적은 정보의 획득이다. 기자가 인터뷰어라면 기사를 쓰는 데 필요한 정보를 얻기 위한 것이라 볼 수 있다. 필요한 정보는 뉴스일 수도 뉴스가 아닐 수도 있다. 특정 사안에 대한 견해, 평가, 분석, 비교, 감상, 주장, 이론 등 다양한 형태를 띨 수 있다.

채 상병 사건을 예로 들어 보자. 기자가 채 상병과 함께 근무했던 사병을 언론인 중에는 처음으로 만나 인터뷰한다면 이때 얻는 정보는 일반인에게 전혀 알려지지 않은 새로운 뉴스가 될 개연성이 크다. 당시 채 상병이 물에 들어가기 전에 했던 이야기나 지휘관들의 지시 내용 등이 나올 수도 있다. 기자가 수사 대상에 오른 이종섭 당시 국방부 장관이나 김계환 당시 해병대 사령관을 만난다면 어떨까. 이들은 사실을 제대로 말하지 않거나 사실과 다른 주장을 펼 가능성이 있다. 이미 수사

대상에 오른 상태라 자기 방어가 더 중요하기 때문이다. 인터뷰에서 얻어지는 정보는 뉴스와 비(非)뉴스가 혼재된 형태가 되기도 한다.

인터뷰로 얻은 정보는 새로운 것이든 아니든 모두 기사의 바탕이 된다. 미국의 신문학자 맨델(Sigfried Mandel)이 신문 뉴스의 90%는 인터뷰를 통해 얻어진다고 말했듯이 인터뷰는 기사의 원천이다. 인터뷰 기사라는 형식은 서구의 경우 1880년대에 유행해 일반화됐으며 한국의 경우 1970년대 이후 정착과 확산이 이뤄졌다. 새로운 정보를 얻거나 이미 얻은 정보를 재확인하거나 평가하는 인터뷰는 언론의 출발점이었다. 정보가 정돈된 자료로 있지 않거나 자료 접근이 제한적인 시대일수록 대인 접촉을 통한 인터뷰는 기사의 중요한 원천이 될 수밖에 없었다.

최근 보도자료에 의존하는 기사가 적지 않다. 심지어 인터뷰 내용이 배포돼 사람을 만나지도 않고 인터뷰 기사를 쓰기도 한다. 날이 갈수록 중요성이 커지는 컴퓨터활용보도(CAR: computer aided reporting)나 탐사보도(investigative reporting)는 기존 데이터의 분석이나 조사에 많이 의존한다. 보도자료의 진위 확인이나 보충 취재, 데이터 분석이나 조사의 해석에 있어 인터뷰는 여전히 중요하다. 정보가 더욱 다양해지고 복잡해질수록 그 의미를 엄밀히 평가하는 수단으로서 인터뷰의 중요성은 커지고 있다.

인터뷰는 기획기사나 심층기사를 쓸 때 독자의 이해를 돕도록 삽입하는 경험담이나 실제 사례를 얻어 내는 데 필요할 뿐만 아니라 과거에 보도하지 못했거나 파헤치지 못한 이야기를 발굴해 보도하는 데도 결정적인 역할을 한다. 이 때문에 인터뷰는 스트레이트, 르포 등 모든 종류의 기사에 필요하다.

2. 인터뷰의 종류

언론 인터뷰는 인터뷰어와 인터뷰이의 숫자에 따라 단독 인터뷰 또는 공동 인터뷰로 나눌 수 있다. 또 인터뷰 수단에 따라 대면(face-to-face), 전화, 이메일, 팩스, 편지 인터뷰로 구분할 수 있다. 코로나19 팬데믹 이후 인터넷을 통한 화상 인터뷰도 많이 이루어진다.

인터뷰가 이뤄지는 장소나 사전 약속 여부 및 목적 등에 따라 공식 인터뷰, 대기 인터뷰, 잠복(기습) 인터뷰, 약식 인터뷰, 인물 인터뷰, 블라인드 인터뷰 등으로 다양하게 나눌 수 있다.

어떤 종류의 인터뷰든지 몇 가지 성격을 동시에 띨 수도 있다. 예컨대 단독 인터뷰라 하더라도 대면 단독 인터뷰 또는 서면 단독 인터뷰 등으로 나눠질 수 있으며 공식 인터뷰도 단독으로 또는 공동으로 이뤄질 수 있다. 모든 인터뷰는 인터뷰와 인터뷰이의 상호작용으로 이뤄지기에 상황에 따라 여러 가지 모습으로 나타난다. 이 때문에 인터뷰의 모든 특성을 정의하기란 매우 힘들며 언론학자들의 인터뷰 구분법은 각기 다르다.

몇 가지 인터뷰의 종류별 특성을 살펴보면 인터뷰의 목적 달성을 위해 상황에 따라 어떤 인터뷰 방식을 단독으로 또는 혼합해서 사용해야 할지를 결정하는 데 도움이 될 수 있다.

1) 단독 인터뷰

인터뷰어와 인터뷰이가 1 대 1로 진행한다. 인터뷰로서 보편적인 형태다. 언론에 흔히 보이는 대담은 단독 인터뷰에 속한다. 단독 인터뷰는 대부분 사전 약속을 통해 이뤄지지만 인터뷰어가 기습적으로 인터뷰이를 찾아가서 하는 경우도 있다. 인터뷰어와 인터뷰이의 상호작용에 따라 은밀한 이야기가 오고 갈 수 있어 인터뷰어의 기법에 따라 그 결과가 크게 달라진다. 인터뷰이의 수용 태세에 따라 얼마든지 추가 또는 보충 질문을 할 수 있고 중요한 발언 내용을 재확인할 수도 있다.

인터뷰이는 단 한 사람을 상대로 이야기하며 실수를 곧바로 정정할 수 있고 인터뷰어와 비보도(off the record)를 전제로 속 깊은 말을 할 수 있다는 점에서 공동 인터뷰에 비해 심리적 안정감을 줄 수 있다. 인터뷰어는 은밀한 이야기를 바탕으로 특종보도 기회를 가질 수도 있으나 특정 취재원의 언론 플레이에 당할 수도 있다. 이 때문에 단독 인터뷰도 사후에 그 내용을 검증하는 자세가 필요하다. 인터뷰어와 인터뷰이가 특정 사실에 대해 의견을 조율하는 '야합'이 이뤄질 가능성도 배제하기 힘들다.

단독 인터뷰는 뉴스의 초점이 되는 인물이거나 뉴스 가치가 높은 인물일수록 중요하게 다뤄진다. 이러한 인물을 인터뷰했을 경우 '단독 인터뷰'란 사실을 명기해 독자의 눈길을 끌기도 한다.

2) 공동 인터뷰

기자 여러 명이 한 명을 인터뷰하거나 여러 명의 기자가 여러 명을 집단으로 인터뷰하는 형태다. 기자회견이 대표적이다. 기자회견장에선 한 명 또는 여러 명의 인터뷰이에게 여러 명의 기자가 잇달아 질문을 던지는 모습을 보게 된다. 여러 명이 질문하기 때문에 자신이 생각하지 못한 부분까지 질문의 범위가 넓어지며 개별 취재가 쉽지 않은 취재원을 만날 수 있다는 장점이 있다. 인터뷰어가 인터뷰이를 통제하기 힘들어 일정한 방향으로 인터뷰를 끌고 가기 어려운 단점이 있으며 이는 인터뷰이도 마찬가지다. 질문의 횟수나 시간이 제한되는 게 일반적이어서 특정 기자가 마음대로 질문하거나 보충 질문을 할 기회를 갖지 못한다.

공동 인터뷰는 특종을 끌어내기가 힘들다. 공식 공동 인터뷰에선 인터뷰가 끝난 뒤 질의응답 내용을 보도자료로 배포하기도 한다. 일부 기자들은 이를 활용해 기자회견장에 가지 않고 기사를 쓰기도 한다. 오고 간 대화 내용은 보도자료로 알 수 있지만 현장 분위기는 직접 취재해야 알 수 있다. 인터뷰이의 행동이나 표정, 어조 등 현장에서만 파악할 수 있는 기사 요소가

있다. 인터뷰이의 미묘한 어감이나 표정 등은 추가 취재의 단서
가 되기도 한다. 똑같은 말이라도 해석의 차이에 따라 핵심을
제대로 짚는 '주제 특종'을 할 수 있다. 보도자료는 현장의 모든
것을 담지 않는다. 심지어 인터뷰이의 발언이 윤색되어 자료로
배포되기도 한다.

3) 대면 인터뷰

인터뷰어와 인터뷰이가 얼굴을 맞대고 하는 인터뷰다. 단독
인터뷰와 비슷한 특성을 지닌다. 대면 인터뷰는 인터뷰이의
표정, 행동 등 비언어적 표현과 어조와 어감 등을 포착할 수 있
다는 장점이 있다. 인터뷰이가 머뭇거리거나 당황한다면 발언
의 진실성을 의심할 수도 있다. 인터뷰이가 꺼리는 질문을 던
질 수 있고 답변의 꼬리를 무는 보충 질문을 통해 의문을 파헤
치거나 진실에 한걸음 더 다가갈 수 있다.

　시간적 여유가 없거나 기자를 피하는 사람은 대면 인터뷰를
싫어하기도 한다. 중요한 인물이지만 시공간적 거리 때문에
대면 인터뷰가 쉽지 않은 경우도 있다.

4) 전화 인터뷰 또는 화상 인터뷰

직접 만나기 어려운 인물을 인터뷰하는 방식 가운데 하나다. 인터뷰이를 직접 관찰할 수 없다는 단점이 있지만 서면이나 이메일 인터뷰와는 달리 실시간으로 대화를 하기에 즉석에서 보충 질문이나 추가 질문을 할 수 있다는 장점이 있다. 화상 인터뷰는 전화 인터뷰와 달리 대면 인터뷰의 장점 몇 가지를 더 갖고 있다. 또 화상 인터뷰는 내용을 녹화할 수도 있다. 코로나19 팬데믹을 거치는 동안 화상 인터뷰는 일반화됐다.

전화 인터뷰는 한자리에서 짧은 시간에 여러 명을 인터뷰할 수 있다는 큰 장점이 있다. 여러 전문가를 단시간에 접촉해 간단한 견해를 묻는 데는 효과적이다. 인터뷰이 그 자체에 비중을 두는 게 아니라 특정 사안에 대한 인터뷰이의 분석이나 의견을 듣는 데 주로 이용된다. 이런 인터뷰는 기사에 필요한 적절한 멘트를 받기 위해 이뤄지기도 한다.

5) 이메일 · 팩스 · 편지 인터뷰

인터뷰이에게 질문지를 보내고 이에 대한 답변을 듣는 방식이다. 즉석에서 추가 질문이나 보충 질문을 할 수 없어 잘 짜인 질문지를 보내야 한다. 서로 약속하지 않았다면 회신 여부가 인터뷰이에게 달려 있다. 회신 가능성을 높이려면 사전에 인터뷰이와 통화 등을 통해 약속을 하는 게 좋다. 특정 사안에 대해 접촉이 힘든 여러 전문가에게 동시에 이메일을 보내 회신을 기다리는 경우도 있다. 마치 어부가 그물을 쳐 놓고 고기가 잡히길 기다리는 것과 비슷하다. 인터뷰이가 회신하더라도 시간이 상당히 걸릴 수도 있다는 점에 주의해야 한다.

6) 공식 인터뷰(Formal Interview)

인터뷰어와 인터뷰이가 인터뷰를 하기로 사전에 약속해서 이뤄지는 인터뷰다. 인터뷰 장소와 시간이 미리 정해지고 인터뷰 주제에 대한 상호 합의가 있는 게 일반적이다. 인터뷰이가 답변을 할 준비가 되어 있기 때문에 다른 형태의 인터뷰에 비해 충실한 이야기를 들을 수 있는 장점이 있다. 충실한 답변이라고 해도 진실과 일치하지 않을 개연성이 있다는 점을 명심해야 한다. 인터뷰이가 사전에 질문지를 요구하는 경우도 있다.

7) 대기 인터뷰(Curbstone Interview)

취재원이 나타나길 기다리는 인터뷰다. 중요 인물이 공항에 들어오거나 검찰청사나 법정에 출두하는 경우 기자들이 이 인물의 이동 경로에서 대기하는 모습을 TV 등을 통해 흔히 볼 수 있다. 인터뷰이의 의사와는 관계없이 행해지는 인터뷰여서 질문 자체가 힘든 상황이 벌어질 수도 있다.

경기에서 우승하고 공항을 통해 귀국하는 운동선수라면 진

을 치고 기다리는 기자들의 질문에 잘 대답하겠지만 범죄 혐의
가 있어 소환되거나 스캔들 와중에 있는 인물은 답변을 거부하
거나 간단한 말 한마디만 하고 떠나는 경우가 흔하다. 인터뷰이
가 응하지 않더라도 표정이나 행동 등이 뉴스거리가 되기에 기
자들은 기다리는 수고를 마다하지 않는다. 인터뷰이가 의외로
상세한 설명을 늘어놓으며 자신의 주장을 펴는 일도 있다. 인터
뷰이가 대기 인터뷰를 예상하고 미리 준비한 이야기를 꺼내는
일도 있다.

8) 잠복(기습) 인터뷰(Ambush/Shotgun Interview)

대기 인터뷰와 비슷한 속성을 지니고 있으나 기자가 숨어서 기
다리기 때문에 인터뷰이가 기자가 있는지 알기 어렵다. 대기 인
터뷰는 많은 기자가 함께 모여 있지만 잠복 인터뷰는 한 명 또
는 2, 3명의 기자만이 기다리는 경우가 많다. 인터뷰를 꺼리는
사람이 대상이어서 인터뷰의 성공 여부를 확신하기 어렵다. 인
터뷰이를 어떻게 인터뷰로 이끄느냐는 전적으로 기자 개인 능
력이다.

9) 약식 인터뷰(Informal Survey)

거리에서 특정 문제에 대해 일반인의 의견과 반응을 비공식적
으로 알아보는 인터뷰다. 간편하게 짧은 시간 안에 많은 사람

의 견해를 알아볼 수 있다. 큰 사건이 터졌을 때나 사회의 여론이 중요한 사건에서는 다양한 계층의 반응을 전하는 기사를 볼 수 있다. 이런 기사는 대개 약식 인터뷰를 통해 이뤄진다.

10) 인물 인터뷰(Personality Interview)

잘 알려진 인물과의 대화를 통해 그 인물의 면모를 보여 주는 인터뷰다. 대부분 공식 인터뷰 방식을 통해 이뤄지며 여러 차례의 인터뷰를 종합해서 기사화하기도 한다.

11) 블라인드 인터뷰(Blind Interview)

대부분 인터뷰는 인터뷰어와 인터뷰이가 기사 속에서 실명으로 드러난다. 블라인드 인터뷰는 인터뷰이가 신원을 밝히길 꺼려할 경우 '고위 소식통', '핵심 관계자' 등 익명으로 처리해서 하는 인터뷰다. 핵심 정보가 담기더라도 인터뷰이의 익명성은 정보의 신뢰성을 떨어뜨린다.

3. 인터뷰 준비

1) 인터뷰이 고르기

기사 가치만 있다면 모든 사람이 인터뷰이가 될 수 있다. 일반인이 잘 알지 못하는 평범한 시민에서부터 누구나 아는 대통령에 이르기까지 그 범주는 매우 넓다. 인터뷰를 통해 독자에게 유용한 정보나 재미와 감동을 줄 수 있는지가 중요하다. 한국 언론에 나타난 인터뷰이는 대개 다음과 같다.

유명인

연예나 스포츠, 문화계 스타처럼 잘 알려진 사람이다. 독자들은 유명인의 생각이나 행동거지, 사생활 등에 관심이 있다. 이런 인물이 경기에서 우승하거나 유명한 상을 받을 땐 뉴스 가치가 더 커진다. 유명인은 은퇴 이후에도 인터뷰 대상이 되기도 한다. 팬들의 호기심을 채워 주기 때문이다.

권력자

대통령, 장관, 정당 대표, 시도지사, 대법관 등 한국 사회를 움직이는 책임을 지고 있는 사람들이다. 이들의 말 한마디는 일반인의 생활에 영향을 줄 수 있다. 특정 단체나 이익집단을 대표하는 사람도 권력자다. 종교계 지도자나 경제단체 대표, 경기단체 대표 등도 이에 속한다고 볼 수 있다.

전문가

특정 분야에서 전문성을 인정받고 있어 독자에게 새로운 시각을 제공하거나 해설할 수 있는 사람은 인터뷰 대상이 된다. '발칸반도의 도살자'로 불리는 카라지치가 재판을 받게 되자 권오곤 국제유고전범재판소(ICTY) 재판관을 인터뷰(〈한국일보〉 2009년 7월 25일 자)한다든지 생성형 AI 시대를 맞아 AI 전문가를 여러 언론이 잇달아 인터뷰하는 것이 그 예이다.

장인(匠人)

자신의 전문 분야에서 최고의 전문성을 인정받은 사람들이다. 디자이너, 건축가, 무형문화재 전수자, 장의사, 요리사, 프로게이머 등 그 분야는 무궁무진하다. 이들에 대한 인터뷰는 시사성과 관련이 없는 흥밋거리일 때가 많다.

사건 당사자

사건 당사자는 해당 사건이 진행 중일 때뿐만 아니라 사건이 끝난 뒤에도 인터뷰 대상이 된다. 윤석열 대통령 부인 김건희 여사가 유명 브랜드 백을 받은 사건의 경우 백을 전달한 목사와 이를 보도한 언론사 대표가 언론의 집중 조명을 받았다. 이 사건은 어떻게 결말이 나든 검사 등 수사 당사자를 포함해 관련자들이 인터뷰 대상이 될 가능성이 높다. 세월호 사건이나 이태원 참사 관련자 인터뷰가 자주 언론에 등장하는 것도 마찬가지다.

사건 핵심 인물

많은 독자가 주목하는 사건을 설명해 줄 수 있는 핵심 인물은 시사성이 매우 높은 인터뷰 대상이다. 이런 인터뷰는 해당 사건에 대한 스트레이트 기사 기삿거리를 제공해 주기도 한다. 이런 인터뷰는 사건이 진행 중이어서 전모가 드러나지 않았을 때 뉴스 가치가 높다. 사건이 일단락된 뒤 후일담을 듣기 위해 인터뷰하는 경우도 있다.

일반인

평범한 사람도 인터뷰 대상이 된다. 언론은 마라톤의 장점을 알리고자 마라톤 동호인을 등장시키기도 하고 장바구니 물가가 치솟을 때는 주부의 심정을 듣기도 한다. 약식 인터뷰처럼 특정 사안에 대한 여론을 알고 싶을 때는 길거리에서 사람을 만나 인터뷰하기도 한다.

2) 조사

조사는 인터뷰를 좌우한다. 인터뷰이 선정에서부터 질문 짜기, 인터뷰할 때 추가 질문, 인터뷰 기사 작성 등에 큰 영향을 미치는 정보와 자료를 수집하는 일이기 때문이다. 조사는 인터뷰 목적에 적합하게 이뤄져야 한다. 어떤 종류의 정보를 얻어내 어떤 기사를 쓸 것인지가 가장 중요하다.

'인터뷰어의 모차르트'라고 불리는 로렌스 그로벨(Lawrence

Grobel)은 저서《인터뷰 기술》(*The Art of the Interview*)에서 음악가를 인터뷰하라는 지시를 받은 기자의 사례를 들어 조사의 중요성을 강조했다. 한 기자가 음악가의 비서에게 전화를 걸어 "데스크가 인터뷰하라는데 음악가의 CD를 들은 적이 없으니 한 장 보내 주실래요"라고 말하고 다른 한 기자가 "음악을 들은 적이 있는데 감동을 받았다. 인터뷰 요청 전화를 하게 돼 매우 기쁘다"라고 말했다. 누가 인터뷰 기회를 잡겠는가. 특히 인터뷰이가 시간이 부족하거나 원래 인터뷰 의사가 없었더라도 자신을 잘 아는 사람에게는 인터뷰 기회를 주기도 한다. 이처럼 조사는 인터뷰 성립에 중요한 요인이 되기도 한다.

미국 극작가인 니콜라스 필레기(Nicholas Pileggi)는 "인터뷰에 들어가기 전에 가장 중요한 일은 인터뷰가 필요 없을 정도로 인터뷰이에 대해 잘 아는 것이다"라고 말했다. 또 앵커우먼 바바라 월터스(Barbara Walters)는 "심층 인터뷰를 하고 싶다면 해당 인물에 대해 엄청나게 많이 알아야 한다. 그가 진실을 이야기하고 있지 않거나 전체 이야기를 하지 않고 있다는 것을 알 수 있을 정도로 충분히 알아야 한다"라고 말했다.

조사의 첫 단계는 인터뷰이 신상 파악이다. 출생 연도, 출신지, 직업, 학력, 경력 등을 인터넷 검색이나 인물 정보를 통해 알아봐야 한다. 인적 네트워크도 알면 더욱 좋다. 인터뷰이의 지인이 기자와 아는 사람이라면 지인을 통한 정보 수집이 용이하며 인터뷰 섭외에도 도움을 받을 수 있다.

그다음 단계는 인터뷰 주제와 인터뷰이 직업 등에 따라 달라진다. 인터뷰이가 한미 FTA 협상 당사자라면 협상 내용과 과정, 협상 조항이 한국에 미치는 영향 등을 광범위하게 살펴봐야 한다. 협상 과정에서 당사자의 발언 내용뿐만 아니라 이에 대한 언론의 보도, 협상 전략도 조사 대상이다. 협상 상대방에 대한 정보도 있어야 한다. 인터뷰이가 영화감독이라면 연출한 영화와 영화평, 관객 반응 등을 살펴봐야 한다. 그 감독과 같이 일했던 배우나 스태프의 인물평도 중요한 역할을 하게 될 것이다. 인터뷰이가 사업가라면 회사의 연간 보고서를 읽어야 하고 그 회사의 역사뿐만 아니라 현재 시장이 흘러가는 방향을 파악해야 한다. 인터뷰이가 사건의 핵심 인물이라면 그 역할을 파악해야 하고, 그 역할이 모호하다면 다른 인물과의 관계를 조사해 그 역할을 추정할 수 있어야 한다.

인터뷰이가 여러 차례 인터뷰 경험이 있다면 인터뷰 기사를 읽는 게 좋다. 다른 기자가 어떤 내용으로 인터뷰를 했는지를 살펴보면 무슨 질문을 어떻게 해야 할지 눈에 들어온다. 이전 기사와 같은 내용을 인터뷰한다면 기사 가치가 현저하게 떨어지기 십상이다. 이전 인터뷰 기사가 있다면 자신의 기사가 어떤 부가가치를 지닐 수 있을 것인가를 생각해 주제를 설정하는 게 좋다. 같은 주제라면 독자의 눈길을 끌기 힘들다.

인터뷰이에 대한 사전 조사가 거의 불가능할 때도 있다. 잘 알려지지 않은 인물일수록 그렇다. 예컨대 마라톤 클럽의 평범한 회원을 인터뷰하는데 이 인물에 대한 자료를 찾을 수 없다면 인터뷰이를 소개하거나 선정한 사람을 통해 최대한 많은 정보를 들어야 한다. 인터뷰이를 직접 만나 이야기하면서 신상정보도 얻고 인터뷰의 방향성을 정할 때도 있다. 인터뷰 자체가 조사인 셈이다.

인터뷰이를 조사할 시간적 여유가 없을 때도 많다. 사건 취재 도중 갑자기 인터뷰 대상자를 만나거나 데스크의 갑작스런 지시에 따라 인터뷰이를 정해야 하는 경우도 비일비재하다. 갑자기 잠복 인터뷰를 하거나 대기 인터뷰를 하게 되면 막막해지기 십상이다. 이때는 인터뷰이를 만나러 가면서 기존 지식이나 보도에 의존해 무엇을 물어볼지(주제)를 결정해야 한다. 모바일 시대에는 이런 일이 예전보다 쉬워졌다.

3) 섭외

인터뷰이가 인터뷰에 응하도록 만드는 일이 섭외다. 잠복 인터뷰나 대기 인터뷰, 약식 인터뷰는 당사자의 동의가 없는 인터뷰지만 대부분 인터뷰는 당사자의 동의를 얻어 진행된다. 인터뷰이가 적극적이면 별 어려움이 없지만 인터뷰를 거절하면 난감하다.

우선 인터뷰 주제가 중요하다. 인터뷰이가 흥미를 느끼거나 이야기하고 싶어 하는 주제라면 인터뷰에 응할 가능성이 높아진다. 영화배우에게 스캔들에 대해서 인터뷰하자고 하면 꺼리지만 영화에 대해 이야기하자고 하면 응하기 마련이다.

인터뷰의 정당성을 역설할 수도 있다. 인터뷰가 공공의 이익을 위해 필요하다는 점을 설명하면 인터뷰이의 거절 강도가 누그러지기도 한다. 인터뷰이의 정의감을 부추기거나 언급한 내용을 충실히 전달하겠다는 점을 분명히 하면 성사될 가능성이 높아진다.

지인을 활용하는 방법도 있다. 인터뷰이가 거절하지 못할 만한 인물을 통해 인터뷰에 응해 달라고 부탁하는 것이다. 지인이 매우 협조적이라면 지인과 함께 인터뷰이를 방문해 설득할 수도 있다. 때로 비서진을 우선 설득해야 하는 경우도 있다. 비서가 일정을 짜고 조언을 하는 관계라면 중간 매개 역할을 할 수 있기 때문이다.

인터뷰이에게 부담을 안기는 방법이 효과적일 때도 있다. 인터뷰이의 인터뷰 여부와 상관없이 기사가 게재되기 때문에 반론권 차원에서 인터뷰를 하자고 말하는 방식이다. 기사가 어떻게 나갈지 모른다는 인터뷰이의 불안감을 이용하는 것이다. 때로는 "반론권을 주기 위해 연락했으나 응하지 않았다는 점을 기사에 명확히 하겠다"라고 말하면 인터뷰이가 더욱 부담을 느끼기도 한다.

인터뷰이의 마음을 움직이면 효과가 있다. 인터뷰를 거절하더라도 자주 찾아가거나 장시간 기다리는 등 집요하게 정성을 쏟아 보자. 이런 시도가 여러 차례 이어지면 인터뷰이는 '미안하다' 또는 '기자가 불쌍하다'라고 생각할 수도 있다. 시간이 오래 걸리고 끈기가 필요하지만 일단 마음이 움직인 인터뷰이는 입을 열기 시작하면 많은 것을 털어놓기도 한다.

섭외의 원칙은 없다. 기자가 정성껏 그리고 끈질기게 추진하면 그 결과가 있기 마련이다. 특종성 인터뷰는 많은 기자가 만나고 싶지만 만나 주질 않는 인물을 인터뷰로 이끌어 나온 기사다.

섭외의 금기는 있다. 기자가 신분을 위장하거나 거짓말을 하면 곤란하다. 기자가 검찰 수사관을 사칭하는 방식을 사용해 수사 대상이 된 적도 있다. 법과 사회적 상식을 어기지 않는 한도에서 어떤 방식을 사용하든 그것은 기자의 몫이며 창의성이기도 하다.

4. 인터뷰 질문 짜기

인터뷰에선 질문이 거의 모든 걸 좌우한다. 질문은 인터뷰이를 주제와 목적에 맞게 유도하는 방향타다. 똑같은 내용의 질문도 어떻게 던지느냐에 따라 답변이 달라진다.

질문은 답변 범위에 따라 개방형, 폐쇄형, 양자택일형으로, 순서에 따라 본 질문, 보충 질문으로, 내용에 따라 중립형, 유도형, 압박형으로 나뉜다. 또 질문의 배열에 따라 깔때기형, 역깔때기형으로 나눈다. 실제 인터뷰에선 한 가지 유형의 질문만 하는 경우는 드물다. 여러 유형을 적절하고도 자유롭게 구사해야 좋은 인터뷰가 이뤄진다. 각 유형의 특성을 이해할 필요가 있다.

1) 개방형

답변이 포괄적으로 나올 수 있도록 유도하는 질문이다. 상대방의 견해나 느낌, 과정, 원인 등을 묻는 질문이 많다. 예컨대 "촛불시위의 원인은 무엇이라고 생각하십니까?", "앞으로 국정을 어떻게 이끄시겠습니까?", "이 영화를 본 느낌을 말씀해 주시지요" 등이 개방형에 해당한다.

이런 질문은 인터뷰이에게 자유롭게 이야기할 기회를 준다. 인터뷰어가 예상하지 못했던 답변을 들을 수 있으며, 인터뷰이의 지식 정도 및 감정 상태도 알 수 있다는 장점이 있다. 인터뷰이를 직접 통제하기 힘든 이메일, 팩스, 편지 인터뷰는 주로 개방형 질문으로 이뤄진다. 이 유형은 답변 시간이 길고, 인터뷰이가 지나치게 짧거나 엉뚱한 답변을 하면 대화가 잘 이뤄지지 않는다는 단점이 있다. 자기 표현력이 부족하거나 인터뷰를 꺼리는 사람에겐 비효율적이다.

2) 폐쇄형

답변 내용을 제한하는 질문이다. 명확한 답변을 듣고 싶을 때 주로 사용한다. 무엇이나 누구를 묻는 질문이 대표적이다. 예컨대 "누가 쇠고기 수입 협상을 주도했습니까?", "언제쯤 배우가 되기로 결심했나요?" 등이 폐쇄형이다.

폐쇄형은 인터뷰어가 질문과 답변을 효과적으로 조정할 수 있으며, 질문의 양도 조절하기 쉬운 장점이 있다. 인터뷰이가 개방형 질문을 받고 엉뚱한 답변을 한다면 폐쇄형으로 전환해 인터뷰 목적에서 벗어나지 않도록 해야 한다. 이 유형은 답변에 든 정보가 제한적이어서 그런 답변을 한 이유나 느낌까지 파악하기에는 무리가 있다.

3) 양자택일형

답변의 선택 가능성을 2가지만 남겨 놓은 질문이다. "문재인 정부의 대북 정책을 지지하십니까?", "한국팀이 중국팀을 이길 수 있다고 생각하십니까?" 등이 양자택일형이다. 폐쇄형과 유사한 측면이 있지만 더 제한적이다.

4) 본 질문

새로운 주제를 다루는 질문이다. 예컨대 소설가를 인터뷰하면서 작품 세계에 대해서 묻다가 인생관으로 주제가 넘어가는 첫 질문이 본 질문이라고 할 수 있다. 본 질문은 대개 개방형인 경우가 많지만 폐쇄형으로 이뤄지기도 한다.

5) 보충 질문

본 질문에 대한 답변이 불충분하거나 모호할 경우 이와 연관된 질문을 던져서 인터뷰 목적에 맞도록 유도하는 질문이다. 인터뷰어가 본 질문에 대한 답변을 예상하고 미리 생각해 두면 효율적으로 즉시 사용할 수 있다. 보충 질문은 답변 내용을 확인하거나 내용을 풍부하게 해 준다.

"그렇습니까?", "그래서 어떻게 되었는데요?"(중립형), "그게 무슨 뜻이죠?", "정말 그런가요?"(강조형), "그래서 그 사람을 싫어하시는군요?"(맞장구형), "그럴 리가 있나요?"(부정형), "결국 그 사람의 판단이 맞았다는 말이죠?"(확인형) 등 여러 가지 보충 질문이 있을 수 있다.

보충 질문은 한 가지를 집중적으로 파고들 때 매우 유용하다. 구체적인 사례를 들어 설명해 달라고 요구할 수도 있고, 꼬리에 꼬리를 물면서 답변의 정확한 의미를 확인할 때 사용한다. 답변 내용이 만족스럽지 않으면 같은 내용의 질문을 말을 바꿔 가며 여러 차례 던져야 한다.

2002년 4월 1일 자 〈타임〉의 스티븐 킹(Stephen King)에 대한 인터뷰의 문답 내용을 살펴보자. 작가 킹은 은퇴를 선언한 직후였다.

> 기자: 정말 은퇴할 거냐?
>
> 킹: 글쓰기를 그만둔다는 뜻이 아니고 출판을 그만두겠다는 뜻이다.
>
> 기자: 글을 쓰면서 출판을 하지 않겠다는 말인가?
>
> 킹: 만약 출판할 가치가 있다면 그때 출판할 것이다.
>
> 기자: 현재에도 왕성하게 집필 활동을 하고 계시지 않느냐.

기자는 은퇴의 정확한 의미를 파악하기 위해서 비슷한 내용의 질문을 몇 차례나 던지고 있다. 거듭되는 보충 질문은 인터뷰이를 거북하게 만들기도 한다. 인터뷰이가 적극적일 때 보충 질문은 더욱 효과를 발휘한다.

6) 중립적 질문

인터뷰이가 자신의 뜻에 따라 말할 수 있도록 던지는 단순한 질문이다.

7) 유도형 질문

인터뷰이를 특정 방향으로 이끌기 위해 답변 방향을 암시하는 내용이 들어 있는 게 일반적이다. "~에 대해 어떻게 생각하십니까?"라는 질문은 중립적이지만 "~라고 생각하지 않으십니까?"라는 질문은 유도형이다. 전제 조건을 달아 물으면 인터뷰이의 답변이 영향을 받을 가능성이 높아진다. 예컨대 "한국

대표팀은 오랜 기간 담금질해 왔습니다. 이번 올림픽에서 좋은 결과가 있을 것으로 보십니까?"라는 질문에 대부분이 "초라한 성적을 거둘 것이다"라고 답하기보다 "노력에 대한 보상이 있을 것이다"라고 말할 것이다. 권위 있는 연구나 기관을 앞세워 묻는 질문도 유도형이다. "최근 조사에 따르면 청소년 흡연율이 높아지고 있습니다. 청소년의 건강 수준에 대해 어떻게 생각하십니까?"라고 묻는다면 건강 상태가 좋아지고 있다고 답변하는 사람은 거의 없을 것이다.

8) 압박형 질문

인터뷰이의 감정을 건드려 반응을 유도하는 질문이다. "그런 말을 믿을 사람이 있을까요?", "지금까지 그런 정책에 대한 반응은 부정적이지 않았던가요?"라고 말한다면 인터뷰이가 압박을 받을 수도 있다. 인터뷰이를 불쾌하게 만드는 기법이다.

9) 깔때기형 질문(Funnel Question)

포괄적 질문에서 시작해 특정 사안으로 좁혀 나가는 질문 순서 배열 방식이다. 인터뷰이에게 말을 많이 할 수 있는 여지를 주기 때문에 기자의 편견이 개입될 소지가 줄어들며, 인터뷰이가 잘 아는 사안부터 시작하기 때문에 심리적으로 편안함을 준다. 인터뷰이가 의사소통이 자유스럽고 자기표현에 능란하면 깔때기형이 효율적이다.

예컨대 많은 분야에서 활동하면서 주 활동 분야의 결과물이 적은 사람에게 그 이유를 묻고 싶다면 "당신의 활동 분야는 무엇인가?"→"그 가운데서 가장 많은 정열을 쏟는 분야가 있는가?"→"왜 그 분야를 좋아하는가?"→"정작 그 분야의 작품은 많지 않은 것 같다"→"특별한 이유가 있는가?" 등의 순으로 점차 초점을 좁혀 가는 방식이 깔때기형이다.

10) 역깔때기형 질문(Inverted-funnel Question)

깔때기형과 반대로 구체적 사안에서 시작해 포괄적 그림을 그려 나가는 방식이다. 첫 질문은 단순하며 구체적이고 직선적이다. 인터뷰이가 별 생각 없이 대답하게 만들어 인터뷰 목적을 달성하는 방식이다. 자기표현이 서툴거나 앞뒤가 안 맞는 말을 자주 하는 사람이나 어휘력이 부족한 어린이에게 주로 이용한다.

예컨대 인터뷰이가 특정 인물과 만나서 나눈 이야기에 대해 묻는다면 "○○○를 만났습니까?"→"언제 어디서 만나게 됐죠?"→"누가 먼저 만나자고 했습니까?"→"어떤 이야기를 나눴습니까?"→"그렇다면 ○○○가 이 사건의 전부를 알고 있네요?" 등으로 전개해 큰 줄기를 엮어 가는 식이다.

인터뷰 전에 조사하고 질문을 짜더라도 실제 인터뷰에선 무용지물이 되는 경우도 있다. 인터뷰가 항상 협조적인 인터뷰이만을 대상으로 진행되지 않기 때문이다. 기자는 임기응변식으로 인터뷰 질문과 방식을 바꿔야 한다. 깔때기형 인터뷰를 하다가도 어떤 대목에 이르러선 역깔때기형 인터뷰로 전환하고 개방형 질문을 던지다가도 폐쇄형 질문으로 옮겨 가야 한다. 절대적으로 좋은 질문과 나쁜 질문은 있을 수 없다. 인터뷰이가 인터뷰 방향성에서 벗어나지 않도록 하는 질문이 좋은 질문이며, 인터뷰이가 입을 닫도록 하는 질문이 나쁜 질문이다. 일시적 침묵이 더 나은 상호작용을 위한 발판이 되기도 하는 등 인터뷰 과정은 혼돈의 연속이기도 하다.

　질문을 짤 때는 주어진 시간보다 충분한 분량을 작성해야 한다. 인터뷰이가 10분간 인터뷰할 시간이 있다고 해서 10분 분량의 질문만 준비했다간 낭패를 보기도 한다. 인터뷰가 좋은 분위기 속에서 진행되어 인터뷰이가 더 많은 시간을 준다면 질문이 부족해질 수 있다. 또 충분한 질문을 준비해야 인터뷰이의 반응에 따라 다양한 대응이 가능하다. 초반부 질문이 별 소용이 없다고 느끼면 바로 후반부 질문 가운데 적절한 것을 골라서 질문을 해야 한다. 인터뷰가 상호작용이란 점을 생각하면 어떻게 진행될지 예측하기란 힘들기 때문이다.

5. 인터뷰 기법

1) 시간과 장소

인터뷰를 하기 위해선 인터뷰이가 심리적으로 편안한 장소와 시간을 골라야 한다. 사무실, 집, 커피숍, 술집 등 장소에는 제한이 없다. 자동차나 비행기를 타고 가면서 인터뷰하기도 한다. 어떤 곳이든 대화에 방해를 받지 않는 장소가 좋다. 인터뷰 중간 사람이 들락거리거나 전화가 와서 대화가 끊긴다든지 소음이나 주변 환경에 신경을 쓰게 된다면 좋은 인터뷰가 이뤄지기 힘들다. 대개 인터뷰이가 장소를 정하지만 인터뷰어가 적절한 장소를 제시하기도 한다. 개인 사무실 등 공식적인 장소도 좋지만 잔디밭이나 공원 벤치 등 사적인 장소도 은밀한 이야기를 주고받을 수 있어 좋다.

인터뷰 시간도 인터뷰이가 정하는 게 일반적이지만 가급적 아침이나 회의 직전 등은 피하는 게 좋다. 인터뷰이가 바쁜 시간이나 긴장된 오전에는 느긋하게 충분한 이야기를 주고받을 수 없기 때문이다. 점심 식사 이후나 오후 한가한 때를 골라야 한다. 인터뷰이가 급한 업무를 마무리한 뒤거나 긴장이 풀어지는 오후가 좋다. 같은 이유에서 주초보다는 주중이 낫다.

2) 신뢰감 구축

인터뷰를 시작하면 상호 신뢰감(rapport)을 구축하는 게 일반적이다. 인터뷰이가 충실하게 대화를 나누겠다는 마음가짐을 갖게 하는 것이다. 인터뷰이가 기자를 보는 순간, 또는 말 몇 마디를 나누면서 기자가 자신의 이야기를 진지하게 들어주고 자신의 이야기를 이해할 만한 수준이라는 생각을 갖게 해야 한다.

좋은 첫 인상을 주려면 옷차림이나 생김새도 중요하다. 소외 계층을 만나러 가면서 명품으로 치장을 하면 위화감을 줄 우려가 있다. 상류층을 만나면서 머리가 헝클어져 있다든지 하면 불쾌한 느낌을 줄 우려가 있다. 이 때문에 인터뷰가 예정된 날은 상황에 맞는 차림을 해야 한다. 일반적으로 기자는 담당 업무가 바뀌면 옷차림도 바뀐다. 언제든지 취재원과 어울릴 수 있는 차림을 하는 게 취재 활동에 도움을 주기 때문이다.

인터뷰이와 첫 인사를 나누면 공감대를 형성하는 이야기부터 시작하는 게 일반적이다. 날씨, 운동, 취미, 현안 등 인터뷰이의 관심을 끌 말로 관심사를 공유하고 있다는 느낌을 주면 좋다. 고향, 학교, 등 지연과 학연을 연결 지어 이야기를 나누는 경우도 있고, 인터뷰이와 인터뷰어가 모두 아는 사람을 화제로 삼기도 한다. 효과적인 수인사를 위해서 인터뷰이의 관심사를 조사 단계에서 파악하면 좋다.

3) 예의

인터뷰이는 정중한 인터뷰어에게 호감을 보인다. 기자는 나이가 많거나 사회적 지위가 높은 사람을 만날 기회가 많다. 이들은 자신의 조직 안팎에서 존중받기 때문에 기자가 상례에 어긋나는 행동을 하면 불쾌감을 느끼기도 한다. 인터뷰이가 대화 속에서 자신이 존중받는다는 느낌이 들도록 이야기를 이어 나가야 한다. 가급적 존칭을 사용하는 게 좋다. 나이가 어린 인터뷰이도 존중받지 못하면 인터뷰에 흥미를 느끼지 못한다.

예의를 갖추더라도 인터뷰이와 인터뷰어는 인터뷰 중에 대등한 관계를 유지해야 한다. 인터뷰어는 질문하는 사람이며 인터뷰를 이끌고 가는 주도자여야 한다. 인터뷰이를 존중한 나머지 어렵거나 까다로운 질문을 던지기 불편한 분위기를 만들지 말아야 한다. 존중은 인터뷰를 잘 이끌기 위한 수단이지 목적은 아니다.

4) 짧은 질문 vs. 긴 질문

인터뷰어가 말을 많이 해야 하느냐 말을 되도록 아껴야 하느냐에 대해선 논란이 있다. 인터뷰란 인터뷰이의 말을 듣기 위한 취재 방식이다. 인터뷰이가 말을 많이 하려면 인터뷰어는 가급적 말을 적게 하고 질문도 짧게 해야 한다는 게 일반론이지만 인터뷰어가 적극적으로 말을 해서 인터뷰이의 협조와 반응을 이끌어 내야 한다는 주장도 있다.

프랑스의 언론인이자 외교관인 헨리 블로위츠(Henri Blowitz)는 인터뷰어와 인터뷰이의 '나눔'을 강조하면서 인터뷰어도 많은 이야기를 해야 한다고 주장했다. 그의 전기 작가는 "말이 많은 인터뷰어가 항상 바람직한 것만은 아니다. 시간에 쫓기며 분주하게 살아가는 인터뷰이는 수다스런 인터뷰어와 대화를 나누기를 꺼릴 것이기 때문이다"라고 평가했다. 하지만 이 작가는 "성공적 인터뷰 기술의 열쇠는 인터뷰어가 먼저 많은 이야기를 하는 데 있다"라고 말하기도 했다.

이는 침묵형 인터뷰이에게 특히 필요한 기법이다. 말문을 잘 열지 않는 사람을 이런저런 이야기로 대화 속으로 끌어들이는 것이다. 토론형 인터뷰도 인터뷰어가 많은 말을 하는 유형이다. 인터뷰이와 토론식으로 대화를 나누면 많은 말을 하게 된다. 어떤 경우라도 인터뷰어가 인터뷰이보다 더 많은 말을 하는 주객이 전도된 상황을 만들어선 곤란하다.

〈더 새터데이 이브닝 포스트〉의 피트 마틴(Pete Martin)은 이야기를 이끌어 내기 위해 침묵을 지키는 방법을 즐겨 사용했다. 침묵은 공격적인 인터뷰 기법이다. 인터뷰어가 질문을 던지고 난 다음에 가만히 앉아서 인터뷰이가 초조해지기를 기다린다. 장황한 얘기로 덫을 펼치지 않고 인터뷰이가 점점 신경이 예민해지고 불안해져서 모든 얘기를 술술 풀어놓게 될 때를 노리는 것이다. 실제 적절한 침묵은 사람들을 안달하게 한다. 질문을 짧게 던지고 가만히 앉아서 인터뷰이가 반응하길 기다리면서

"그래서요" 또는 "그게 어떻게 됐다는 거죠" 등 말의 물꼬를 트는 이야기만 하면 된다.

일반적으론 긴 질문과 침묵 사이에서 균형을 취해야 한다. 긴 질문과 침묵을 효율적으로 한꺼번에 활용하기는 쉽지 않다. 질문이 길면 인터뷰이가 그 뜻을 묻기도 한다. 여러 가지 정보를 한꺼번에 요구하면 인터뷰이가 답변하기 힘들다. 긴 질문도 짧은 질문도 할 수 있지만 의미는 명확해야 한다. 인터뷰이가 "다시 한 번 말해 주시겠습니까?"라는 말을 되풀이하면 흐름이 끊기면서 깊은 이야기를 나누기 어려워진다. 더 나아가 인터뷰이가 인터뷰어의 지적 능력을 의심하면 인터뷰는 실패한다.

질문은 대답하기 쉽게 정확해야 한다. 일반적으로 짧을수록 좋으며 세 줄 이상은 넘어가지 않는 게 좋다. 예컨대 "지난해 경영개선 계획을 세우고 실천했습니다. 작년과 재작년의 경영 실적은 계속 내리막길이었습니다. 올해는 다행히 환율과 원자재 가격 등 외부 환경이 좋아지고 있고 내수도 살아나는 것 같습니다. 올해 경영 실적에 대한 전망은 어떻습니까?"라고 묻기보다는 "올해 경영 실적을 전망해 주시죠"라고 짧게 묻는 게 효율적이다. 독자는 인터뷰어의 말을 듣기 위해 기사를 읽는 게 아니라 인터뷰이의 말에 관심을 가지고 기사를 읽는다.

5) 가벼운 질문에서 무거운 질문으로

인터뷰이가 대답하기 쉬운 가벼운 질문에서 인터뷰 목적을 실현할 무거운 질문으로 넘어가는 게 낫다. 초장부터 어렵거나 까다로운 질문을 던지면 인터뷰이는 경계심을 갖기도 한다. 난처한 질문이 처음부터 이어지면 인터뷰이가 '날 골탕 먹이려는 게 아닌가'라는 생각에 인터뷰를 거부하는 경우도 있다. 이런 상황을 방지하려면 핵심 질문이나 난처한 질문을 인터뷰 말미나 적합한 상황이 조성됐을 때 던지는 게 좋다. 인터뷰의 진행도 이런 분위기를 조성해 가는 데 중점을 두고 해야 한다.

6) 까다로운 질문

인터뷰어는 까다로운 질문을 던질 자세가 되어 있어야 한다. 인터뷰어는 인터뷰이가 꺼릴 것이 분명한 질문, 민감한 질문, 제대로 대답하기 힘든 질문을 던져야 한다. 이런 질문은 인터뷰 기사에 흥미를 준다. 다른 기자들도 다 하는 수준의 질문은 차별성이 없는 기사로 이어진다.

   까다로운 질문을 잘 던지기로 유명한 오리아나 팔라치(Oriana Fallaci)는 "인터뷰의 규칙이 있다면 도덕률이 있을 뿐이다. 인터뷰도 일종의 매우 창조적 행위인 만큼 규칙 같은 것이 있을 수 없다. 용기를 내서 가장 어려운 질문을 가장 먼저 꺼내 놓는 것이 그런 도덕률의 하나라고 볼 수 있다. 저널리스트들이 겁쟁이 같은 모습을 보일 때가 매우 흔하기 때문이다. 이들은 겁쟁이다 보니 첫 질문부터 너절한 것을 내놓는다. 가령 '어머니를 사랑하시나요?', '어머니가 당신을 사랑하시나요?', '여름과 겨울 중 어느 쪽을 좋아하십니까?'라는 식이다. 그러다가 자리에서 일어나 문가로 가서 튈 준비를 갖추고 '어젯밤에 그 돈을 훔쳤나요?' 또는 '맞아요? 틀려요?'라고 난처한 질문을 던진다"라고 말했다.

팔라치는 이란의 호메이니를 인터뷰하면서 차도르를 항상 착용하라는 경호원의 말을 무시하고 차도르를 벗어 던졌다. 호메이니는 그 자리에서 일어나 나가 버렸고 경호원은 그녀를 내쫓으려 했으나 팔라치는 단호히 거부했다. 다음 날 호메이니를 만나자 차도르를 다시 벗었다. 호메이니는 그녀를 뚫어질 듯이 바라보더니 인터뷰에 응하기 시작했다.

팔라치는 가벼운 질문에서 무거운 질문으로 옮겨 가기보다 처음부터 공격적인 질문을 퍼부어 대는 인터뷰어로 널리 알려져 있다. 팔라치만한 명성이 없는 인터뷰어가 국가 원수급 인사에게 모욕을 주는 행동을 하면 그 결과는 비극적이다. 처음부터 까다로운 질문을 던지다 인터뷰 전체를 망치느니 주변 이야기부터 천천히 시작해서 목적을 어느 정도나마 이루는 게 낫다. 처음부터 공격적인 인터뷰로 성공할 수 있으며 인터뷰이가 어떤 경우든 인터뷰를 중단하지 않을 것이라는 확신이 있다면 공격적인 인터뷰를 시도해 보자.

까다로운 질문을 인터뷰이가 인터뷰가 끝난 줄 알고 긴장을 푼 사이에 던지는 방법도 있다. 많은 인터뷰 전문가들이 이런 방식을 즐긴다. 인터뷰 도중에 나왔던 화제를 되풀이하거나 전혀 새로운 화제를 자신을 배웅하는 인터뷰이에게 평범한 어조로 던지는 것이다. 일종의 덫이라고도 볼 수 있다.

7) 주제 벗어나기

인터뷰 기사가 한 주제에 대한 인터뷰이의 말로만 가득하면 다소 지루하다. 인터뷰이의 인간적 면모나 개인적 견해 등을 알고 싶은 독자도 있다. 원래 설정한 큰 주제에서 다소 벗어난 질문도 던져야 한다. 특히 연성 주제를 다루는 인터뷰에선 이런 질문은 중요하다.

일화는 연성 주제를 다루는 인터뷰에서 생명수와 같은 역할을 한다. 매우 구체적인 경험이나 사건은 기사에 활력을 부여한다. 인터뷰이에게 "직장 생활에서 최고(최악)의 순간은 언제죠?" 또는 "아이가 속을 썩인 적은 없습니까?"라고 물어보자. 이런 질문을 미리 준비하는 게 좋다.

8) 듣기와 적기

인터뷰 기사의 정확성은 인터뷰이의 말을 얼마나 정확히 듣고 그대로 재현해 내느냐에 있다. 기사가 나간 뒤 "내가 언제 그런 이야기를 했느냐"고 항의하거나 "뜻이 제대로 전달되지 못했다"라고 말하는 인터뷰이가 종종 있다. 이런 사태를 방지하려면 인터뷰이의 말을 정확히 기록해 두는 게 좋다.

인터뷰이의 모든 말을 받아 적으려면 대화가 종종 끊기므로 키워드 중심으로 기록하는 게 좋다. 자신의 말을 모두 받아 적는 기자를 보면 긴장해서 말을 아끼는 인터뷰이도 있다. 몇 마디 단어로 대화 내용을 복원해 내는 기억력 훈련을 하는 게 좋다. 작가인 트루먼 카포트(Truman Capote)는 인터뷰 도중에 상대방이 긴장하는 걸 보고, 친구와 대화 내용을 녹음해 복원해 내는 훈련을 한 뒤에 기억에만 의존해 인터뷰를 한 특이한 경우다. 카포트의 복원능력은 대화의 97%에 이르렀다고 한다.

순전히 기억력에 의존해 인터뷰를 해야 하는 경우가 있다. 잠복 인터뷰는 대화를 나누면서 필기를 하는 게 거의 불가능하다. 인터뷰를 마친 뒤 수첩을 덮고 몇 마디 나누는 대화도 적기 힘들다. 이 때문에 카포트 수준은 아니더라도 기자는 기억력에만 의존해 인터뷰를 할 수도 있게 노력해야 한다.

필기는 대화 내용에만 국한되지 않는다. 인터뷰 도중 인터뷰이의 표정과 어조, 주위 환경 등을 간단히 기록해야 한다. 인터뷰이의 말 가운데 의문이 드는 대목이나 인터뷰이의 독특한 표현도 반드시 적어야 한다. 인터뷰이의 독특한 표현이나 표정 등을 기사에 잘 버무리면 현장감이 생생한 인터뷰 기사를 만들 수 있다.

인터뷰이가 녹음하길 원하거나 녹음을 허용하면 정확한 표현을 기억해 내야 하는 부담에서 벗어날 수 있다. 이때도 키워드를 적어야 한다. 수첩에 적힌 키워드는 녹음을 재생할 때 큰 도움이 된다. 인터뷰어가 현장에서 받은 느낌과 녹음을 재생할 때의 느낌은 다르다. 인터뷰 당시의 느낌을 생생하게 기억하려면 기록이 필수다. 또 녹음은 목소리에 국한된 것이어서 표정이나 어조, 주변 상황을 담지 못한다. 이런 사항도 빠짐없이 기록해야 녹음의 한계를 벗어날 수 있다. 생성형 AI의 등장으로 인터뷰 녹음을 텍스트로 쉽게 변환하고 요지도 쉽게 얻을 수 있는 시대가 됐다. 인터뷰이가 녹음을 거부하면 이런 문명의 이기는 무용지물이 된다. 인터뷰의 분위기나 표정 등 AI가 해결할 수 없는 분야도 많다.

9) 수첩 점검 및 추가 인터뷰

인터뷰를 끝마칠 때가 다가오면 수첩에 적힌 내용을 반드시 확인해서 당초 계획했던 대로 인터뷰가 이뤄졌는지를 점검해야 한다. 혹시 빠진 내용이 있으면 질문을 하고 인터뷰이의 말 가운데 이해하지 못한 대목이 있으면 내용을 다시 확인하는 게 좋다. 일반적으로 인터뷰 기회는 단 한 번이다. 인터뷰가 끝난 뒤 전화나 이메일 등으로 빠뜨린 사항을 알아볼 기회가 없

는 경우가 많다. 또 그럴 기회가 주어지더라도 인터뷰이가 짜
증스런 반응을 보이면 좋은 대답을 기대하기 힘들다. 수첩에
반드시 빠뜨리지 말아야 할 항목을 적어 두면 점검하기 편하
다. 혹시 필요할지도 모를 추가 인터뷰를 위해서 인터뷰이의
연락처를 알아 두고 "확인할 사항이 있으면 다시 연락하겠습
니다"라고 말해 '안전망'을 쳐 두면 좋다.

10) 마지막 기회

인터뷰를 마치고 수첩을 덮고 나면 인터뷰이는 긴장을 푼다.
인터뷰이가 문이나 엘리베이터까지 배웅하거나 차 한잔을 마
시면서 잡담을 나누는 걸 허용한다면 인터뷰어에겐 좋은 기회
다. 이때 몇 마디가 인터뷰의 가장 중요한 장면을 차지할 수도
있다. 인터뷰 도중에는 대답할 것 같지 않은 질문을 이럴 때 던
지면 의외로 쉽게 반응하기도 한다. 인터뷰어가 긴장을 풀고
심드렁하게 질문하는 연습을 해 두면 좋다.

6. 인터뷰 기사 쓰기

인터뷰 기사는 크게 4가지 유형이 있다. 일문일답형, 설명형, 혼합형, 인터뷰 거절기 등이다. 일문일답형은 인터뷰이와 인터뷰어의 대화를 옮기는 형식으로 일명 'Q&A 스타일'로 불리기도 한다. 설명형은 인터뷰이의 말을 옮기지만 인터뷰어의 질문은 드러내지 않는 형식이다. 혼합형은 때론 일문일답으로 기사를 전개하다가 설명형으로 옮겨 가다 다시 일문일답형으로 바꾸기도 하면서 2가지 형식을 한꺼번에 사용한다. 인터뷰 거절기는 인터뷰어의 주목적을 이루지는 못했으나 어떻게 거절당했는가를 기사로 옮기는 형식이다. 각 형식의 특성을 살펴보자.

1) 일문일답형

초기 인터뷰 기사에서 비롯된 형식으로 인터뷰어의 주관적 표현이 거의 개입되지 않은 채로 질문과 응답만을 객관적으로 기술하는 방식이다. Q&A 방식은 손쉽게 구성할 수 있으며 인터뷰이의 말을 그대로 정리할 수 있다는 장점이 있다. 한국 신문의 인터뷰 기사는 일문일답형이 압도적으로 많다. 한 인물의 이모저모를 보여 주는 인물탐구형 인터뷰에도 이 형식이 많이 쓰인다. 이 형식은 단조로우며 다소 경직됐다는 비판을 받기도 한다.

일문일답형은 특성상 뉴스의 초점이 되는 인물이나 주요한 사안을 설명하는 사람의 인터뷰 기사에 적합하다. 예컨대 대통령이나 사회적 이슈가 된 사건 당사자의 말을 전달하는 데는 일문일답형이 적합하다. 대형 사건을 보도할 때 사실을 전달하는 스트레이트와 사건의 내막이나 상세한 내용을 전하는 기사를 싣고 이 사건의 핵심 당사자의 이야기를 그대로 전달하기도 한다. 이때는 주로 일문일답형이 쓰인다. 일문일답형은 시사성 있는 사건과 관련이 있을 때는 뉴스 전달이 주목적이어서 팩트 전달을 목적으로 하는 스트레이트의 성격을 띠기도 한다.

일문일답형 기사에서 인터뷰어는 자신의 개인적인 판단이나 시각을 내세울 필요가 없다. 인터뷰이로부터 (뉴스) 가치가 있는 이야기를 많이 끌어내기 위해 노력해야 한다. 설명형 인터뷰에선 인터뷰 장소의 모습이나 인터뷰이의 패션, 반응 등 분위기에도 관심을 기울여야 하지만 일문일답형 인터뷰에서는 인터뷰이의 이야기를 주의 깊게 전달하는 데 주력해야 한다. 기사 속의 말과 표현은 인터뷰이의 것이다.

〈조선일보〉는 24년 5월 21일 자에 정부의 의대 정원 증원 정책에 반대해 사직서를 내고 3개월째 복귀하지 않은 전공의에 대한 인터뷰를 실었다.

① 전공의들이 정부의 의대 증원 정책에 반대해 사직서를 내고 병원을 이탈한 지 3개월이 지났지만, 복귀할 기미가 보이지 않고 있다. '수련 공백'이 3개월이 넘으면 내년 초 전문의 시험을 보는 것이 불가능해 전문의 자격 취득 시기가 1년 늦춰진다. 전국 전공의 1만여 명 가운데 1,630명이 지난 2월 19일 병원을 떠났고, 20일에 6,183명이 이탈했다. 지난 2월 25일 기준 이탈자는 9,006명이었다.

② 20일에 이탈한 전공의는 이번 달 21일이 복귀 시한이지만, 이렇다 할 복귀 움직임은 없어 보인다. 보건복지부 집계 결과 지난 20일 전공의 출근자는 사흘 전보다 31명 증가한 659명이었다. 이는 전체 전공의 1만 3,000여명의 5.1% 수준이다. 이탈 전공의 대부분이 전문의 자격 취득 시점 연기를 감수하고서라도 돌아오지 않는 것이다. 이들은 왜 돌아오지 않고 버티는 걸까.

③ 서울대병원 전공의 A 씨에게 복귀하지 않는 이유, 복귀 조건 등을 물었다. A 씨는 "좀 더 쉬고 싶다"고 말했고, "공부는 무섭지 않다"고 말했다. 그는 정부가 언젠가는 사직서를 수리할 것이고, 그 이후에 의사 면허로 할 수 있는 일을 찾을 수 있다는 기대를 하고 있었다. 그는 정부가 전공의들을 도구로 취급한 것에 대해서 진심으로 사과해 주길 바란다고 말했다. 다음은 일문일답.

④ 전공의들이 돌아오지 않는 가장 큰 이유가 뭔가.
"친구들 얘기를 들어보면 '지쳤다', '좀 더 쉬고 싶다'는 의견이 많다. 요즘 세대는 삼성전자에 입사해도 사표를 던지고 나온다."

⑤ 3개월을 쉬었는데, 더 쉬고 싶다는 게 잘 이해되지 않는다.
"아직도 피곤하고 힘들다. 그만큼 전공의 수련 과정이 힘들다는 것을 사람들이 알아줬으면 좋겠다. 전공의 업무가 힘들어도 공익과

대의가 있어서 참았는데, 이제는 대학병원에 남아 있을 이유가 사라졌다고 판단했다."

⑥ 대학병원에 있을 이유가 사라졌다는 건 무슨 의미인가.
"전공의들이 분노한 것은 정부 정책도 있지만, 다른 한쪽으로 사회적 신뢰가 무너진 것이 크다고 생각한다. (2년 전 대학병원에 지원할 때만 해도) 환자들이 의사에게 고마워하고, 힘든 일 한다고 격려하던 사회적 분위기가 있었다. 그런데 요즘에는 (대중들이) 의사를 욕한다. 내가 치료할 환자들이 나를 손가락질한다고 생각하니 상처를 받는다."

⑦ 그동안 공부하고, 수련한 기간은 아깝지 않나.
"전공의들은 머리도 좋고, 계산도 빠르다. 매몰 비용(그동안 공부한 노력)을 감안해도, 대학병원에서 탈출하는 게 낫다고 판단한 것이다. 이성적으로만 따지면 애초에 전공의를 안했을 것이다."

⑧ 정부는 전공의들에게 용기를 내서 돌아오라고 한다. (후략)

위 기사는 ①, ② 문단에서 의대 정원 증원과 관련해 전공의의 현 상황을 설명하면서 전공의가 복귀하지 않는 이유가 궁금하다고 했다. 인터뷰하는 이유를 설명한 셈이다. ③은 전체 인터뷰의 요약이다. 인터뷰 기사치곤 다소 독특하다. 본 질문인 ④ 이후는 일문일답형으로 전개된 인터뷰다. ⑤, ⑥은 ④에서 파생된 보충 질문이다. 인터뷰어가 인터뷰이의 말 가운데 잘 이해되지 않은 부분을 재차 물었다. ⑦부터는 다시 본 질문이 시작된다.

다른 사례를 더 보자. 〈한국일보〉는 2008년 8월 13일 자에 차동민 법무부 검찰국장과의 일문일답 인터뷰를 실었다. 이 신문은 광복절 특별 사면·복권에 대한 스트레이트와 해설 기사를 실은 뒤 실무 책임자인 차 국장의 인터뷰를 실었다. 이 경우 일문일답 인터뷰는 스트레이트와 해설로 다루기에 적합하지 않은 내용을 전달하거나 당사자의 설명을 독자에게 그대로 전달하는 게 필요하다는 판단에서 실렸다고 봐야 한다. 그 일부를 살펴보자.

김승연 회장은 어떻게 분류했나. 경제인인가 형사범인가?
"사안은 폭력이지만 경제인으로 분류했다."

경제인 사면은 화이트칼라 범죄 엄정 처벌 기조와 배치되는 것 아닌가?
"경제 살리기를 위한 사면은 법치주의와 어긋난다고 생각할 수도 있다. 그러나 사면으로 경제 살리기에 주력하겠다는 의미다."

권노갑 전 의원은 왜 빠졌나?
"특정 개인에 대한 판단에 관해 언급하는 것은 부적절하다."

일문일답형은 이처럼 하나의 질문에 하나의 답이 있는 방식이다. 이 기사의 다른 질문은 "정몽구 현대·기아차 회장 사면은 사회봉사명령이 끝나지 않아 부적절하다는 비판이 있다", "배임과 횡령은 기업에 치명적 위협인데 그들에게 경영권을 다시 주는 건 오히려 기업에 해가 되지 않나", "사면 대상 중에 추

징금 등을 미납한 사람도 있는데" 등이다. 이 기사는 모두 6개의 질문에 대한 답으로 이뤄졌다.

일문일답형 인터뷰 기사는 질문의 취사선택이 중요하다. 여러 가지 질문 중 어떤 것을 고르느냐가 관건이다. 공동 인터뷰라면 전체 기자의 질문에서 독자가 관심을 가질 만한 것을 골라야 한다. 일반적으로 여러 기자가 관심을 보이는 질문, 인터뷰이가 까다롭게 여기는 질문, 인터뷰이의 허점을 짚는 질문, 답변이 이상한 질문, 답변에 독특한 표현이 나오는 질문 등을 중심으로 구성하면 무리가 없다.

일문일답형 기사도 일반 기사와 마찬가지로 리드에 해당하는 대목이 있다. 〈조선일보〉의 전공의 인터뷰 기사에서 인터뷰하는 이유와 목적 등을 짐작할 수 있게 하는 내용이 그런 대목이다. 문단 ②의 '이들은 왜 돌아오지 않고 버티는 걸까'라는 마지막 문장이 인터뷰의 목적을 드러낸다. 이에 앞서 문단 ①은 전공의의 미복귀와 전문의 자격 조건을 설명하면서 인터뷰에 나선 배경(이유)을 설명한다. 가장 중요하다고 여겨지는 인터뷰이의 말이나 일화나 묘사, 설명 등으로 기사를 시작하는 경우도 있다. 어떤 방식이든지 독자를 본문으로 유인하는 역할을 한다.

〈한국일보〉차동민 검찰국장 인터뷰 기사는 [법무부는 12일 8·15 특별 사면·복권을 발표하면서 "각계각층에 고루 혜택이 돌아가도록 했으며, 이번 조치가 사회 통합과 화합에 기여할 것"이라고 자평했다. 특히 "투자 활성화와 일자리 창출을 위해 최근 형이 확정된 대기업 총수들까지 포함시켰다"고 말해 이번 사면·복권이 '경제 살리기'를 위한 것임을 강조했다. 다음은 차동민 법무부 검찰국장과의 일문일답.]이란 문단으로 시작한다. 특별 사면·복권의 특징을 법무부의 발표로 설명하면서 실무 책임자의 말을 들어 보자는 설명이다. '일문일답'이란 단어로 인터뷰가 문답으로 전개된다는 점을 알렸다.

2) 설명형

일문일답형과 달리 인터뷰어가 인터뷰이를 말을 인용하면서 설명하는 방식이다. 인터뷰이가 말한 내용을 전달하는 데 집중하기 때문에 인터뷰어가 무슨 질문을 했는지 명확히 드러나지 않기도 한다.

설명형은 인용의 직·간접성, 소설적 요소의 가미 등으로 인해 다양한 양상을 보인다. 상황 설명에는 대상자의 인적 사항, 표정, 어투, 주변 분위기, 문제 핵심의 강조, 기자 의견 등이 포함되면서 해석적 경향이 있다. 인터뷰어의 주관적 시각이 개입하기 때문에 같은 인물을 같은 시기에 인터뷰했더라도 기자에 따라 기사의 메시지는 천차만별이 될 수 있다. 인터뷰이의 말 전달을 주목적으로 하는 일문일답형에 비해 기자의 해석 역량이나 글재주의 차이가 두드러지는 형식이다.

설명형은 주로 인물탐구 등 주로 연성 인터뷰에 쓰이며 일문일답형과 달리 단조롭지 않다. 기사 길이도 긴 편이다. 어떤 경우 신문 1, 2개 면에 걸쳐 한 인물의 이야기를 담기도 한다.

〈동아일보〉에 말기 암 환자들을 만나 대화를 나누는 사회복지사에 대한 인터뷰가 실렸다. 이 설명형 인터뷰에선 인터뷰이가 무슨 질문을 했는지 드러나지 않는다.

①"여기 제 이름 보이시죠? 병원 와서 그동안 많이 참으신 거 알아요. 저한테는 눈치 보거나 참지 말고 편하게 말씀하세요. 저랑 얘기하다 신경질 나거나 피곤하면 손만 들어주시고요."

② 사회복지사 고주미 씨는 서울대병원 완화의료·임상윤리센터에서 일하며 말기 암 환자들과 만날 때면 이런 인사를 건넨다. 임종이 얼마 남지 않은 호스피스 등록 환자들과 대화를 나누고 이를 편지로 정리해 가족들에게 전하는 게 주미 씨의 일이다. '내 마음의 인터뷰'라는 프로그램을 2013년부터 시작해 11년간 257명의 말기 환자를 만났다.

③"저는 '환자분'이란 호칭 대신 '○○님'이라고 이름을 불러요. 환자라는 정체성 말고, 당신이 어떤 사람이고, 지금 마음이 어떤지를 물어요. 의사, 간호사들은 그분들에게 더 이상 해줄 얘기가 별로 없고, 가족들도 많이 지쳤거나 속내를 털어놓기 힘든 경우가 많거든요." 주미 씨가 편지를 함께 써 보자고 하면 환자들 반응이 제각각이다. "저 이제 죽어요?" "이거 유서 쓰는 건가요?" "편지라곤 각서밖에 안 써 봐서…" 등등. 하지만 편지를 쓰고 나면 "누구도 나한테 이런 걸 물어 오지 않았다", "정리하느라 손이 얼마나 아팠어"라며 고마워하는 이들이 많다.]

④ 주미 씨는 후두암 말기여서 말을 할 수 없는 40대 아버지를 만난 날이 기억에 남는다고 했다. 목과 상체 곳곳에 호스가 달려 있

던 그는 주미 씨를 보고 고개만 간신히 끄덕였다. 중학생 정도로 보이는 그의 아들은 병실 밖을 서성였다. 평소 엄했던 아버지를 어려워한다고 했다.

⑤ "아들에게 해주고 싶은 말이 있느냐"는 물음에 아버지는 눈을 반짝이며 손가락을 들어 보였다.

쓸 수는 있다는 뜻인 듯했다. 주미 씨가 수첩을 내밀자 그는 겨우 알아볼 만하게 몇 글자를 적었다. '칭찬 그때그때 못 한 거 미안하다.' "그분한테 다음 질문으로 '지금 두려운 게 있느냐?'라고 물었어요. 그랬더니 수첩에 크게 ×자를 그리더니 밑줄을 두 줄이나 긋더라고요. 그래서 제가 편지 제목에 '나는 두렵지 않다'라고 써서 보여드렸는데 그 제목에 줄을 쓱 긋고 다시 쓰셨어요. '저는 지금 행복합니다'라고." 아버지는 주미 씨와 만난 지 나흘 만에 숨을 거뒀다.

말기 상태인데 수용을 거부하는 환자가 있다기에 만나러 갔다가 전 직장 동료를 마주한 적도 있다. 고속 승진을 거듭했던 그는 간암 말기 판정을 받았다. 50대인 그에겐 사춘기 아들 둘이 있었다. 주미 씨가 "애들에게 전할 성공 법칙 3개만 알려 달라"고 했더니 그는 5개를 줄줄이 읊었다. '남한테 뭐 물어볼 때 무턱대고 묻지 말고 너만의 대답을 갖고 물어볼 것. 가족끼리 스킨십을 자주 할 것! 그리고 여행 많이 가라. 특히 엄마 모시고 자주 가라.'

⑥ 주미 씨가 며칠 뒤 그를 다시 찾았을 땐 병세가 악화돼 의료진에 둘러싸여 있었다. 그는 침대에 누운 채로 고개를 돌리며 말했다. "주미 씨, 미안. 오늘은 못 하겠어." 그는 그날 숨을 거뒀다.

죽음에 임박해서야 깨닫는 것들이 있는 것 같다고 주미 씨는 말했다. "여행 많이 해둘 걸", "내가 나를 좀 위할 걸", "바쁘게 사는 게 좋은 건 줄 알았는데 …"라는 말을 많이 들었다고 한다.

①은 고주미 씨가 말기 암 환자를 만나서 자주 하는 말로서 독자의 궁금증을 자아낸다. ②는 고 씨가 어떤 사람이라는 설명이고, ③은 고 씨가 편지를 쓰자고 하면 환자들이 보이는 반응이다. ④~⑦은 고 씨의 기억에 남은 환자들의 사례다. 인터뷰어의 말은 한마디도 찾아볼 수 없다.

〈문화일보〉의 김병익 문학과지성사 자문위원에 대한 인터뷰 기사에서 설명형 인터뷰의 특징을 살펴보자. 이 인터뷰 기사에는 기자의 평가와 판단, 인터뷰이의 이야기가 혼재한다. 인터뷰이의 이야기는 따옴표로 인용이 되어 있기도 하고 인터뷰어가 요약해 놓기도 했다.

책 이외에는 달리 문화적 접촉 대상이 없었던 시절에 그저 일상으로, 놀이로 책을 읽었던 어린 교양적 독서광으로 출발해, 시를 한두 편 썼던 문청(文靑), 10년 가까운 문화부 기자 시절을 지나, 2000년 3월까지 교정지를 꼼꼼히 보던 문학과지성사 대표로 일했던 그는 지난해 한국문예예술위원회 위원장에서 물러나면서 ② 비로소 '일과 책임'에서 벗어났고, 무엇인가 말하고, 평가하고, 만들고, 쓰기 위한 책읽기가 아니라, 그저 즐기기 위해 책읽기를 시작했다고 한다. 스스로를 돌아보며 '책으로 둘러싸인 삶' '책이 그어준 테두리에서 벗어나지 못한 운명'이었다는 이 노평론가가 이제야 비로소 즐거운 책읽기를 한다니, 아이러니한 듯하면서도 ③ 한편으로 고개가 끄덕여진다. 요즈음 그의 이 같은 한가로운 책읽기의 대상은 한창 실존에 대한 고민으로 열병을 앓았던 젊은 시절에 읽었던 도스토예프스키다. …

④ "한국문예위원회 위원장으로 가기 전에 《도스토예프스키 전집》을 읽기 시작했어요. 3분의 2 정도 읽고 있을 때, 위원장직을 맡았어요. 그래서 읽기를 중단했다가 요즘 다시 들었어요. 역시 도스토예프스키라는 생각이 들어요. 구원이나, 인간의 영혼을 다루는 주제의 문제가 아니라, 이야기의 가지치기랄까, 많은 이야기와 요설스러운 문장이 작가로서의 도스토예프스키를 다시 보게 하네요."

⑤ 도스토예프스키는 "군대 시절 당시부터 친구였던 시인 황동규가 빌려준 영어 포켓판으로 읽었던 추억, 신문기자 시절 새해 연휴마다 읽어 보려고 꺼냈던 추억을 지닌 책"이라는데, 그는 도스토예프스키와 함께, 그의 긴 읽기 편력에서 중요한 추억을 지닌 책으로 두 권을 더 꼽았다. 카를 뢰비트의 《역사의 의미》와 생텍쥐페리의 《어린 왕자》가 그것이다.

- 〈문화일보〉 2008년 8월 11일 자

①은 김병익 씨에 대한 평가다. 기자의 평가인지 세인의 평가인지 모르지만 인용한다는 표현이 없어 기자의 평가라고 봐야 한다. 설명형 인터뷰는 이처럼 기자의 평가가 들어가는 주관성을 띤다.

②는 김병익 씨의 이야기임이 분명하다. '일과 책임'이란 김병익 씨의 표현을 작은따옴표 인용했고, 책 읽기에 빠진 근황을 전한다. 인터뷰어가 다른 사람이 아닌 김 씨에게 직접 들었을 것이란 정황은 뒤에 이어지는 기사에서 명확해진다. 인터뷰이의 말을 요약 전달하는 건 인터뷰의 필수 기법이다. 모든 말을 다 담으려면 기사가 한없이 길어진다.

③은 인터뷰어의 동의다. 인터뷰어의 느낌도 자연스럽게 전달할 수 있는 게 설명형 인터뷰다.

④는 인터뷰이의 말을 그대로 전달하는 인용이다. 이 인용이 나오기 전에 '요즘 어떤 책을 읽으십니까?'라는 질문이 없다. 질문은 감춰져 있지만 독자가 기사를 읽는 데 별 어려움이 없다. 명확한 질문과 답변에서 맛을 느낄 수 있는 일문일답형과 크게 차이 나는 지점이다.

⑤는 인터뷰어의 표현을 그대로 살려 인용한 설명이다. 설명형 인터뷰에선 인터뷰이의 표현을 그대로 살릴 필요가 있을 경우 인용해서 설명하기도 한다.

〈경향신문〉의 뮤지컬 배우 윤형렬 씨에 대한 인터뷰 기사의 일부를 살펴보자.

① '꼽추 콰지모도와 덴마크 왕자 햄릿, 너무 다른 인물 아닌가요?'
② 잠깐 고개를 숙여 생각하는가 싶더니 대답을 잇는다.

"꼭 어떤 인물이어서가 아니라 인간이라면 누구나 '사랑'을 갈망하잖아요. … 복수의 칼날을 갈면서부터 햄릿 역시 고뇌 속에 빠졌고요."

우문에 현답이라고 할까. 어느새 콰지모도와 햄릿이 같은 인물인 것처럼 여겨졌다. 윤형렬(25)과 얼굴을 마주하자 ③ 정글 속의 카멜레온이 떠올랐다. 그만큼 달라 보였다. …

오는 21일 숙명여대 내 '씨어터S'에서 시작되는 〈햄릿〉의 주인공역으로 그를 포함해 임태경 · 박건형 · 이지훈 등 4명이 캐스팅됐다. 경쟁이 치열하다. ④ 덕분에 연습실엔 불볕더위 이상의 것이 감돌고 있다. 연기, 노래는 물론이고 몸짱 경쟁으로도 날이 서 있다. …

"그땐 노래를 하고 있다는 것 자체가 유일한 희망이자 위안이었죠. …마치 붕괴된 건물 밑에 깔려 있다가 한줄기 빛을 발견한 느낌이었다고 할까요."

⑤ 그는 당시를 회상하며 잠시 표정이 어두워졌다. 2003년 유재하 음악경연대회에서 자작곡으로 은상을 수상하며 어렵사리 가수의 꿈을 이룬 순간 찾아온 시련에 한동안 몸도 마음도 고생이 컸던 것 같다.
　　　　　　　　　　　　　　　　　　　- 〈경향신문〉 2008년 8월 8일 자

이 기사는 첫 문장을 인터뷰이의 말(①)로 시작하고 있다. 설명형 인터뷰는 리드 형식도 매우 자유스럽다. 이어 인터뷰이가 고개를 숙이는 동작(②)을 묘사한다. 대답하기 전 잠깐 생각에 빠졌다는 걸 알려 준다. 인터뷰이를 카멜레온(③)과 같은 동물에 빗대 묘사하기도 한다. 인터뷰이가 있는 연습장의 분위기(④)도 알려 주며 인터뷰이의 표정(⑤)을 전해 주기도 한다.

이러한 행동과 표정, 주변 환경에 대한 묘사는 독자를 인터뷰 장소로 데려가는 역할을 한다. 현장성을 살리고 인터뷰이의 말에 감각을 불어넣는다. 이 묘사가 인터뷰이의 성격이나 가치관과 잘 어울리거나 혹은 현격한 대조를 이룰 때 큰 효과를 볼 수 있다. 그 인물이 가진 특이한 개인적 습관이나 사소한 말버릇을 이야기 사이에 끼워 넣으면 인터뷰 기사가 생생해진다. 반복되는 말투, 특징적인 행동, 갑자기 내는 화, 말문이 막힌 멍한 표정 등은 때때로 인터뷰이의 실제 이야기보다 효과적일 수 있다. 이야기의 내용보다는 그 과정에서 일어나는 사소해 보이는 일에 세심한 주의를 기울여야 한다.

3) 혼합형

혼합형은 일문일답형과 설명형을 버무려 놓은 형식이다. 일문일답형의 장점을 살리면서도 뻔한 형식에서 벗어날 수 있는 장점이 있다. 기자가 인터뷰이에 대한 주관적인 판단을 전달하거나 인터뷰이의 주장 등을 요약적으로 설명하면서도 질문과 대답을 그대로 전달할 수 있다. 혼합형은 설명형을 바탕으로 일문일답형을 가미하기보다는 일문일답형으로 기사를 전개하다가 설명형 서술을 집어넣는 형식으로 전개되는 경우가 많다.

"100년이 넘은 명문 여성 사학의 책임을 맡게 되니 무거운 책임감을 느낍니다. 6년 동안 보직을 맡으면서 배운 경험을 살려 숙명여대의 위상을 한 단계 끌어올리겠습니다."

17대 숙명여대 총장으로 10일 취임하는 한영실(51) 신임 총장을 5일 서울 용산구 청파동 학교 집무실에서 만났다.

① 감색 투피스 정장에 스카프를 갖춘 한 총장은 '젊은' 총장답게 경쾌하게 학교 발전 청사진에 대한 설명을 이어 나갔다.

② 대학 살림을 맡은 소감이 어떠신지요?
....
보직을 두루 맡아 '총장 수업'을 제대로 한 것 같은데요.
....

③ 한 총장은 이 전 총장이 자신에게는 업무는 물론 정신적으로도 가장 훌륭한 멘토였다고 강조했다. 이 전 총장이 네 차례 연임하며 스포트라이트를 받았기 때문에 "조용필 뒤에 노래하는 느낌 아니냐?"고 묻자 부담감과 고마움을 함께 느낀다고 말했다.
....

④ 한 총장은 일반인에게는 교수 이전에 방송인으로 더 유명하다. KBS TV의 건강정보 프로그램인 〈비타민〉의 '위대한 밥상' 코너에 출연하면서 어려운 내용을 쉽게 전달하는 말솜씨와 유용한 식품 정보 제공으로 대중의 인기를 누렸다.

"방송을 통해 식품영양학을 쉽게 알릴 수 있었던 것은 학자로서 큰 행운이죠. 인지도를 높인 것은 보너스일 뿐입니다. 중고교 학부모들이 잠재적인 숙명여대의 고객이니 우리 학교를 많이 찾아 주면 고맙겠습니다."

　　이 인터뷰 기사는 일문일답형과 비슷하게 시작해서 중간에 설명형으로 전환했다가 다시 일문일답형으로 바뀐다. 이 기사는 한 총장의 말을 리드로 뽑고 옷차림과 인터뷰 분위기를 설명하면서(①) 일문일답형(②)으로 전개하다가 설명형으로 바뀐다. ③의 경우 일문일답형으로 쓸 수도 있으나 요약적으로 전달하는 방식이 적합한 내용이다. 이 대목은 인터뷰 주제에 직접 관련이 없어 일문일답형으로 전달하면 너무 길어진다. ④는 한 총장의 경력에 대한 설명으로 일문일답형으로 처리할 여지가 없다. 경력과 이에 대한 평가를 전달하면서 이와 관련한 한 총장의 말을 직접 인용으로 전달하고 있다. 이 인터뷰는 ⑤와 같이 다시 일문일답형으로 바꿔서 전개된다.

4) 인터뷰 거절기

인터뷰이의 말을 전달하는 게 인터뷰 기사의 기본이지만 인터뷰이가 인터뷰를 거절하는 과정을 쓰는 인터뷰 기사도 있다. 정확히 말하면 인터뷰 거절기다.

《정글북》의 작가이자 노벨상 수상자인 러디어드 키플링 (Rudyard Kipling, 1865~1936)은 인터뷰에 심한 거부 반응을 보였다. 그의 부인 캐롤라인은 1892년 10월 14일 자 일기에 그들의 하루가 보스턴에서 온 2명의 기자에 의해 난파당했다고 썼다. 그녀는 자신의 남편이 그 기자들에게 한 말을 기록했다.

"왜 내가 인터뷰를 거절하는지 아십니까? 그것은 비도덕적인 것이에요. 아니 그건 하나의 범죄행위입니다, 비열하고 상스러운 … ."

키플링은 불과 몇 년 전 마크 트웨인과 인터뷰를 한 적이 있는 인물이었다. 기자들은 인터뷰를 거부하는 키플링에게 인터뷰를 응하도록 설득하려 했고, 키플링은 왜 자신이 인터뷰를 거절하는지를 설명하려 했는데, 그 설명 자체가 인터뷰 기사의 주요 내용이 됐다.

국내 신문엔 이 같은 기사가 좀처럼 실리지 않는다. 본격적인 인터뷰 거절기는 아니지만 인터뷰이가 인터뷰를 거절하는 일부 과정을 인터뷰 기사에 담기도 한다. 〈조선일보〉 2008년 3월 7일 자 김우중 전 대우그룹 회장에 대한 인터뷰 기사에는 인터뷰 거절 과정이 담겨 있다.

① 서울역 근처에 있는 대우재단 접견실에서 김우중 전 대우그룹 회장을 기다렸다. 김 전 회장이 가끔 들른다는 사무실은 전체적으로 별다른 장식이 없는 밋밋한 분위기였다. 전날 약속 시간을 잡느라 통화했을 때 그의 목소리는 당당하고 우렁찼다. 그는 "일단 무슨 얘기를 할지 만나서 의논을 좀 해봅시다. 그리고 인터뷰는 자리를 좀 옮겨서 하지요"라고 했다. …

② 김 전 회장은 전화를 끊기 직전 "그래요. 내일 봅시다. 그런데 다른 사람은 데려오지 말고 혼자 오십시오"라고 했다. 사진기자와 함께 오지 말라는 뜻일 것이다. 사진기자를 건물 밖에서 기다리게 하고 김 전 회장을 만나러 갔다. …

③ "사실 내가 오늘 이 자리에 온 이유는 말이요. 우리 집사람 마음을 상하게 하고 싶지 않기 때문이요. 내가 집사람에게 아직은 인터뷰를 할 수 없다고 아무리 말해도 도대체 설득이 돼야 말이지. 그래서 차라리 강 기자를 만나 인터뷰를 나중에 하자고 직접 설득하는 게 낫다고 생각해 이렇게 나온 거요."

④ 뜻밖의 난관에 기운이 빠졌지만 단호하게 말했다.
"저를 설득하는 건 더 어려우실 걸요."
오래전부터 부인 정희자 여사에게 인터뷰 기회를 마련해 달라고 부탁했었다. 정 여사는 어렵사리 남편을 설득했다면서 이 자리를 만들었다. 그런데 김 전 회장은 부인의 고집을 꺾을 수 없어 하는 수 없이 나오기는 했는데 인터뷰는 할 수 없다고 딴소리를 하는 것이다. 게다가 이들 부부는 이날 아침 댓바람에 언쟁을 벌인 모양이었다. 정 여사가 "이왕 만나기로 했으니 와이셔츠를 입고 넥타이도 매고 나가서 사진이 잘 나오게 하라"고 하자, 김 전 회장이 화를 벌컥 내며 나가 버렸다고 한다. 그에게서 스며 나온 화난 듯한 기운은 아마 이 싸움의 여진이었을 것이다.

⑤ 10년 전에도 나중에 인터뷰한다던 약속을 지키지 않으셨잖아요.

"그땐 내가 그리될 줄 몰랐지요."

그럼 이번에 그 약속을 지키시지요.

"지금은 내가 사회적 물의를 일으킨 사람으로서 반성하며 지낼 시기예요. 자꾸 나서서 무슨 말을 해서 그게 화제가 되는 것은 좋지 않습니다. 오해가 있다면 시간이 흐르면서 자연스럽게 풀어질 겁니다."

사면을 받으셨으니 인터뷰 정도는 해도 되는 것 아닌가요?

"사면받은 지 이제 겨우 두 달 됐습니다. 사람들 눈엔 저 같은 사람이 자꾸 이야깃거리를 만드는 게 결코 좋게 보일 리 없어요. 조용히 지내야죠. 그냥 시간이 가게 둡시다. 어떤 일이 이뤄지려면 다 때가 있더라고요."

⑥ 이쯤 해서 그가 인터뷰를 거부하고 자리를 박차고 일어날 것이라고 생각했다. 그런데 아니었다. 나가기는커녕 자신의 건강과 요즘 생활에 대해 더 열심히 이야기하기 시작했다. 그래서 그는 인터뷰가 아니라고 주장하고, 나는 인터뷰라고 생각하는 대화가 계속되었다. 김 전 회장은 취재수첩도 못 열게 하고 볼펜도 손에 쥐지 못하게 했다. 사진기자를 부르겠다고 했더니 안 된다고 펄펄 뛰었다.

아무 연락이 없자 애가 탄 사진기자는 계속 문자 메시지를 보냈다. "선배, 잘 안 되요?" 김 전 회장은 내 휴대폰이 몇 번이나 부르르 떨며 대화를 방해하자 "그 전화 좀 치우라"며 역정을 냈다. 그는 할 말이 너무나 많았다. 나는 사진기자에게 "일단 올라와 보라"라고 문자를 보냈다. 김 전 회장은 자신의 근황을 브리핑하듯 차근차근 설명했다.…

⑦ 그는 일어서면서 마지막으로 한번 더 '거래'를 시도했다. 이번 인터뷰를 기사화하지 않으면 다음에 진짜 멋진 인터뷰를 약속하겠다고 했다. 대신 이번에 기사를 쓰면 앞으로 자신을 만날 수 없을 것이라고 했다. 나는 어쩌면 다시는 김 전 회장을 만나지 못할 위험부담(?)을 감수하기로 했다. 기자와 한 시간 동안 만난 후 기사를 쓰지 않을 것이라고 기대할 정도로 그가 세상물정을 모르는 사람은 아니라는 것을 알기 때문이다.

이 기사는 ①과 ②에서 일반 인터뷰 기사와는 다르다는 걸 느끼게 한다. 인터뷰이의 말이라든지 설명 대신에 인터뷰이가 인터뷰 자체에 대해 탐탁지 않게 여긴다는 분위기를 물씬 풍기면서 기사를 시작한다. ③은 김우중 전 회장이 인터뷰할 생각이 없지만 약속 장소에 나온 이유를 설명한다. 이어 김 회장 부부의 언쟁을 통해 분위기가 더욱 고조된다. 다음에 이어지는 일문일답은 인터뷰어와 인터뷰이 사이의 언쟁이다. ⑤ 이후에는 일문일답이 꽤 길게 이어진다. 이 대목만을 떼어 놓으면 김 전 회장이 인터뷰를 정말 거절한 것이 맞는지 헷갈릴 정도다. ⑦은 기자가 인터뷰를 기사화하는 이유에 대한 설명이다.

인터뷰 거절기는 혼합형이 되기 마련이다. 인터뷰이의 거절 이유를 말 그대로 전달할 뿐만 아니라 당시 행동이나 어조, 분위기 등을 설명해야 하기 때문이다. 설명형은 인터뷰이의 말에서 묻어나는 어감 등을 살리기 힘들고, 일문일답형은 생동감을 살리기 어렵다. 인터뷰 거절기는 이들 요소가 적절히 혼합되어야 기사를 읽는 재미가 있다.

5) 주인공이 빠진 인터뷰

핵심 인터뷰이가 없는 인터뷰 기사도 있다. 인터뷰이에 대한 접근이 불가능한 상황에서 인터뷰이의 속뜻이나 심정을 풀어내기 위해 인터뷰이를 잘 알거나 그의 말을 들은 사람들을 추적해 이야기를 듣고 기사화하기도 한다. 정확히 말하자면 인

터뷰를 하려 했던 핵심 인물의 이야기를 전해 줄 수 있는 사람
에 대한 인터뷰다. 한 사람이 아니라 여러 명이 등장하기도 한
다. 만나지 못한 핵심 인터뷰이의 말을 그대로 살리는 게 이런
기사의 관건이다. 그의 말을 들을 당시의 상황이나 해석이 중
요할 때도 있다. 좀처럼 보기 힘든 인터뷰 유형이다.

[이원석 검찰총장(55)과의 인터뷰는 없었다. 그 대신 이 총장을
최근 만났거나 대화한 전직 검찰총장들을 포함한 전현직 검사, 법조계
인사들을 두루 취재했다. 이 총장의 말들을 따라가면 그의 향후 행보가
보일 것이다.]

① "외롭습니다."
11일 이 총장은 가깝게 지내던 지인을 만난 자리에서 이렇게 말했
다고 한다. 박성재 법무부장관과 인사 문제를 처음 협의하던 날이었다.
총장으로선 두어 번 직속상관으로 모셨던 장관마저 자신의 의견을 받
아들이지 않고 있는 것이 갑갑했을 것이다. 이틀 뒤 서울중앙지검 수사
지휘 라인을 교체하는 인사가 단행됐다.
지방 출장 중이던 총장이 남은 일정을 취소하고 서울로 왔다. 다음
날 출근길엔 '7초 침묵' 뒤 "인사는 인사, 수사는 수사"라고 했다.
② 그를 잘 아는 전직 검사는 "총장이 첫 반응을 어떻게 할지 조언
을 구했다. 장관이 인사권을 행사하자 총장이 '수사는 내 방식대로
하겠다'고 대응한 것"이라고 전했다.

③ 윤석열 대통령이 검찰총장으로 재임할 때 참모였던 이 총장은
정권 초엔 종종 대통령과도 직접 소통했다고 한다. 한동훈 국민의
힘 전 비대위원장처럼 그도 대통령과의 연락이 어느 순간 끊겼거나
혹은 스스로 접촉을 피했을 것이다. 검찰총수들은 늘 "힘들고, 외
롭다"는 말을 했다.

378

그런데 이 총장이 "저는 최선을 다한다고 했는데, 대통령이 그렇게 생각 안 하시는 것 같다"는 취지의 말을 한다는 얘기까지 들렸다. 이 총장은 한 달 전쯤 '그런 말을 한 적 있느냐?'는 질문에 이렇게 답했다고 한다. "남이 알아 주지 않아도 성내지 않아야 군자라고 하지 않나." 논어에 나오는 구절 '인부지이불온(人不知而不慍) 불역군자호(不亦君子乎)'다. 그는 "이런 말을 하면 이상하지만 저는 평상심을 유지하는 것이 중요하다고 본다. 서운하고 섭섭한 부분이 있을 것이다. 보는 분에 따라서"라고 했다.

④ 그즈음 이 총장은 "요즘 용산의 의사결정 체계를 어떻게 보느냐"는 말도 했다. "나는 대통령이 총장일 땐 2, 3번이 아니라 4, 5번 총장실 문을 열고 들어갔다. 처음엔 '그게 된다는 말이냐'고 물어본다. 그러고 난 뒤에는 '그게 맞으면 자네들 뜻에 따라 하라'고 했다." 이 총장이 대검 참모 시절 오전 보고 때 총장에게 심하게 깨지면, 오후에 다시 들어가서 결재를 받아 왔다고 한다.

⑤ 박근혜 전 대통령을 직접 조사하고 구속했던 이 총장은 "역대 대통령 중에 자기 뜻을 굽히는 사람은 없었다. 절대반지를 낀 자리 같다"고 했다. 그러면서도 그는 "검찰에선 생각이 달라도 그게 토론의 과정이라고 봤다. 욕먹고 깨진 적이 있지만 토론이라고 하는 것은 정답은 없다. 대통령이 생각해 봐야 한다. (참모들이) 편하게 말할 수 있도록 열어 줘야 한다"고 했다. (후략)
– 〈동아일보〉 2024년 5월24일 자

이 기사는 대통령실과 갈등 구도를 보이는 이원석 검찰총장을 인터뷰할 수 없자 이 총장의 말을 들은 사람들을 통해 이 총장의 심경이 담긴 말을 전달하는 인터뷰 기사다. ①은 인터뷰 기사 게재일 2주 전쯤 이 총장을 만나 들은 말이다. ②는 이 총장이 검찰 인사에 대해 한 짧은 발언이 지인의 조언 속에 나왔다는 걸 이야기해 준다. ③~⑤는 이 총장과 윤석열 대통령 사이의 관계를 짐작할 수 있는 이야기들이다.

6) 인용

인터뷰 기사를 포함한 모든 기사를 작성할 때 인용은 중요한 요소다. 직접 인용은 기사의 신뢰성을 높일 뿐만 아니라 읽는 재미를 더한다. 그 내용이 독자의 눈길을 끌 경우엔 극적인 전환이 이뤄지기도 한다. 직접 인용 부호는 독자에게 뭔가 새로운 내용을 기대하게 만든다. 설명형 인터뷰 기사에선 분위기를 전환하거나 빡빡한 이야기 전개 속에서 여유 공간을 만들어 내기도 한다.

사람들이 말하는 모든 이야기가 직접 인용할 만한 가치가 있는 것은 아니다. 무엇을 직접 인용하고 어떤 내용을 간접 인용하고 무슨 내용을 설명으로 바꿔야 할지는 항상 고민거리다.

(1) 놀라운 정보

싱싱하고 간결하며 의미심장한 인용은 기사의 재미를 돋운다. 기자가 "아, 이건 이전에 들어본 적이 없는 말이군!"이란 반응을 보인다면 독자들도 역시 같은 반응을 보일 가능성이 높다.

인터뷰이의 말을 장황하게 인용하기보다는 핵심을 찾아야 한다. 이 핵심은 때론 놀라운 것일 수도 있고, 기자나 독자가 모두 예상했던 것일 수도 있다. 사람을 놀랍게 하는 말은 인용되는 게 좋다. 인터뷰이의 말 가운데 단순한 사실은 인용할 가치가 없다. 평범한 내용이거나 과거와 다르지 않거나 재미가 없거나 혼선을 가져온다면 인용하지 않는 게 낫다.

직접 인용은 인터뷰이의 말을 통해 이야기를 진전시키거나 정보를 전달하는 게 더 효율적일 때도 사용한다. 현장 목격담이나 등장인물 간의 대화 등이 대표적인 사례다. 행정구역 개편에 대한 인터뷰에서 인터뷰이가 "군수 시절 군민의 편의를 위해 인접 시군과 연결하는 도로를 개설하려고 해도 여러 가지 협의 과정이 복잡해 애를 먹은 적이 많았죠"라고 말했다고 가정해 보자. 이 일을 기자가 설명형으로 풀어 쓰면 인터뷰이가 독자에게 직접 전달한다는 느낌이 훨씬 떨어진다.

놀라운 정보라도 통계치를 동원한 해설이나 복잡한 사안에 대한 인터뷰이의 장황한 설명은 직접 인용이 아닌 설명형으로 요약해 써 주는 게 효율적이다. 이런 해설이나 설명을 직접 인용하면 길이가 길어 지루한 느낌을 줄뿐더러 그 내용도 이해하기 어려운 경우가 많다.

새로운 정보라도 인터뷰이가 말한 내용을 독자에게 모두 전달할 필요는 없다. 기사를 건축물에 비유해 보자. 집을 지을 때 기초를 다지고 기둥을 세우고 지붕을 얹는다. 기본 뼈대만을 얽어 놓아도 사람들은 집인 줄 알아차린다. 복잡한 설명은 간략하게 만들어야 독자들이 이해하기 편하다. 벽을 세우고 장식까지 한다면 아름다워 보이더라도 독자가 꼼꼼히 살펴보는 수고를 해야 한다. 이 과정에서 독자가 큰 줄거리를 놓치는 일도 생긴다.

(2) 독특한 표현

듣는 순간 귀가 번쩍 뜨이거나 웃음이 터지거나 풍취가 배어나는 인터뷰이의 표현이 있다. 이런 어투나 어법은 인터뷰이의 독특한 분위기나 인간적인 면모를 풍기니 직접 인용하는 게 좋다. 독자가 인터뷰이와 직접 소통하는 맛을 느낄 수도 있다.

인터뷰이의 독특한 표현이 일반인이 알기 어려운 방언이나 속어, 문법적으로 틀린 표현인 경우 그대로 인용할지는 생각해 봐야 한다. 기사 문장은 문법적으로 옳아야 읽기에 편하고 의미도 제대로 전달할 수 있다. 틀린 표현은 올바로 잡아 주는 게 원칙이지만 인터뷰이의 말을 그대로 살리는 게 낫다고 생각되면 보완 장치를 해야 한다. 방언이나 속어 뒤에 그 뜻을 풀어 주는 설명을 괄호 안에 넣거나 앞뒤 문맥상 생략된 대목을 괄호 안에 넣어서 명확한 의미를 살려 줘야 한다.

2008년 8월 9일 자 〈문화일보〉의 이외수 씨 인터뷰 기사를 살펴보자.

요즘 문화예술계는 이외수(62·사진)씨가 대세다. … 또 김태화 씨의 노래에 작사를 하고 인터넷 공간에서는 ① '꽃노털옵하(오빠)'로 통하는 등 온·오프의 전천후 아티스트로 전성시대를 구가하고 있다. …

학생들은 초등학생부터 50대까지로 연수비는 무료지만 다목리 마을에서 민박을 해야 한다. 지역주민에 대한 경제적 봉사인 셈이다. 수업을 함께 들었다. 이날 수업의 주제는 언어에 있어서 시간성

> 과 공간성이다.
>
> "② <u>오후 3시30분의 권태</u>', 퇴근 시간은 멀고 일하기는 그런 권
> 태로운 시간입니다. 그냥 권태보다 훨씬 감성적인 느낌을 주지 않습
> 니까. '오후 6시의 퇴근'을 ③ <u>오후 6시의 실종</u>'이라고 쓴 적이 있
> 습니다. 일에서 떠나는 퇴근 자체를 실종으로 봤습니다. 거꾸로 일
> 하러 직장으로 들어가는 것 또한 실종입니다. 현대인은 알고 보면
> 자기 자신이 없어지는 실종의 시대를 살고 있는 겁니다."
>
> 청산유수다. 단어 하나에 시간성과 공간성을 부여하며 전혀 다른
> 느낌을 만들어 낸다. 가히 '언어를 먹고 사는 신선'의 풍모라 할 수
> 있다. …

①은 '(오빠)'라는 설명이 없으면 '꽃노털옵하'라는 단어가
무슨 뜻인지 알기 어려울 것이다. 독특한 표현을 옮기면서 일
반인들도 이해할 수 있도록 조치를 취한 셈이다. 하지만 '꽃노
털옵하'의 '옵하'라는 표현만 '오빠'라는 뜻인지는 불분명하
다. '꽃노털'이란 말은 '옵하'의 수식어일 가능성이 높으며 '꽃
처럼 아름다운(꽃) 늙은(노털)'이란 뜻으로 여겨진다. ②와 ③
은 이외수 씨의 문학적 기법을 그대로 드러낸다. 이런 표현은
이 씨만의 독특한 수업을 엿볼 수 있게 한다.

(3) 중요한 언급

전국교직원노동조합 소속 교사들이 파업했을 때 일반인이
"교사의 파업에 조치를 취해야 한다"고 말했다고 가정하자. 기
자는 이 말을 인용할 수도, 안 할 수도 있다. 대통령이 이런 말

을 했다면 어떨까. 그대로 인용할 가치가 있다. 특정 사안에 권한이나 책임을 지닌 사람의 말은 영향력 있기 때문이다. 어떤 조치를 취해 파업에 영향을 미칠 것이라는 예고편이나 다름없다. 이런 인물일수록 정확한 인용이 중요하다.

(4) 요약적 인용

인터뷰이의 말을 그대로 옮기면 비문(非文)이 되는 경우가 허다하다. 주어가 아예 없거나 주어와 술어가 일치하지 않아 문장이 완성되지 않는다. 이런 문장으로 기사를 쓰면 독자는 의미를 파악하기 어려운 혼란을 겪게 된다. 말을 그대로 옮겨 쓰면 문장이 되는 인터뷰이는 드물다. 인터뷰이의 말을 어법에 맞게 정리해야 한다.

인터뷰이가 하나의 질문이나 사안에 대해 인터뷰 곳곳에서 언급하면 이를 한 곳에 몰아서 정리해 주는 게 좋다. 한 가지 이야기가 여러 곳에 흩어져 있으면 독자들은 이를 모아서 정리하는 수고를 해야 한다. 인터뷰이가 한 말에서 일부를 생략하거나 필요한 대목을 간추려 간략한 문장을 만들었을 경우에도 직접 인용 부호를 사용할 수 있다. 직접 인용 부호는 말을 그대로 전할 때만 사용해야 한다는 원칙론도 있다. 이 원칙에 따르면 직접 인용을 하기 힘든 인터뷰가 대부분이다. 인터뷰이의 말을 왜곡하지 않았다면 직접 인용도 용인된다.

(5) 부분 인용

기자가 인터뷰이의 말을 설명형으로 전달하면서 작은따옴표를 써서 인터뷰이의 표현을 사용하기도 한다. 예컨대 기자가 '그는 올해 자신의 팀을 최고의 팀으로 꼽았다'고 썼다고 하자. 이 문장은 인터뷰이의 말을 작은따옴표로 싸서 '그는 올해 자신의 팀을 '최고의 드림팀'이라고 지칭했다'라는 식으로 쓸 수도 있다. 한 문장 안에 여러 개의 작은따옴표를 쓰면 이상해 보인다. 작은따옴표는 강조의 의미가 있어 한 문장 안에서 여러 개가 들어가면 전체적으론 문장의 초점이 흩어진다.

참고문헌

구교태(2013), 《미디어 글쓰기의 원리와 실전》, 대구: 계명대학교 출판부.

김소형(1999), "한국 신문의 인터뷰 기사 도입과 변천에 관한 연구: 1890
    년대~1990년대", 이화여대 석사학위 논문.

김창룡(1994), 《인터뷰 그 기술과 즐거움》, 서울: 김영사.

남재일 · 이재훈(2013), 《저널리즘 글쓰기의 논리》, 서울: 커뮤니케이션
    북스.

문철수(1997), 《새로운 사건 · 사고 기사쓰기》, 서울: 한국언론연구원.

박상건 엮음(2007), 《예비언론인을 위한 미디어 글쓰기》, 서울: 당그래.

박성희(2003), 《미디어 인터뷰》, 서울: 나남.

박주영 · 이범수(2019), 《뉴스와 수사학》, 서울: 커뮤니케이션북스.

베르너, 루츠 폰 · 바바라 슐테-슈타이니케(2004), 《교양인이 되기 위한
    즐거운 글쓰기》, 김동희 역, 서울: 들녘.

브룩스, 브라이언 S. 외(1994), 《취재와 보도(News Reporting and
    Writing)》, 한국언론연구원 편역, 서울: 한국언론연구원.

실베스타, 크리스토퍼 편저(1990), 《세기 명인들의 명인 인터뷰-인터뷰》,
    서지영 · 변원미 역, 서울: 현일사.

심   훈(2014), 《인터뷰 글쓰기의 정석: 실전 사례로 배우는 인터뷰 기사
    작성법》, 서울: 한울아카데미.

안병찬(1999), 《저널리즘 강의》, 서울: 나남.

안정효(2006), 《안정효의 글쓰기 만보》, 서울: 모멘토.

유선영(2001), 《새로운 신문기사 스타일: 역피라미드 스타일의 한계와 대안》, 서울: 한국언론재단.

이건호(2017), 《스트레이트 뉴스, 이렇게 쓴다 : 개념과 함의, 그리고 공식》, 서울: 이화여자대학교 출판문화원.

최화수(2007), 《르포 라이팅》, 부산: 동방문화.

코바치, 빌 · 톰 로젠스틸(2022), 《저널리즘의 기본원칙(The Elements of Journalism)》, 이재경 역, 서울: 한국언론진흥재단.

하이만, 로버트 J.(2001), 《신문기자를 위한 모범적 실천 사례집(Best Practices for Newspaper Journalist)》, 한국언론재단 편역, 서울: 한국언론재단.

허버, 잭 · 딘 디긴스(1996), 《인터뷰 기법》, 한국언론연구원 역, 서울: 한국언론연구원.

혼다 가츠이치(1996), 《르포, 어떻게 쓸 것인가》, 햇살과 나무꾼 역, 서울: 공간미디어.

히구치 유이치(2006), 《진짜 문장력》, 이완 역, 서울: 논리와 상상.

Berkow, Peter F.(1996), *News writing Student Study Guide*, Belmont: Wadsworth Publishing Company.

Bingham, Walter Van Dyke & Moore, Bruce Victor(1959), *How to interview*, New York: Harper & Row.

Cappon, Rene J.(2000), *The Associated Press Guide to News Writing*, Canada: Arco.

Grobel, Lawrence(2004), *The Art of the Interview*, New York: Three Rivers Press.

Harrington, Walt(1997), *Intimate Journalism: The Art and Craft of Reporting Everyday Life*, London: Sage.

Harrow, Tim(2007), *Inside Reporting: A Practical Guide to the Craft of Journalism*, New York: Mcgraw Hill.

Hicks, Wynford(1990), *Writing for Journalist*, London: Routledge.

Jackson, Dennis & Sweeney, John(Ed.)(2002), *The Journalist's Craft-A Guide to Writing Better Stories*, New York: Alworth Press.

Ricks, Don M.(1990), *Winning the Paper Wars: Manage Your Ways to Good Writing*, Homewood: Dow Jones-Irwin.

Scanlan, Christopher(2005), *Reporting and Writing: Basics for the 21st Century*, Fort Worth Philadelphia: Harcourt College Publishers.

Schwartz, Jerry(2002), *AP Associated Press Reporting Handbook*, New York: McGraw Hill.

Sedorkin, Gale & Mcgregor, Judy(2002), *Interviewing: A Guide for Journalist and Writers*, Crows Nest: Allen & Unwin.

The Missouri Group(2008), *News Reporting and Writing*, Boston: Bedford / St. Martins.